哲学之思

—— 真理的豪饮

严春友 著

中央编译出版社
Central Compilation & Translation Press

图书在版编目（CIP）数据

哲学之思：真理的豪饮 / 严春友著. -- 北京 ：中央编译出版社，2024.10
ISBN 978-7-5117-4627-6

Ⅰ．①哲… Ⅱ．①严… Ⅲ．①哲学理论 Ⅳ．①B0

中国国家版本馆CIP数据核字(2024)第042971号

哲学之思：真理的豪饮

责任编辑	郑菲菲
责任印制	李 颖
出版发行	中央编译出版社
地　　址	北京市海淀区北四环西路69号（100080）
网　　址	www.cctpcm.com
电　　话	（010）55627391（总编室）　（010）55627392（编辑室） （010）55627320（发行部）　（010）55627377（新技术部）
经　　销	全国新华书店
印　　刷	北京文昌阁彩色印刷有限责任公司
开　　本	710毫米×1000毫米 1/16
字　　数	253千字
印　　张	21.5
版　　次	2024年10月第1版
印　　次	2024年10月第1次印刷
定　　价	88.00元

新浪微博：@中央编译出版社　　　微　　信：中央编译出版社（ID：cctphome）
淘宝店铺：中央编译出版社直销店（http://shop108367160.taobao.com）（010）55627331

本社常年法律顾问：北京市吴栾赵阎律师事务所律师　　闫军　　梁勤
凡有印装质量问题，本社负责调换，电话：（010）55627320

真理就是所有的参加者
都为之酩酊大醉的一席豪饮。

　　——黑格尔《精神现象学》

目　录

导言 / 1

第一部分　存在

第一章　无名之域 / 2

第二章　存在的确证 / 8

第三章　"上帝"是个形容词 / 20

第二部分　生成与演化

第四章　生成论与预定论 / 36

第五章　多草稿与演化 / 59

第六章　偶然、突变与约束 / 73

第三部分　心

第七章　心之存在的证明 / 94

第八章　作为草稿的心灵 / 119

第四部分　自我与他者

第九章　主体性的诞生 / 142

第十章　自我之解构与建构 / 150

第十一章　作者的优先性 / 176

第十二章　他者对可能性的开启 / 183

第五部分　场域与主体性

第十三章　在场、显现与遮蔽 / 192

第十四章　真理如何"自行显现" / 199

第六部分　语言与存在

第十五章　语言与存在 / 208

第十六章　翻译之可能与不可能 / 225

第十七章　语言和书写对于存在的召唤 / 235

第七部分　两个不同的思维指向

第十八章　哲学与文学的分野 / 246

第十九章　现代哲学与传统哲学的关系 / 265

第二十章　传统哲学之维 / 297

参考文献 / 320

编年体目录 / 324

后记 / 326

导 言

本书的主题是双重的：一方面，讨论存在者如何存在，这是贯穿始终的纵线；另一方面，讨论传统哲学与现代哲学对于相关问题的不同解答，从而探讨它们各自所凸显出的不同意义，这个主题表现在每一个横断面上。

现代哲学特别是后现代哲学，差不多都是从批判传统哲学开始的。传统哲学在这些哲学家的视野中除了作为批判的对象外，几乎没有别的价值了。怀特说："几乎二十世纪的每一种重要的哲学运动都是以攻击那位思想庞杂而声名赫赫的十九世纪的德国教授的观点开始的，这实际上就是对他加以特别显著的颂扬，我心里指的是黑格尔。"[1]黑格尔是传统哲学的集大成者，对于他的批判在一定意义上就是对于传统哲学的批判。而维特根斯坦对整个传统哲学进行了否定："有关哲学的东西所写的命题和问题大多并非谬误，而是无意义的。因此，我们根本不能回答这类问题，而只能明确指出其无意义性。"[2]

---

[1] 〔美〕M.怀特：《分析的时代》，杜任之译，北京：商务印书馆1986年版，第7页。
[2] 〔英〕路德维希·维特根斯坦：《逻辑哲学论》，陈启伟译，涂纪亮主编：《维特根斯坦全集》第1卷，石家庄：河北教育出版社2003年版，第204页。

哲学之思：真理的豪饮

黑格尔之后的现代哲学，特别是后现代哲学，把传统哲学称为形而上学、本质主义、普遍主义、绝对主义、实体主义等，说传统哲学的命题是无意义的胡说，而它的范畴如主体、客体、普遍、必然、绝对等都该抛弃。传统哲学似乎只有被否定的意义，用来代替它的则是现代哲学和后现代哲学。

传统哲学真的没有价值吗？我认为并非如此。这本书就是要重新考察现代哲学与传统哲学的关系，试图得出不同于以往的结论，为重新评判传统哲学和现代哲学、重新估价它们的意义和价值提供新的视角，进而对当代哲学的重要问题进行深入的研究，看看传统哲学在这里到底有没有提供不同于现代哲学的解决问题的方案，由此彰显出传统哲学的价值。

这里的论述采取了视角主义立场，融合了后现代哲学的基本观点，特别是罗蒂等人的观点，把存在及其属性看作语句的性质（这意味着语言即视角），它们均是对人而在，是判断者的判断。但是，我并不认为语言之外无存在：语言固然是存在的界限，但这个界限只是人的视域的界限，而非终极存在的界限，在我们的语言之外存在着一个终极的世界，它是不可说的，亦无法描述，根本上超出了我们的理解能力。所谓"存在"，不过是我们对于终极之物的命名和理解。从这个视域出发，笔者考察了罗蒂、丹尼特、海德格尔、德里达、伽达默尔、艾柯等人的相关观点以及当代西方哲学关注的其他重要存在论问题，逐一进行梳理，提出了自己的看法。

本书突破了传统哲学与现代哲学之间非此即彼的态度，即以现代哲学，特别是后现代哲学为标准否定传统哲学，将两者对立起来的态度。本书认为传统哲学并非毫无价值，而现代哲学、后现代哲学也不是无可指摘之处，它们各有各的问题，也各有各的意义。

导言

　　传统哲学与现代哲学是两个不同的视角，各自具有不同的维度，具有不同的意义和价值。传统哲学指向永恒、普遍、绝对、必然、形而上，现代哲学则指向短暂、特殊、相对、偶然、生成、形而下。传统哲学的观点有其局限，但不可全部予以否定，当我们以现代哲学的视角将其加以限制时，它依然具有有限的真理性。传统哲学代表着人类从混沌到主体性觉醒的过程，是从特殊向普遍的上升；现代哲学则是其逆过程，是从普遍向特殊的返回。前者力图把握必然与绝对，后者力图把握偶然与相对。传统哲学的视角是现代哲学不能代替的，正如现代哲学的视角不能被传统哲学所代替一样。

　　本书对现代哲学的最新发展阶段——后现代哲学进行了批判，指出它自身存在着悖论：后现代哲学的逻辑若是贯彻到底，它必将解构自身。后现代哲学反对本质主义，主张偶然、特殊、相对、生成、短暂、解构、多元；但是，若将这些观点用于它自身，则会导致其自我否定或悖论。

　　不承认本质的存在，将无物存在，后现代哲学也将不存在；如果后现代哲学确认自己的存在，则它就确认了自己有个本质——后现代视角；不承认普遍性的存在，后现代哲学自身将失去普遍性，因而也就失去了评判传统哲学的资格：既然它自身不具有普遍性，它怎么可以跨越特殊性的鸿沟去批判传统哲学呢？如果它可以批判传统哲学，那么它就跨越了特殊性，获得了普遍性，从而否定了自身；解构主义的逻辑若用于其自身，则必须将它自身予以解构，否则它就不是彻底的解构主义，因为它在解构的过程中建构了某种东西——解构主义；如果一切都是偶然的，则偶然就成为一种必然，偶然也就是普遍的了；如果一切都是生成的，则无物可以生成，因为在这种生成论境域中，没有任何预定性和确定性，因而也就不可能生成任何事物。

　　可见，后现代哲学有它的界限，它的观点推到极端就会走向相反的方向，而这个方向便是传统哲学所坚持的观点。因此后现代哲学的观点不能无限地扩展，也需要限制，传统哲学则是限制它的一个视角。传统哲学与现代哲学之间并不构成否定关系，而是累积关系。犹如地质结构的层级，最后的层级——后现代哲学遮盖了传统哲学，但传统哲学依然是后现代哲学这个最顶层级的一个构成部分。它们两者的关系，正如地质结构的演化一样，每个层级有每个层级的独特价值。

即使从后现代哲学的逻辑出发，传统哲学也有其存在的合法性和合理性。

如果将现代哲学的逻辑贯彻到底，那么传统哲学就应获得其合法性，现代哲学对于传统哲学的态度就不应当是"否定"，而是"限制"。传统哲学与现代哲学只是指向不同，用罗蒂的话来说是兴趣的转移。从后现代哲学家罗蒂所欣赏的库恩的范式理论出发，可以把它们看作不同的范式，是正常话语和反常话语的关系，彼此之间并非对抗，而是相互补益。若是从维特根斯坦游戏说的角度来看待它们的关系，则传统哲学与现代哲学是两种不同的语言游戏，它们各有不同的语词和规则。现代哲学因此也就无权指责传统哲学之非，当它进行指责时，便是以自己的语词和游戏规则代替了传统哲学的语词和游戏规则，因而是一种僭越。根据德里达的看法，思维活动具有延异、溢出、自反等特性，然而后现代思维自身也不例外。从罗蒂所主张的实用主义角度看，传统哲学对于传统哲学家是有用的，因而是真理；而对于罗蒂们来说则是无用的，是谬误。不存在普遍的有用，对于后现代哲学家来说无用的，对于其他人未必无用。

我赞同罗蒂等人的后现代哲学观点，主张具体化，但后现代哲学没有把具体化贯彻到底，依然犯了普遍化的错误。当后现代哲学把一切都看作偶然的时候，偶然就成为普遍的，从而掩盖了每个偶然的特殊内容。实际上不存在贯彻始终的偶然,此偶然非彼偶然,此人的偶然非彼人的偶然,彼时之偶然也非此时之偶然,它们的具体内容是截然不同的。

总之,本书试图突破现代、后现代哲学和传统哲学各自的局限,将两者融合起来,从而形成新的视角。这一新的视角为考察哲学问题提供了不同的思路。

在以上视角之下,本书具体探究了当代哲学所关注的重要哲学问题,如存在、生成与演化、心、主体性与自我、自我与他者、场域与主体、遮蔽与去蔽、真理的自行显现、语言与存在、偶然与必然、上帝等范畴。在所有重要的哲学问题上,传统哲学都可以提供不同于现代哲学的有价值的解决途径,正如现代哲学或后现代哲学可以提供不同于传统哲学的解决方案一样。

以下是将要讨论的一些重要哲学问题以及笔者所持的基本观点:

生成论。现代哲学普遍主张生成论,但它自身存在着内在的矛盾,即要生成某物,就必须预先存在生成某物的能力,而且被生成的某物的性质也必是预定的,比如人生出来的必定还是人,否则生成的过程就是无序而混乱的,从而无法生成任何事物。这意味着生成过程是有约束的,生成的过程是特定事物生成特定事物的过程,从而每一个生成过程都是独特的。失去了这一约束性的生成过程不可能生成任何事物。生成论本质上是解构主义的,彻底的生成论必定导致一切事物的解体,最终会导致一切事物来自"无"的结论;但这是荒谬的,从纯粹的"无"不可能产生任何的"有"。

多草稿理论。丹尼特所提出的多草稿理论,意在解构人的心灵和自我,认为心灵仅仅是一束束形成中的草稿,随时变动着。至于这些草稿哪一个占主导地位,取决于外部因素的作用和不同草稿之间的竞争。由此丹尼特认为，在人的心灵中并不存在一个心灵实体和像笛卡尔说的那种作为实体的自我，所谓心灵或自我就是不断处于变化过程之中的草稿。但问题在于，即便是草稿，也一定有着相对稳定的结构和性质，否则就不是草稿，而是"乱码"；同时，草稿竞争的结果是"定稿"，最终有一个草稿成为主草稿，由此形成了自我的独特性。假如只有草稿而无定稿，则人将失去同一性和主体性。"自我"不过是标志心灵同一性的一个词语。

偶然论。罗蒂主张彻底的偶然论，不承认任何必然和普遍的东西，认为一切都是偶然的。然而偶然的逻辑会导致偶然的自身解构。如果一切都是偶然的，偶然性就成为必然，偶然就对自身进行了否定。不存在一般的偶然，每一个偶然都是特殊的。偶然是无方向的，有方向便不是偶然，所以在偶然论中不可使用"越来越"这样的词语。若将偶然的逻辑贯彻到底，则只能说，偶然是否导向创造、自由民主社会，是不确定的，也可能可能，也可能不可能，这才是真正的偶然论。突变不能等同于偶然，因为突变并非无约束，而是受突变域制约的，突变不会向着任意方向，事物的变化有多种可能，但不会是任意的可能，而只能是为已有条件所约束的可能。不能一般地断言一切都是偶然的或必然的，不存在贯彻始终的一个偶然，若是这样，偶然就获得了普遍性，就变成必然的了。偶然与必然不是事物的性质，而是判断的性质，是两个不同的视角。

"心"的解构。现代哲学对于笛卡尔式的"心"普遍持解构态度；而对于罗蒂来说，摧毁人们对于"心"的信任，是其哲学的主要任务，然而他是否真正地摧毁了却值得怀疑。仔细考察可以发现，他对于心的种种解构并不能消除心的存在。社会实践、相互作用不仅不能消除心，反而预设了心的存在，没有"心"的社会实践是不可思议的，人与人之间相互作用的逻辑前提是相互作用项,也就是心。罗蒂等人的说法只看到了相互作用的一个方面,即其整体性的维度,而忘记了这个整体又是向个体和局部的内在性敞开的,如果消除了内在性,那么整体性、外部环境便无立足之地。心理活动和现象的连续性、稳定性表明了心的存在和独立性,心不能被归并于任何生理、神经或物理等活动,它是有独立自存性的,尽管后者是心存在的基础。坚持心身的区别未必一定导致二元论。从整体论视角理解心是没有错的,但不能以整体代替局部,承认所有局部(心就是局部之一)的才是整体性视角。以这样的整体论来看,心灵不可被归并为整体和任何其他部分。罗蒂摧毁的不是心,而是关于心的传统看法。所以,问题应当是我们对于心的认识问题,而不是有没有心的问题。

"自我"的解构。罗蒂的后现代自我观存在着内在矛盾和悖论。一方面,他认为并不存在一个内在的自我,所谓自我是社会教养的产物,自我的存在是偶然的,既无本性又无内核;另一方面,他又主张每个人都应当与众不同,创造出属于自己的独特语汇。前者意在消解主体性,而后者却在建构主体性。由此可见他的偶然论逻辑之随意。不能一般性地断言自我有无本性,而应当看"本性"一词之所指。凡存在之物必有区别于他物的内在性质,这类天性是存在的;而与价值相关的善恶等性质则并非天然获得,它们才是社会的产物。自我有一个建构过程,此建构过程结束之时便形成了其内核。此内核具有持续稳定性,一旦形成就再难发生根本变化,但其外围的"触须"会因外部条件而有所改变。这可以称之为"自我的章鱼结构"。自我是生成的,然而生成的能力却不是生成的,自我具有自组织能力。这种自组织能力与其所建构起来的内核,是主体性的根源。

真理的自行显现。真理的自行显现是个复杂的问题,应具体分析其含义，分析它是在什么意义上自行显现，在什么意义上又不是自行显现的。真理来自场域的召唤，场域中的真理具有自行显现的特征，但召唤出来的真理又是以个体性的形态而存在的。在场域中，场域与诸参与者、参与者与参与者相互激发、相互牵引、相互构成、相互召唤，真理便在其中生成和显现。场域具有解构主体性的作用，但同时又在建构着主体性，解构与建构相互缠绕，由此构成了一曲真理的交响乐。场域之所以具有召唤功能，是由于场域类似于一个强大的引力中心，极力要把自我吸引进去，而参与者则是一个个小的引力中心，在场域中竭力进行着与场域的引力方向相反的活动，即进行自我之建构，以免于被场域、他者所同化。于是，在这两组相反方向的引力中心之间、多向的个体引力中心之间所产生的巨大张力，将那处于"无"之状态的"真理"呼唤出来，成为"有"。

诗与哲学。罗蒂以诗性和文学来解构哲学，然而这只不过是一种态度，即把哲学看作一种创作，一种虚构，是关于存在的"故事"，它根源于诗性的冲动，因而可以看作是文学性的。这样来看待哲学，就不必把它看得那么庄严，仿佛它就是关于世界的真理。但不可模糊两者的界限，因为此文学非彼文学，它只是文学性的，却不是文学，文学与哲学之间的界限是无法消除的。它们是我们思维中的两个不同方向，哲学指向抽象和普遍，而文学则相反，指向感性、形象、具象、特殊。哲学文本由概念、判断、命题、假设、推论、论证构成，文学则不同，由形象、情节、情景、故事构成。把哲学消解于文学或模糊两者的界限，就把哲学归结到了诗性这个普遍项之下，诗性或文学就成为高于哲学的普遍之物了，而这是与诗性和偶然的逻辑相悖的。解决这个问题的办法，是把哲学看作不同于文学的一种创作，由此就既不会将哲学消解于文学，也能够解构传统的本质主义。

第一部分

存 在

第一章
无名之域

当我们理解这个世界的时候必须记住：这个世界根本上是不可理解的。我们所能够理解的只是语言，而语言并非存在。如果说语言是存在的话，也仅仅是属人的存在；而这个意义上的存在远远没有揭示存在的本质，也不可能揭示，语言所确定的存在的本质同样仅仅是一种对人而在。存在本身在我们的规定之外，存在本身永远不是"什么"。

让我们从终极开始。

何谓终极？终极乃不可言说之物。终极永远在语言之外，不可思议，勉强可以称之为"无名"。它是超越于一切名称之外的，包括"无名"之名。它也超越于我们任何的知之外，我们的"知"之小岛就置身于这广袤无际的无知海洋里。故这"无名之域"亦可谓之"无知之域"。对于这个无知之域，我们根本没有理解的能力。

它既非存在也不是非存在，既非有限亦非无限，既非生成也非预成，既无短暂与永恒之属性，亦无偶然与必然，既非实在亦非虚无，非一非多，非善非恶，非美非丑，非共相非殊相，非整体非部分，非因亦非果，既不运动也不静止，既无空间也无时间，非量非质……也不是这两者的统一。所有这些都只是意识对它的判断。

第一部分 存在

我们可以努力尝试一下把语言消除掉，剩下的将会是什么？那时我们面对的就是终极！人们平常惯于说"这是什么""那是什么"，可是当我们沿着词语的隧道一直上溯，会达到一个境域——无名之域。在那里，词语的叶子从世界之树上纷纷飘落，剩下的只是不可描述之物：它赤裸地在那里，什么也不"是"。那是宇宙吗？那是狗吗？那是树吗？不是，"宇宙""狗""树"都只是我们的命名。而且面对同样的对象，在其他语言里还有无数的叫法，比如这三个概念在英语里分别是universe、dog、tree，意大利语则是universo、cane、arbero。据说目前世界上有五千多种语言，那就至少还有五千种不同叫法。

这五千种叫法有什么意义呢？是否说出了那个终极的存在呢？没有！"狗"与狗无关，只与人有关，而且只与操某种语言的人有关。狗本来是狗、dog、cane吗？不是，它们本来就不"是"，狗仅是存在的一种，在那里而已。狗、dog、cane这些词语并没有揭示它们是什么，它们不过是一个名称，便于人们指称罢了。那个存在者究竟是什么，我们永远不知道。我们所谓狗的种种的"是"，不过是我们心理的一种投射。我们所有的命名只是在标志某种终极实在在我们知识系统中的位置和在我们世界中的性质。

按理说，名词指向一个实体，表示的是那个对象"是什么"，即揭示了事物的本质；可是，从上面的分析看，名词远远没有揭示它是什么，它们仅仅是一种命名，而不是事物的本质。"树"揭示了树的什么本质呢？猪、狗、牛、驴揭示了它们的什么本质呢？没有，它们只是用来表示某种存在的类的概念；至于附带在这些概念上的那些对象的种种性质，则仅是我们对它们的规定，是为我而在的，但那些对象本身却并非为我的，它们

哲学之思：真理的豪饮

本来都是自在的，是为它们自己而存在。由于我们长期浸淫于语言之中，以致把语言与存在融为一体，把语言当成了存在。

连我也不是"我"，我原本无名。我是谁？我本不是谁；谁是我？谁也不是我。"我""严春友"仅仅是个符号、指称，那个被指称之物究竟是什么，我自己也不知道。它无缘无故地出现，又无缘无故地消失，如此而已。万物亦然，皆是宇宙之海里翻起的泡沫，皆为昙花之一现。

一切存在都是我们的命名，而非存在自身。万物本无名称，而只是一种莫名其妙的存在。不！连"存在"也是一种命名，它们不是"存在"。它们是什么呢？它们既不是"是"，也不是"不是"，既不"既是……又是……"，也不"既不是……又不是……"。

由于恒久地沉浸于语言之中，我们便习以为常地认为我们把握了世界，把握了事物的本质，从而心安理得，觉得这个世界是明晰而清澈的。而一旦追问起来，这种清晰性就会消失：那真的是"分子""原子""质子""中子""星辰""花朵"吗？这时就越出了语言的边界，指向了神秘的终极。终极之物，是不可描述的。这不可描述者，并不是宗教意义上的神，而是这个世界本身，是无限，也是每一个自然存在物，大至星河，小至沙粒。要突破语言的限制达到那个无名之域是艰难的，我们把语言与存在融为一体已经太久，忘记了那里有一个任何语言都不能撼动的王国。

当我意识到这一点，到达这个王国边缘时，无比惊慌，比来到了万古无人的荒原还要恐慌，因为在那里毕竟还有"荒原"，而在这里却一个字也没有；在荒原上你尚可以继续前行，在这里却犹如遇到了铜墙铁壁，一步也迈不出去。不得已谓之"终极"。面对终极，令人窒息。

对于这"终极"，我们不知其所来，亦不知其所终，更不知其意义。

对它的任何追问都显得苍白。唯一能够说的只能是：它是神秘的，不可理解的。

这个无名、非语的世界是知之边界和极限，也是知之始。从这里后退便是有名的世界。万物因语言而得其名，万物又因逻辑而相互关联，逻辑是世界的骨架，而这一切都来自意识。意识就好像石碑底下那只巨大的乌龟，驮着整个世界。一旦这个石龟——意识消失，整个世界也就随之烟消云散。

所谓"世界"是意识建构起来的。意识是人之存在的内核，没有意识就没有人、没有"自我"，进而没有"世界"。除意识外，人还有其他感知世界的方式和渠道，但若没有意识，种种的感知就不可能形成一个完整而合乎逻辑的系统，是意识赋予"世界"以秩序。在这个意义上，可以说"我心即宇宙，宇宙即我心"，心是"万物"之源。

甚至连我自己也是意识建构起来的。我出生之时没有意识，因而也就没有"我"，只有当我产生了意识之时我才真正"诞生"了。我出生时的"诞生"那是对于父母而言的，而对于我自己的"诞生"只是在我有了意识之后才发生。这个意义上的我是"倒因为果"地建立的：有了意识以后，我才上溯自己存在的历程，建构起自身。这个建构过程在时间上逆向地进行，实质上是一个逻辑的自我，而非存在论意义上的自我。

意识因其有限性而有边界。它的边界也就是世界的边界，同时也是自我的边界。心是无名世界中的光源，它在无边的黑暗中散发着光芒，照亮了一片区域，这个区域就是"世界"。这个世界因而并非一般性的世界，而是独特的、属于每一个人而且是此时此地的人的世界。意识是自我世界的太阳，放射出感知的光芒，这光向四周扩展着，光焰越来越微弱，直至消失在无名的世界里。

说世界是意识建构起来的,并不是说那个无名的终极"世界"是由意识创造的,那个世界谁也不能创造;而是说我们的知的世界,是由意识建构的。在这个世界里,"我"——此在(Dasein)是"万物"的本源,一切皆为人的建构、我的建构,皆为语言。"存在"因而具有属人的性质,是对人而在。在此凡是语言能说的才可以称之为"存在",否则便是"无"或"无名"。从这个角度才可以说,语言就是存在。

就此而言,似乎可以用德里达的"文本之外无物存在"[①]来表达,我们所说的种种都不过是对人而在的语言,宇宙、世界只是我们"撰写"的一个文本。即使那个无名之域也可以看作文本的一个构成部分,由我们的有名之域来规定。

不过德里达的这种说法有消除无名之域的危险。我们不能突破语言以及用语言建构起来的文本,不等于语言和文本之外没有存在——如果可以把那个无名之域叫作存在的话。语言、文本和知并不能消除世界的神秘性,而仅仅是使它被遮蔽或延迟而已。德里达的这个说法只适用于有名之域——意识所建构起来的世界。

既然一切都是意识的建构,我们就只是生活在自己构造的世界里。然而我们的逻辑并非存在自身的逻辑,存在总会超出逻辑,终极之域在任何逻辑之外。那个终极之域也许是有逻辑的,只是我们没有知道的能力。我们探讨的所有问题,都在这个有名之域内,只发生在意识照亮的区域。而

---

① 〔美〕丹尼尔·丹尼特:《意识的解释》,苏德超、李涤非、陈虎平译,北京:北京理工大学出版社2008年版,第471页。

那个无名之域,则是我们一切知的围墙,在这墙的后面汹涌着的是无边无际的神秘海洋,是无穷无尽的黑暗,那是意识不能照亮的地方。

我们所有的"言""说"都是这个无限海洋中的浪花所溅起的水之尘埃,我们狂傲的真理呐喊,瞬间就会被淹没在大海永恒的涛声里。面对这个无限神秘的无名之域,你还能够说你说出的是真理,而不是意见吗?

精神世界的道路交错而纵横,无论从哪里出发,也无论你走多远,最终都会走到这个无名无知之域。面对无名之域,除了惊异,就只有沉默了。

让我们记住:我们所说的一切话语,包括这本书中所说的,在这无名之域面前,都毫无意义。对于这个不可说之域还能够说什么呢?只能说到这里了。

第二章
存在的确证

对于存在的确证,笛卡尔曾经给出了强有力的证明,提出了"我思故我在"的命题,来证实自我的存在。这一证明雄辩而富有逻辑,是证明自我的重要途径。但他的证明是从逻辑出发,而非感性和经验,人并不是生活在逻辑之中,在现实的存在过程中,我们是通过后者来证明我们的存在的。

一、"看"的优先地位

虽然身体是在先的,思维却是我们存在的本质性活动,其他一切之所以可能,均有赖于思维之运行。思维及其中的意识是本源性的存在,其他种种——感觉、经验等皆为次要之物,若是丧失思维和意识,则这些次生物亦将消失或无意义。

当然,以上只是从逻辑的角度来说的,就现实而言,思维、意识活动与全部感官活动是一体的,从这个角度也可以说没有感官也就没有思维和意识。

不同感官在感知世界中的作用、角色和功能不同,所提供的信息及其在我们世界中的比重也不一样。如果要在各种感知活动中排出一个次序的话，那么"看"或视觉是首要的。当代哲学出于对传统哲学的批判，多有否定视觉、肯定听觉之论，认为听觉更加接近存在，在我看来恰恰相反，视觉具有优先性。

在当代哲学中，罗蒂对于视觉哲学的批判可谓之甚。他是从批判笛卡尔的心灵之镜，进而批判整个西方哲学的视觉传统的。罗蒂认为西方传统哲学的根本错误在于把心看作一面镜子，反映着外部世界，好像在心中有个"小人"进行着观察活动。因此他把其著作命名为《哲学和自然之镜》，将对于"心"的解构作为该书最根本的目标，试图彻底解构传统哲学关于心的观念。他认为统治西方哲学数千年的是视觉隐喻，"不论是海德格尔还是维特根斯坦都未使我们从社会角度理解镜子形象的历史现象，这就是由视觉隐喻支配西方思想的历史"[①]。他对这个隐喻进行了彻底解构，认为人心中并没有这样一面镜子，更没有这样一个"小人"，甚至"心"根本就不存在。

罗蒂对于西方哲学的这一概括是准确的，然而他对其进行否定却是错误的。实际上视觉隐喻不仅支配着西方哲学，而且支配着整个西方文化，更广泛地看，也支配着整个人类的文化，支配着每个人的世界。视觉隐喻之所以具有如此重要的地位，并不是像罗蒂说的那样完全是哲学家的虚构，相反地，它是视觉在主体建构世界过程中所起作用的真实写照。

罗蒂承认空间性是心的本质规定："我的结论是，我们不可能用非空间性作为心的状态的判准，这只是因为'状态'概念如此之含混，以至于不

---

① 〔美〕理查德·罗蒂：《哲学和自然之镜》，李幼蒸译，北京：生活·读书·新知三联书店1987年版，第9页。

论是空间状态一词还是非空间状态一词似乎都没什么用处。"① 既然如此，我们就该进一步追问何以如此，罗蒂却没有，他只是在否定的方向上阔步迈进。

罗蒂所说的心的镜式本质，不仅不应当予以否定，反而应当予以充分肯定，并研究其存在的意义。罗蒂的分析不仅没有使我相信他的观点，反倒促使我思考，为什么人们总是把存在安排在空间秩序之中，其根源何在？由此引发出相关问题：我们是如何确证自己的存在和世界的存在的？我们是通过哪些途径来确证存在的？五官在确证和生成存在方面各自有怎样的作用和意义？

对于存在的确证，是通过多个方面或通道来实现的，每个方面或通道的意义各有区别。不同的感官、感知活动所建构起来的部分只构成了存在的某个侧面，它们共同构成的整体才是一个完整的世界。在所有感知通道中，视觉具有最为重要的意义，是存在感的最根本来源，这就是人的心灵像一面镜子的原因之所在。

我们有不同的感觉通道——眼耳鼻舌身，形成不同的感觉——视觉、听觉、嗅觉、味觉、触觉，还有综合的感觉，如痛苦与快乐等。总体上说，人的知觉世界是整体性的，任何一个方面都不可或缺，由此才能够建立起一个立体而完整的世界。但是如果我们将各个感觉通道进行比较，还是可以发现它们在建构世界过程中所起作用之差异，其中视觉占首要地位，是"世界"以及万物之形象的主要来源。汉语里"形象"一词本来就

---

① 〔美〕理查德·罗蒂：《哲学和自然之镜》，李幼蒸译，北京：商务印书馆2012年版，第36页。

是对形的确认，而形来自视觉，其他感官不能产生"形"象。

之所以说在各种感觉中视觉的意义是第一位的，是因为与视觉相对应的"空间"是我们所谓的"世界"最为基本的部分，这个世界的基本构架就是空间。我们得到的有关世界的信息，绝大部分来自空间，也即主要来自视觉。这一点无须论证和分析，只要你闭上眼睛就知道了。眼睛一闭，"世界"便立刻消失，脑子里剩下的只是一片黑暗，一切都归于虚无。假如这时周围一点声音也没有，你甚至连自我的存在也感受不到。当再次睁开眼睛时，这个世界才重新"存在"，自我也才有形地存在着。

贝纳特的研究表明，人类接受的外部世界信息中百分之八十来自视觉，"视觉在人类感觉世界中占支配地位。视觉不仅向我们提供了我们对之做出反应的环境中的大部分信息，而且在感觉系统中明显地占主导地位。当同时呈现给视觉系统和其他感觉系统以相互矛盾的刺激时，视觉的信息总是处于支配地位，其他感觉信息则被撇在一边，不予理会"[①]。

其所以如此，除了视觉信息在量上的优势以外，还与视觉感官所提供的信息特性有关。

在我们所有的感官中，视觉是最清晰而明确的，唯有视觉能够建立起有形的世界，而其他感官所获得的感觉大多不会如此细致、稳定和持久。听到的声音固然是生动活泼、富有动感的，但它是无形的；味觉、嗅觉、触觉所提供的信息强烈、细腻，却不够明晰和持久。这无疑是由视觉所触及的存在——空间的特性所决定的。空间有两个特性，一是立体，凡存在

[①] 〔美〕托马斯·L.贝纳特：《感觉世界：感觉和知觉导论》，旦明译，北京：科学出版社1983年版，第56页。

物无不具有三维性，不同事物分布在相对的空间关系中，由此形成立体网络；二是有色，不存在没有颜色的事物。这后一个特点决定了空间世界之丰富与多彩。

视觉世界的明晰、色彩以及空间的形来源于光，光只能在空间中散播，而眼睛不过是光的同构体，光是视觉世界的根源。其他感觉系统都与光无关，因而总给人一种晦暗不明的感觉。

其他知觉虽然也有多样性，不过远不能与空间中的千姿百态、万紫千红相比拟。空间是同时呈现的，这种同时性使得不同色彩和形状之间产生十分强烈的对比。

空间由于其有形的特点，因而是存在的主体，其他性质皆附着于空间之上。相应地，视觉在各种感觉中也具有这样的主体性，其他感觉则是感觉世界中的附属物，视觉是其中心。声音总是来自某个地方，为某个东西所发出，又被某个地方的人听到；味总来自某物，并被某人所品尝到；快感或痛感，是为某物所作用并为某人所感受。若无空间，它们的存在就莫名其妙，甚至难以描述。所以所谓的听觉中心或声音中心等说法，依然不能消除主体性和客体性，否则，声音就无所归依。

空间或视觉世界的这些特征，可以概括为形形、色色，失去视觉则陷于无形无色的世界。

空旷、辽远、无限的感觉主要来自空间，来自视觉。很难设想，一个天生的视觉障碍者会有空旷、辽远和无限的感受。当我们闭上眼睛，无论如何也难以体会到空间的无限感。唯有目光可以射向无限之域，而其他感觉渠道均难以产生此种感觉。若失去看的能力，其所觉知到的世界就只能是身体所能触碰到的存在物，而无限是无法触碰的，也无法嗅、尝和听

第一部分　存在

到,通过这些渠道得到的均为有限之物。

声音似乎也能够提供无限的感觉,不过这种无限无法与视觉的无限感相比拟。声音由远及近,由近而远,由此可以体会到某种空间性及无限性,但这种无限是有限度的,声音终归于静默;而视觉上的无限却不然,那是一种无尽头的感觉。

无限感不仅来自空间感,还来自变化。春华秋实,夏雷冬雪,草荣树枯,花开花落,斗转星移,从美丽的姑娘变成皱纹纵横的老太太,从壮硕的小伙变成步履蹒跚的老头子,均非视觉而不能知之。从这无处无时不在的变化中,可以感知到时间之匆匆,万物之不永,同时又感知到天地之恒久,宇宙之不移。我们对于时间的感知正是来自空间之变化,而这空间的变化是形与色的交错,非看不足以知之。

存在的结构也非看而不能知,结构是听、闻、嗅都不能及的。结构可以触到,但触到的仅是有限部分,也难以建立起完整而立体的形象,触觉没有透视功能。而且由于不知其色,而没有质感,不能感受质感之妙。

视觉是美感的主要来源,美的事物大部分借助于色与形来实现,而色与形与空间和视觉相关。"美色"一词恰当地表达了美与色的关系。色来自光,美主要来自看,美是形与色的内在而有机的融合。目光所碰之处,形形色色的花朵光芒四射,人体的曲线和肌肤的丰盈,轻轻一瞥便觉砰然有声。此等美妙,岂是听、嗅所能得?或回眸一笑,千娇而百媚;或蛾眉微竖,幽怨而悱恻,非明目岂能知?空间是无声的,这无声胜过有声,目之所触之者,便直入心扉。人的表情与眼神,如同六月的天空,朝云暮雨,变化无常,细微而迅速,似空穴之来风,非眼睛不能捕捉之。

听、嗅、触等感觉当然也可以产生美感,并且也具有视觉所没有的特点，这就是其切身性。这种切身性所带来的感受之强烈，往往是视觉所不能比拟的。在视觉中所产生的是对象化，与自我的存在层面有距离，而在其他感觉中产生的感受大多是非对象化的。不过视觉似乎具有无限的捕捉能力，可以把遥远的事物拉近到眼前，从而弥补了这种不足。

不过在非视觉类感觉中所获得的美感种类要比视觉美感少得多，且不能形成整体感，多是片段的、局部的或稍纵即逝的。原因或许在于，整体感来自空间，而其他感官所提供的都是时间性的感觉，时间感是线性的，而不是像空间感那样是立体的，从而可以形成整体秩序。

眼睛既是心灵的窗户，也是存在的窗户，绝大多数存在是经由眼睛而为我们所知的。没有了视觉，心灵的世界便失去了多彩与丰富。

看是有距离的，过近的事物我们看不到，这是看的缺憾；听觉、嗅觉、味觉和触觉具有切身性的优势，但它们的缺陷是不具有超越性。盲人的其他感官虽然有补偿性，但这种补偿极其有限，对于视觉不具有根本的替代作用。

至于时间，则多与空间有关，甚至只是空间的一个隐喻。时间与运动相关，但我们对于运动的理解却是空间性的。对于时间的感受，大多来自视觉上所感知到的变化和运动。在此意义上，时间其实就是变化着和流逝着的空间。

时间感的另一个来源便是对于声音的感受。如音乐和话语，总是前后呈现着，我们因而感受到一种与空间不同的存在方式。可是我们在表达时间的时候，事实上总是把它空间化了。我们心中所理解的时间是从过去到现在，又走向未来的一条线，或者叫作时间箭头——这也是时间空间化的一种比喻。这样的时间实质上是不同空间的连接，只是其排列方式与空间不同，是前后相续而已。我们所理解的历史，从过去一直延伸到现在，那些不同的朝代是这条历史之轴上不同长短的线段，实质上是纵向存在的不同部分。所以，时间的各个部分在我们心中是同时存在的，只是前后排列着罢了。

时间其实是没有过去与未来的：过去的已经消失，未来的还未到来。历史上的那些朝代早已无踪无影，在现实的空间中它们完全不具有存在的属性；如果说存在的话，它们也只存在于人们在心中所建立起来的那条历史轴线上。

最鲜活的存在，最本来意义上的存在，就是此刻，而此刻的存在既不在过去，也不在未来。这样的存在是存在的本源，它们是目击而存、耳听而在的。其他一切存在都是间接的，抽象的。这种此地此刻的存在，借用海德格尔的术语，可以称之为"此在"。唯有此在是实相，其他一切皆为虚相。

由上述可知，视觉以及由视觉而来的空间中的种种事物，是人的世界中感性存在的主要来源。由此决定了，以看的方式来理解世界、安排事物的秩序，也就成为心灵之本质性的东西。这就是罗蒂所谓的"自然之镜"的根源之所在。罗蒂的这个概括是准确而到位的，虽然他予以否定，却在客观上揭示了心的实质，这就是：心灵的本质特征是空间秩序，或者是将事物安排到空间秩序中的组织活动。把心比喻为镜子是恰当的。镜子本身不发光，但它可以将光照之下的事物涵摄于其中；没有了光，事物就不能得以显现，镜子之内便黑暗如夜，其内也就空空如也了。心灵的这种性质使得我们无法摆脱空间来思考和设想世界。

我们感觉内心里总有一个光亮的世界或舞台，万事万物在那里显现，从而使我们能够用心的"眼睛"看见。这是因为我们的精神世界主要是通过光而建立起来的。不管事实上如何，在心理感受的意义上，我们心中有个观看者的说法并不错。这个观看者，可以叫作意识。一个没有意识的人，是不能观看的——无论是内在的看还是外在的看。生理和物理上是否有着一面"镜子"，那是另一个问题，我们心理上存在着这么一面"镜子"，则是真实感觉。

这面"镜子"就是意识，不过这是一面发"光"的镜子，它把智慧的光芒投射到外部空间中，从而照亮了整个世界。照亮万物的不是自然之光，而是意识的光辉。

视觉隐喻之所以支配着西方哲学，那是因为哲学家们是有眼睛的人，而非盲人，因而也就自然而然地建立起一个视觉隐喻的世界。假如有一位天生的盲人成了哲学家，情形将大为不同，他的世界里将没有图像，然而我们难以设想，没有图像的世界该是什么样子。

二、亲在与间在

所谓的存在，可以分为两个大类：亲在和间在。亲在是直接存在，间在是间接存在。

亲在是此时此刻的存在。它是此时此地的味、触、觉、感、视、思、意。它是目之所及，耳之所听，鼻之所闻，舌之所尝，手之所触，体之所觉，脑之所思。亲在是"正在"，用英语表示就是"-ing"。它是正在做，正在看，正在尝，正在感，正在觉，正在闻，正在触，正在思。简言之，是正在进行的存在活动本身。

亲在既是正在存在，也是正在非存在，因为存在的过程同时也是消逝的过程，不具有消逝能力之物，我们会说它已经不存在了（死亡）。存在，意味着从过去到现在再到未来，但过去和未来均为非存在，前者已经移出空间，后者则尚未进入空间。亲在因而只能是此刻，是当下的这一刹那。

由此也可以看出空间的意义：唯有在空间中才能诞生，也唯有在空间中才能够死亡。诞生，就是在空间中显现，或者获得某种空间；死亡，是从空间中消失，或者是丧失某种空间。

时间则是空间的属性。时间的本性是流逝，但时间本身却不能独自流逝。当我们说时间流逝的时候，会产生"是什么在流逝"这个疑问，而那个"什么"必定是空间性的。时间的本性仿佛就是空无，它不是存在的主语。时间只有在空间中才可以展示自身，潜在之物唯有涌入空间才得以显现。

亲在即在场。亲在是一切存在之根，是存在的逻辑起点，一切存在均由此衍生而出。

与亲在相比，间在是次一级的存在，它是非在场的存在。非在场的存在之存在是由在场的存在来确认的。

对于存在的确认，一个方面是空间上的，可以称之为"空间性确认"。意识和感官把存在安排在空间秩序中，安排在场域中，物在其中得以显现。在场者提供了非在场者显示自身的通道，通过与在场者的空间性关联，非在场者得以显现，其性质也视与在场者的关系而得到确定。亲在之外的一切存在，均属于间在。亲在因而是一个点，就是此刻之我，而其他存在均为间在，它们构成了一个广袤的空间性世界，这个世界的秩序来源于亲在——我、此在。

另一方面的确认则是时间上的,这种确认是倒序式的确认。亲在之外的时间序列上的一切存在,是以反时间的形式得到确认的:它们的存在,在亲在存在以后方得到追认。一切历史性的存在都是倒序式存在,比如宇宙演化史、地球演化史、人类历史、个人成长史等,均属于此类存在。亲在或此在,是以往存在的逻辑前提,亲在是历史性存在的逻辑起点。本体论意义上的时间是从过去开始的,而这个"从过去开始"朝向现在和未来的时间之箭头却是由此在确认的,此在存在以后,才建构起了过去存在的历史。在这个意义上,历史是此在建立起来的。当我具有了意识以后,才知道宇宙、人类在我之前已经存在了很长时间,在我的亲在之外存在着无限遥远的空间和无限多的事物。可以说"宇宙"在我意识到它的时候方才诞生。

空间性间在与时间性间在相比,更加接近于亲在,它们是此在通过感性层面的存在直接得到确认的。而时间性间在却不同,对于它们的确认是通过意识活动来完成的,它们只是抽象的、头脑中的存在。

亲在或此在,便是这个宇宙的逻辑奇点,万物从这里诞生。其所以如此,是因为一切存在的确认,需以意识为条件,没有意识就没有存在存在。这并不是说在时间上先有此在后有其他存在,而是说意识是我们所谓的世界的逻辑前提,若没有意识,就没有存在是否存在的问题了。

存在之存在必须得到意识的确认,方可以成为存在,否则便是虚无,是没有,甚至连没有也没有:对于没有进入意识的东西怎么可以说"没有"呢?哪是什么的"没有"?那个"没有"是没有主体的,是无所指的,因而是不可谈的。

当意识的太阳冉冉升起之时,便是这个宇宙大爆炸之始,从意识的星云里演化出万物。只是这个宇宙及其万物的诞生与演化，并非沿着时间箭头进行，而是从此时此刻、从亲在开始，向上下四方扩展，向过去与未来延伸。意识犹如暗夜里的火炬，照亮了整个沉寂的宇宙，使得这个宇宙获得了勃勃生机。

亲在与间在两者，唯有亲在是实体性存在，一切间在均为虚体性存在。其原因在于，亲在具有可触、可视、可感、可及之性质，而间在不然，或者因其遥远或者因其已然或未然而不能触及。

宇宙在每一个个体意识的燃烧中，凤凰涅槃般地获得再生。这是一个意识的宇宙，也是一个有限的宇宙。它因意识而在，因意识而演化，亦因意识而亡。意识虽然不断扩展着自己的疆土，仿佛具有无限的能力，然而它最终会遇到一个界限——死亡。意识的宇宙是有边界的，这个边界就是"意识之外"，在意识之外就没有意识了，因而也就没有宇宙。尽管我们知道意识之外还存在着"有"，但谈论它没有意义，我们不知道它是什么。

这个宇宙随着意识的诞生而开始，也随着意识的消失而终结；随着意识的建构而耸立，也随着意识的熄灭而坍塌。

| 第三章 |

"上帝"是个形容词

在谈论终极和存在的时候,"上帝"无疑是一个不可回避的问题。"上帝"这个概念所包含的实质和问题是什么呢?

一、"上帝"是个形容词

"上帝"这个概念是一个被严重误解了的词语。一方面,基督教把它神化了,将它看作世界及万物的创造者,而普通的信徒则把它形象化为一个白胡子老头;另一方面,宗教的反对者——无神论者也把这个人格化的上帝看作实体性的存在而予以批判,这同样也是一种误解。实际上完全可以从非宗教的角度去理解它。在我看来,"上帝"或"神"是一个形容词,而非名词,不能做主语来使用,即上帝不是实体,不是实在的存在物,而只是对世界的某种性质——无限性的描述,当然是以曲解的方式进行的描述,宗教是以神秘的方式揭示了存在的无限性质。若是这样来理解上帝概念就不会将其神秘化,同时也能够发掘其中所包含的深刻意义。

上帝、神不是"存在",而是我们在理解这个世界时赋予世界的某种性质,即神秘性。下面通过分析几种具有代表性的观点,来揭示这一实质。

第一部分 存在

奥古斯丁（354—430）认为上帝无所不在，充塞于天地万物之中。他统驭万物，但没有体积，因为体积是有限事物的属性，而上帝是无限的。上帝是至仁、至善、至美、至隐、至坚、至定，爱而不偏。这正是无限的特征，而任何有限事物总是局限于一隅，有所偏颇。人之所以要爱上帝、趋向于上帝，恰是因为他的有限性和局限性，以及他的不完善性。上帝自身不变而使一切变化，无新无故而使一切更新，假如他变化的话就不是无限而是有限了，只有有限的东西才有变化。无限拥有一切，无须变化。上帝创造一切，而不被创造，他是自有永有的。万物皆是"有"，因为它们来自上帝，但又不是"有"，因为它们不是自有永有的，而是被创造的，所以它们会消失。上帝虽然创造万物、包含万物，却不与万物一起变化，所以是永恒的存在。他因此超越于一切时间之上，在时间之前创造了时间，他的岁月没有穷尽。[①]

在我看来，这个"上帝"并不神秘，其实质并不是宗教所理解的那样的神，而是大自然自身无穷力量的化身。试想一想，什么样的东西才具有他所说的"上帝"那样的力量和智慧呢？只能是无限。人们感受到了这种超乎想象的力量，却又无法理解它，于是就设想出了上帝——这就是上帝或神的实质，是宗教把它神秘化了。事实上，这个无限的世界不可能是任何神所能够创造的，除了是它自身创造自身外，无法有别的解释。说它是神创造的，是不可思议的，什么样的力量能够创造一个无限的世界呢？无限是不可创造的，可创造的不是无限。

---

① 〔古罗马〕奥古斯丁：《忏悔录》，周士良译，北京：商务印书馆1982年版。

哲学之思：真理的豪饮

"神创造了世界"这个说法的真实含义其实是：这个问题无法解答，正如我们说"世界自身创造了自身""世界是从来就有的"也并不是对问题的回答一样。这两种回答方式的实质是相同的，都意味着：我们没有能力回答这个问题。因为，所有这些说法都只是轻巧的一句断言，至于那个问题本身——世界是如何演化而来，却没有具体的揭示。对于世界是怎么来的这个问题，应当干脆说：它是不可知的，我们没有这个能力。

大约生活于五世纪的狄奥尼修斯（托名）在其《神秘神学》[1]一书中认为，上帝是神秘的。所谓神秘，其本意是"隐藏"，意思是上帝不可能呈现于经验之中——人们无法看见他，而是永远隐藏于一切有限之后，因为他具有超越性，他超越于一切有限事物之上。《神秘神学》就是要探寻上帝隐藏的秘密。上帝因此是无名的，上帝超出一切名称之上，上帝是无限者，是至善与至美，因而无法命名和言说。他存在，但与其他一切存在的存在方式不同，他是一切存在的原因，所以他超出一切存在。他是超出心灵的心灵，超出言说的言说，无法言说的言说。一句话，超出了我们的任何理解。

上帝作为万物的原因必定超越万物，否则就不能成为万物的创造者，但同时他又不是与万物分裂的。这就决定了他既是无名的，又具有一切存在者的名字。于是可以看到，人们在谈到他的时候赋予他许多名称：自有永有者，光，生命，神，真理，善，美，智慧，众神之神，至圣者，永恒，存在，圣洁，他比天高，他比时间古老，他是星星，他是太阳，他是

---

[1]〔古罗马〕（托名）狄奥尼修斯：《神秘神学》，包利民译，北京：生活·读书·新知三联书店1998年版。

火,他是云,他是露水,等等。他的确是这一切,但又不是它们中的任何一个;如果他是其中的任何一个或是所有具体事物的全体,就不是上帝了。

上帝的超越性是绝对的,若是从概念上说,他既不是整体也不是部分,既不是肯定也不是否定,既不是永恒也不是短暂,既不是有限也不是无限,既不是形式也不是内容,既不是一也不是多,既不是存在也不是非存在,既非可知也非不可知……总之,任何言辞都不能描述上帝。试图从语言角度去言说上帝是不可能的,而只能借助于沉默中的冥想。可见上帝虽然不可言说,甚至不可理解,但却是存在的,从某种意义上说又是可知的,我们知道他存在,也可以从他的创造物中了解他的性质。不过我们只能从否定的角度去了解他,只能够说他不是我们看到和认识到的所有东西。

狄奥尼修斯所描述的"上帝"的这些性质,其实是无限的性质,只有无限才具有这样的性质或神秘性。唯有无限才是不可接近、不可描述的,可接近和可描述的不是无限。无限,的确是神秘的,我们不能对它有任何知识,无以名状,连"上帝"这样的名称也无法描述它。

无神论者费尔巴哈(1804—1872)主张,神学的秘密就是人学,不揭示人的秘密也就不能揭示神的秘密。人的秘密就存在于人的本质之中。什么是人的本质?人的本质是意识,这是理解人的最终根据。意识具有超越性,它可以超越感性个体上升到普遍,达到类的本质;意识的另一个特征就是对象化,它可以把一切事物看作自己的对象,它能够把自我对象化,并从自我中分离出去,成为一个"你",当作一个对象来看待。总之,意识具有无限的能力,能够把一切事物(包括自身的力量)对象化,使之成为一个与我对立的存在。这是宗教的基础和根据。

因此神不是别的，是对于无限的东西的意识，而这个无限的东西也不是别的，就是意识本身。上帝便是对象化了的意识，是对象化和人格化了的人的本质。人对神的意识只是对于人的本质的自我意识，而那个神则是一个显示出来了的、客观的"我"。当然，在宗教意识中人并没有认识到这一点，他以为神是一种外在的支配他的力量，其实那个对象支配他的力量也就是他自己的本质力量。人的对象就是对象化的人。人对上帝的认识也就是人对自己的认识。

这样看来，人所崇拜的对象其实不是神，而是他自己，神只是他的自我的外化。只是这种崇拜是以对人的本质的误解为前提的：他不认为那是他自己，而以为神是超越自我之上的一种超自然力量。这就是人的本质的异化：本来属于人自身的力量从人自身中分离出去，反过来成为压抑人自己的力量。神是人放弃了的自我，误解了的自我。

只要把神学颠倒过来，就找到了真理。上帝的活动与人的活动完全是一体的，人实际上是把自己当作目的甚至是唯一目的的，人不过是通过上帝把自己当作目的的。在上帝面前，看起来人把自己贬得很低，事实上他已经把自己捧得不能再高，因为上帝是万能的、至高无上的，这也就意味着人是至高无上的。人对上帝的崇拜也就是人对他自己的崇拜，只是在宗教中是一种歪曲的崇拜罢了；上帝是崇拜者制造出来的，没有了崇拜者，上帝也就不存在了。

费尔巴哈的这些论述令人信服地揭示了宗教的一般本质，但这只揭示了神或上帝观念产生的主观根源，即由于人的意识具有无限的超越能力，人才产生了具有无限性的神的概念。需要注意的还有另一个方面，即大自然本身的无限性和神秘性，这个世界因此是无法理解的，这是"上帝"概念产生的客观根源。

若是仔细地观察和体会我们这个世界，便可以发现确实存在着类似于"主宰"的力量：在无限的时间和空间里有无限多的事物在无限而有序地生灭着。我们的银河系有一千亿颗恒星，长十万光年，宽三万光年，已经够巨大了，可是它才仅仅是宇宙的一千亿分之一！宇宙中至少还有一千亿个这样的星系！其实无限的宇宙中应当有无数的星系，根本不可能有有限的数量。无数巨大的恒星在永恒地燃烧着，数不清的宏伟星系在永恒地旋转着，难以想象有什么样的力量能够永恒地推动它们。这个无限的宇宙，向上追溯找不到它的源头，向后展望看不到它的终结。在无限面前我们无限地渺小，小到可以忽略不计。与此同时，万物的存在是如此的精巧，花的美丽、动物的灵巧、人体的美妙，都让人感觉"神"妙，妙到不可思议。

这美妙的秩序仿佛是精心设计的，可是谁能够具有如此高超的智慧？宗教说，是神或上帝，哲学家说是第一推动者和道。无法设想，怎样的智慧能够设计出这样一个无限的宇宙，只能勉强地名之曰"大自然的智慧"。不管把它叫作什么，其所指都是同一种力量——无限。无限既不是神，也不是第一推动者，也不是道，我们的任何命名都不足以描述之。我们能够对它做出的判断只能是——无以名状。

这样的一个世界总让人觉得很"神"，上帝或神便是对于这种无限性或神秘性的命名，这是宗教对于这种力量的神秘化。"上帝"或"神"的真实意义就是汉语里"神"这个字的本义，它是个形容词，意味着不可思议，超出了人们的理解力。

既然是个形容词就不能做主语，"上帝"作为一个形容词，是人对于世界的不可解释性、不可理解性的描述。但在宗教中它变成了一个名词，被实体化了。人们把神铸造成有形的人形雕塑，放在庙里供奉，这就把神变成了一种有限的存在，变成了实体，也把本来不具有人格化的无限力量人格化了。这样的偶像恰恰失去了它的无限性和神秘性，成为有限的和可以描述的了。

对于这个世界，甚至对于这个世界中的任何一种存在的理解，都会产生神秘感，因为从最终意义上它们都是不可理解的。这种神秘性既表示不可理解，又表示无能为力，因而所谓"神"，也是知识的界限，对于人来说，意味着不可知。我们的日常语言里也常有这样的说法——"只有神知道"，其实际意思就是"不可知"。

"上帝"是个形容词，把它当作主语用的时候就是喧宾夺主了。神秘性既不来自世界，也不来自人，而是来自人对于世界的理解，只有在这种理解活动中才会产生神秘性。物自身无所谓神秘性，人自身也无神秘性，神秘性产生于这两者之间，即意识理解世界的终极性之时。上帝、神、神秘，是人对其所理解的世界的一种感受和判断。

二、"上帝"等于问题的悬置

"上帝"等于"问题的悬置"，"上帝"如同一个框子，里边装着各种不可解的问题，凡是不能解决的问题人们都推给他。当然这些问题不是一般的问题，而是终极的问题。但上帝的设定不是问题的解决，而是答案的延迟，人们把有关终极的问题放在上帝那里，不予考虑。

万物从哪里来？上帝创造的；人是哪里来的？上帝创造的；世界为何如此奇妙？上帝创造的……这是问题的答案吗？这根本不是对问题的解

决，而是对问题的回避。上帝怎样创造了万物，怎样创造了人类，怎样设计了这个世界，才是需要解决的问题，但在上帝创世说中却没有任何说明。在上帝与其创造物之间存在着断裂，这个鸿沟只是靠一个空洞的动词"创造"来填补。

不仅神与世界之间是断裂的，而且万物的有限与神的无限之间也是断裂的：宗教思想家们反复论证有限的存在与上帝、神之间的本质区别，强调上帝或神是无限的，而不是有限的，所以它不能是万物中的任何一种，也不能是万物的相加。可是无限的上帝或神何以能够创造出有限的万物？它之所以能够创造出有限之物，就表明它含有有限于自身之内，否则就不能创造这些事物；既然它含有有限，那就表明它具有有限性；它具有有限性，就不能脱离有限之物而存在。于是它就受到有限之物的限制，从而成为有限的了。宗教思想家们却不承认这个逻辑，他们只是执着于无限与有限的对立，这两者之间的巨大缝隙只能靠信仰来缝合。

这种断裂，说到底是人的认识的断裂，是认识者把上帝或神推到了有限世界的彼岸，从而只能遥遥膜拜。

上帝存在于世界之外，因此上帝的设定实质上把问题推向了世界之外。这意味着有关终极问题的答案不在世界之内，世界的答案与世界无关。

上帝的设定反而使问题变得复杂了，这个设定在世界之外增加了一个新的问题，就是上帝与世界的关系问题。上帝的设定本来是为了解决问题，结果是已有的问题没有解决，反而使问题增多了。

他从哪里来？不能追问，他是所谓的本原、终极。不能追问，意味着不可知，意味着终极问题不可解。

上帝的存在使世界有了起点，而这是不可思议的，在世界之前上帝存在于何处？如果他存在于某个地方，就是有限的；如果他没有存在于任何地方，就是不存在的。上帝既然在世界之外，则上帝在世界中并不存在；一个在世界中不存在的存在，如何创造世界？上帝若存在于世界之外，则上帝不存在，因为世界之外无存在。

上帝不过是一个心理存在物，出于心理的需求，来自结束逻辑链条和追问过程的需要。如果没有这个设定，我们对于世界的追问就永远没有终结，而这是人们的心理难以接受的。把自己置身于茫无首尾的世界中，飘浮于无根无底的无限世界里，人的心理世界便失去了依托，人会感到没有着落，甚至恐慌，于是便设定一个终极存在，以便为这个世界找到一个坚实的基础和根据，由此得到心理上的安宁。这就是一切终极设定的实质。哲学所追寻的终极，与此同理。然而此终极非彼终极，真正的终极是无名之物，它不是出自心理，而是在心理之外。

上帝的设定也表明了人的虚荣：本来是他没有能力解决的问题、不可知的问题，他却自认为他知道，能够解决。其实在这些终极问题面前，倒不如老老实实地说一声"我不知道"，这比在自己的心理设定物面前顶礼膜拜、说有上帝人才会谦卑，不是更加真实、更加谦卑吗？

孤立的存在是无法描述其性质的，是不可说的。上帝之所以不可说、无法描述，就是因为人们把他看成了一个无条件的存在。人们把它推到了可描述域之外，所以是不可描述的，"上帝"只是描述一个不可描述之物的描述。

三、名词即视角

不单单"上帝""神"是形容词，一切名词也都具有形容词的性质，它们都是对于所谓存在的一种描述，一种判断。存在因而也就不是自存的实体，而是依照描述者的描述而被描述的。

人们所使用的任何一个名词，若加以详细追究，则最后必定不知所终，甚至成为虚无。柏拉图对话录中的"苏格拉底"的追问，实际上就起着这样的解构作用。我们最熟悉的动物应该是"人"，可是当我们追问"什么是人"这个问题的时候，最终会不知道人是什么。无论什么样的关于人的定义，都不能概括出人的全部。如果不追问，我们会觉得人与动物的界限是分明的，而细致的追问会使这种界限变得十分模糊。按照任何关于人的定义，都不能在人与动物之间划分出一条严格的线，比如社会性、群体性、会思维、有智慧等。几乎在所有方面，人和动物之间都只有程度上的差异，而这个"程度"又是不能确定的，难以找到一个可以量化的指标。

名词所描述的看起来是一个实体，实质上却是描述者为了方便而进行的命名，由此赋予实体以意义。同一个女人，儿时被称为"女孩"，青春时期被称为"姑娘"，婚后被叫作"妻子"，生子后被呼为"妈妈"，有了孙辈则被称呼为"奶奶"或"姥姥"；她还可以是同学、同事、姐姐、妹妹、学生、老师……这些指称在语言学上都是名词，但实际所显示的却是不同关系，是同一实体在不同关系中的位置。它们是从某个角度出发所进行的判断，从而导出不同的性质。她是姥姥还是奶奶，取决于她与其他实体之间的关系，这种关系实质上就是一种语境，而她的性质因语境而变化。她作为一个孤立实体，则不具有任何性质，因为没有判断者，没有判断者就没有性质。

以名词来命名的实体或存在，本就是一个无名之物，这无名之物不是虚无，而是一个超乎命名的存在。它类似于康德说的物自体。我们对于它的所有描述，都是从某个角度对于它的性质进行规定。命名的实质，是确立对象在我们的知识系统和价值系统中的位置。至于这个实体本身，我们永远不知道它是什么。

即便是专名，也具有形容词的性质，也是在刻画这个名称所指之物的特性，即给它定位和定性。比如正在写字的这个人的名字"严春友"，就是一个专名，是特指世间一个独一无二的存在。乍一看，"严春友"是一个独立的实体，且界限分明，这个名称似乎可以指称那个对应的存在。可是实际上"严春友"这个名称也是个形容词，它只是在描画那个存在在其家族谱系中的位置。"严"是姓，是说他出自一个姓严的家族；"春"是辈分，表示在家族谱系中的世代；"友"，是他本人的名。可见这个专名并不刻画他本人，而只刻画他在家族中的位置，表示有如此这般的一个人在这个家族中存在。这个专名并不能描画出他自身的性质，仅仅通过这个名称我们不知道"严春友"为何人。其实即使他的姓氏"严"，也不能刻画其家族的性质，而只是一个规定和符号而已，这个规定的意义在于将其与其他家族区分开来。至于当初为何用这个"严"字命名家族，则无从知晓。

"严春友"这个名称的意义，换言之，"严春友是什么"或"严春友是一个什么样的人"的问题，除了"定位"这个方式以外，还由他的作为以及人们（这个"人们"也包括他自己）对他的认知来确定。一个对于"严春友"一无所知的人，即使看到了这个名字也毫无意义，就如同我们在旅游景点上看到人们留下的那些名字一样。人们对于他的了解，是从他的作为中知道的，对于这些作为的理解和评价构成了人们心目中的"严春友"的样子。当提起这个名字的时候，他们会说"严春友"怎样，写过什么书，是哪里人，是哪个大学的教授（这里也包含着"定位"和"定性"），如此等等。每个人都有不同描述，正如他本人也有着对自己的特殊描述一样。在人们对于他的判断中有些是相互矛盾的，到底哪种判断是真实的他呢？假如我们对于"严春友"的认知网络进行调查的话，越是深入和细致，就越看不清他的真实面目，以至于开始看起来特别清晰的那个实体似乎变成了虚无。

这表明，要说出一个物、一个存在是困难的。我们所说的都是一个侧面，是从某个角度所看到的那个对象的性质，是某个判断者的判断；连判断者本人对自己的理解也是一种判断，不同境遇、不同时期他对于自己的评判也有变化。

我现在说一个名词"毛毛"，你肯定不知所云。我解释说，"那是我们家的一只小狗"，这就是"毛毛"这个名词的定义。这个定义无疑是描述性的，它说明那是一只狗，但那不是别人家的狗，而是"我们家的"。然后我还会进一步说，它是一只怎样的狗，有怎样的故事，听者才会对这只狗有一些印象，形成某种形象——其实依然是些概念，听者需要亲自看见它才会形成一个实体性的影像。

至于毛毛本身对"毛毛"这个名字的认同，则经历了一个过程。它本不知道自己是"毛毛"，就如同我本不知道自己是"严春友"。正是由于无数次的重复，它才确认自己是"毛毛"。"严春友""毛毛"所指的那个对象原本无名，是人们的命名活动赋予它们名称，又是不断的语言实践使得这些名称与相关的无名实体建立起了固定的关联，由此似乎使它们获得了意义。名词的含义是由一系列的解释和相关的语境来规定的。

一个不懂汉语的人在听到"花"这个发音或看到这个字的时候，不会

哲学之思：真理的豪饮

觉得它有任何意义，一个不懂意大利语的人听到fiore（花）这个字的发音时，也是同样的感觉。当知道了这两个声音和字符的含义时，我们才会将有关的客体——花，与之联系起来，从而赋予它意义，否则它就是噪音。词语的意义有赖于解释、指证、亲证。

有些名词描述的是功用，如桌子、椅子、筷子等。作为一种声音，它们是如何与相关的对象联系到一起的，为什么我们叫桌子的东西意大利人叫tavolo、英国人叫table？这个谜可能永远不能解开，因为我们无法追溯它们的起源。但这类名词我们通常是从功用角度进行定义，说它们是做什么用的。这些用处与它们的集合——那个名词——两者相互构成。

我们的命名会因距离的远近而有所不同，这时对于同类的实体会有不同的命名。遍布天空的星球，大多数比我们的太阳更加巨大，我们却说"巨大的太阳"，而不说"巨大的星星"，在汉语里"星"的含义就包含着"小"的意思，如"星星点点"。实际上那些星星与太阳是同类的实体，只是由于距离远而"变小"了。在小的方向上，我们有分子、原子等名称，这些名词都有小的含义。我们将前者称为"宏观世界"，后者叫作"微观世界"，我们人类则处于中间。这样的区分表明，这些命名方式是从我们的视角出发的。天地、宇宙等词语无不如此，人之上叫作天，人之下谓之地，上下左右谓之宇，古往今来谓之宙，人则是其中不言而喻但却隐藏着的原点，是进行区分的坐标，没有人就没有上下左右，无古往今来。

许多名词具有情感色彩，甚至是道德色彩和价值取向，这种色彩使得它们明显具有形容词的性质。例如狗、驴、牛、马、狐狸、蛇、木头、太阳、月亮、诗、书、画等，均具有喻义，具有形容词的功能。这些具有象征色彩的名词，在不同语言和不同地域中，象征也有差异。这种差别实质上是心理感受和不同视角的差别。

可见名词并不是孤立而普遍的实体，对所有人都一样，它们并不独立于人的判断之外，相反，是依赖于人的判断而存在的。这里的"人"，也不是普遍的人，而是生活于具体境域中、具有喜怒哀乐的个体。即使同一个人，他所使用的同一个词语（包括名词），在不同境域和心境中其意义也会有很大差异。

概言之，名词所表示的是一个视角，它们描述的是说话者的所感所知，是精神活动的一种投射。所谓名词，是人们指认某种对象的记号，这个记号本身毫无意义，它仅仅是声音和符号，其意义需要一系列的其他描述来规定。这些描述要说明的是一个如此这般的东西，而这个"如此这般"不过是说话者的一种有限认知和感受。名词所描述的对象所具有的那些性质，是说话者对于那个对象的理解和定性，这种定性表示的是它在说话者精神网络中的位置，它的性质是由这个位置规定的。

第二部分

生成与演化

| 第四章 |

生成论与预定论

存在是从哪里来的？它是怎样产生的？大致有两种不同的回答，一种叫作预定论，另一种则是生成论。那么它们是否解决了这个问题呢？

当前学术界流行着一股生成论思潮，仿佛一旦使用了生成论的观点就可以解决任何问题。在我看来，生成论不能代替预定论，它们各有各的解释力度和适用范围，也各自存在自己的问题。

按照传统的哲学观点，事物是预定的，一切都已经"安排"好了，事物的存在过程只是一种展开的过程。事物的预定者，要么是上帝——他一劳永逸地创造了所有事物及其相互关系，要么是本质——事物的发展只是本质（理念、本原、实体等）的展现。现代哲学尤其是所谓的后现代哲学，大多反对预定论，主张事物是生成的，否认预定性的存在。不过在生成论方面目前能够看到的专著只有金吾伦的《生成哲学》[①]一书。鉴于该书是直接而集中论述生成论的有代表性的著作，本章将主要围绕该书的观点展开讨论。

---

① 金吾伦：《生成哲学》，保定：河北大学出版社2000年版。

人们用来解释事物起源和产生的理论有预定论和生成论，但它们都不能完美地解释这个世界。生成论和预定论各有缺陷，也各有合理的因素，都有一定的解释效力。似乎只有这两者相互结合才能够更全面地说明这个世界。

不过，即使把这两者结合起来也仍旧存在着无法解决的问题。这表明，任何理论都存在着其解释的边界，也表明人类的认识一旦超出了某个限度，就不具有解释力了。

一、生成论不能消除和避免预定因素

生成论并不能彻底消除和避免预定因素，生成的过程恰恰以某些预定因素的存在为前提，假如没有这些预定因素，生成的过程就无法进行。

生成的能力必定是非生成的，即预定的。从某些事物中能够生成某个事物，是因为在这些事物中已经存在着生成这个事物的能力或可能性，否则这个事物就无法生成。例如，一只老鼠不可能生成大象，这只老鼠事先没有生成大象的能力。生成的过程是以具有某种性质的存在为前提的，这个前提就预定了将要生成的事物的性质和存在方式，从而也规定着生成过程的性质，把它规定为生成"这个"事物的过程。生成的力量必然在生成过程展开之前就存在了，这个力量是生成过程的逻辑前提，只要承认这个力量的存在，生成论就不能完全成立。

假如生成的能力也是生成的，将会无物可以生成，世界将无任何规律可言。在这种情况下，由于没有预定的生成能力，也就不可能产生任何事物。

要生成的事物作为生成过程的"目的"制约着生成的过程，从而使生成的过程不是任何别的过程，而仅仅是生成这一个事物的过程。不存在一般性的生成过程，凡是生成过程一定是某个或某些事物的生成过程。生成过程自始至终都存在着一个生成什么的问题，其所以如此，是因为生成这个事物的那些事物是已经生成的，由此决定了它们只能生成某种事物，而非他物。

生成论会导致事物的自我解构，以及连续解体。事物若是生成的，那么生成某个事物的事物也是生成的，而生成这个事物的事物的事物也是生成的，如此以至无穷，找不到任何预定的事物，这样任何事物都将无法形成。

如果事物是生成的，还会导致下列情况的出现，任何事物都有可能生成任何事物。在没有任何预定因素的约束下，生成过程就失去了控制，怎么能够保证生成的是此物而非彼物呢？由于过程没有任何约束（因为一旦有了约束，就意味着"预定"），从任何事物中理应能够生成任何事物，或者说生成什么事物是不确定的、随机的，唯有如此，生成论才能够成立。猪生出的有可能是猫，猫可能生出狗。事实却不然，事物是严格预定的，猫生猫，狗生狗；每个细胞都按照严密的结构和程序构成，并且其功能也都是预定好了的。事物存在的过程按照其内在的程序展开。

这里说的"预定"，不能从现成性去理解，所预定的不是一个实体。从现成性角度看，被生成的事物在生成之前完全是个无，所存在的只是产生它的条件，被产生的那个事物来自严格的现存条件，它寓于这些条件之中。每个事物的产生都有它的史前史，它自身的历史是史前史的延续。

金吾伦认为，传统的实体论是建构性的宇宙观，它主张事物由要素构成，而要素是不变的。他强调生成才是最根本的力量，是第一位的，"没有生成，就没有要素。"①这当然是不错的，不过反过来说也是一样：没有要素，就没有生成。若没有要素的话，是什么东西在进行着生成的活动呢？生成的过程和能力就失去了承载的主体，生成的能力一定来自已经存在的要素。没有要素的生成，是不可理解的。

金吾伦也承认，"有了生成的能力，新事物才能够不断产生"②。可见生成的能力存在于生成的事物之前，是先定的，否则事物无法产生。他为了寻找生成的最终动力，硬造出一个"生子"概念③，把一切生成的能力归结为生子。这一方面说明他并没有真正摆脱传统的实体论，依然留有实体论的痕迹——这个生子与传统哲学中的理念、本质等意义是类似的；另一方面表明生成论无法避免预定性，它必须以承认某些预定因素为前提，否则它将会导致自我解构——这个生子就是预定的东西。

二、整体性是否为生成论提供了依据

生成论认为事物之所以是生成的，是由于整体性的存在，每个事物都不是孤立的存在，而是受整体以至整个宇宙的制约和影响，从而造成了其存在的不确定性。

但是整体性同样可以证明预成论的观点：整体的性质规定了其部分的性质，进而规定了其所生成的事物的性质。如生物界，生物的后代本来是其母体的一部分，这个部分的性质是由母体预先规定了的，决不会出现相

---

① 金吾伦：《生成哲学》，保定：河北大学出版社2000年版，第146页。
② 同上，第188页。
③ 同上。

反的情况,某个母体的后代其种类尚不确定。

金吾伦引用惠勒的话来证明自己的整体性观点:"整体宇宙是参与者的宇宙……观察参与者把有形实在赋予时下的宇宙,也追溯到宇宙的起源。"[①]不管多么微小的事物都与整个宇宙相关联,每个事物都具有全域性,但由此得出否定预定论的结论则难以成立。为什么某个事物只能在某个环境或整体中产生,而不能在另一个环境或整体中产生?就是因为这个事物已经隐含在这个环境或整体之中,而另一个环境或整体中没有隐含它。这种意义上的预定论并不否认整体性的存在,相反,它认为被这个环境或整体产生出来的这个事物,恰恰是整体的性质在局部上的一种表现。

不仅个体的生成已经预定于环境或整体之中,而且整体对于个体的作用也是预定的,这个作用同时也受到个体之预定性质的影响。如果个体没有接受某种信息的能力或性质,环境对它就不能产生作用。比如食草动物对于环境中的肉类可以视而不见,蚂蚁面对人的高谈阔论可以听而不闻。整体已经规定了哪些信息可以对哪些事物起怎样的作用。

整体也一定是有组织功能的,也即具有"我性",无我的事物无法存在,由此规定了此整体非彼整体,也规定了这个整体中产生的事物不同于其他整体中的事物。这个"我性"是可分离性和定域性的根源。若无此性质,则万物相同,没有任何区分。事物的演化过程也就是分离的过程,是各种不同的性质定域化的过程,由此才出现了事物的多样性。

整体性或全域性与分离性或非定域性并不是一种相互排斥的关系,整

---

① 金吾伦:《生成哲学》,保定:河北大学出版社2000年版,第67页。

体存在的"目的"恰恰是要分化出各种相互区别的事物,使各种性质的事物产生某种程度的分离,而事物的个体性或分离性也只有在整体中才能够展开。

一个事物无论多么开放,其生成过程无论怎样受环境影响和整体的决定,这些外部影响和作用也都一定是"我化"了的,是经过了"我"的重新组织,整体只有经过"我化"才可以对我产生影响。在这个过程中,这个"我"是先定的,否则便不可能有这个我化过程。只有当一个事物存在以后,才可以谈论它的开放性,否则开放性就没有载体。"我"作为开放性的载体,必须已经具有了自我组织能力,在此前提下才可以有开放性和"我化"活动,不然它就会解体。

从另一个角度说,整体生成"我"的过程也就是我化的过程,是整体中的某些信息转变为"我"的过程,是整体的局部化、个体化。从个体事物的角度看,环境或整体是为"我"而在的。

金吾伦主张非定域性和不可分离性,认为相反的观点是错误的,他说定域性和可分离性是"牛顿物理学的原则观与殊相论的残余——'定域性'和'可分离性'的形而上学"[1]。他在反对还原论的时候把整体视角和局部视角对立起来,只承认整体,不承认局部,实际上导致了新的"形而上学"。假如不承认殊相的意义,那么整体存在于什么地方呢?整体正是通过部分才得以存在的,而部分存在的过程也就是分离的过程,在这个过程中个体事物得以产生,从而具有了与整体不同的性质。在个体和局部这

---

[1] 金吾伦:《生成哲学》,保定:河北大学出版社2000年版,第87页。

个层面上，猫就是猫，它不会同时还是狗。不承认定域性和分离性，就无法解释我的主张为何与金先生不同。在这里适用的是"形而上学"的"残余"——定域性，而不是非定域性或整体性。整体存在的意义就在于这种分离，由此形成殊相。

作为存在本身，在事物的整体与部分之间是没有清晰界限的，它们之间的界限多是出于我们的划分。整体和部分只是我们观察事物的两个不同视角，这两个视角之间不应当构成相互否定的关系，而应当是一种互补关系。金吾伦把两者对立起来，肯定其中一方而否定另一方，依然走向了传统实体论的单线思维方式。

彻底的整体论一定承认其相反视角存在的价值和意义，否则它就不是整体的视角。事物既是整体的，又是可以分离的，这种分离性正是个体事物存在的原因；假如完全不可分离，则个体事物便不能形成。这是整体的个体，正如整体是个体的整体一样。

这里的"分离"一词，并不是说局部可以脱离整体而存在，而是说个体、局部有其存在的独立性，有不同于整体的特征。否则，就不能说它是一个个体或局部。

从认识论上说，假如世界完全是非定域性的，则事物就会陷入不可说的境地。事物同时具有不可分离性与可分离性、定域性和非定域性，这两者相互构成。整体视角涵盖着局部视角，整体视角具有"全"的特点，因而也只有涵盖局部视角才是真正的整体视角，否则它就缺少了一个角度，就不是整体了；但是"涵盖"不等于"代替"，因为整体视角与局部视角的出发点和意义不同。局部与整体，是同一过程的两个相反指向。在这里，还是要回到解释学的循环：要了解整体的意义，必须到部分中去寻找；反之，要了解局部的意义，又必须回到整体。同理，在存在论意义上，整体与局部、个体相互规定，只有在对方中才能实现自身。

三、无中能否生有

无论是生成论还是预定论，其根本意义在于解释事物的来源问题。生成论实际上取消了事物的来源，认为事物可以从无中产生；预定论的实质是认为有只能来自有，而不能来自无。

如果事物没有任何预定因素，它是怎样生成的？它是从哪里来的？事物的来源就成了问题。生成论认为事物是从环境中来的，是环境中各种因素相互作用的产物。但这恰恰意味着在环境中已经隐含着该事物，否则该事物就不可能产生：为什么在这样的环境中产生了这样的事物而不是别的事物？特定的事物是特定环境的产物。这种环境决定论表明，在环境中该事物已经以某种方式预先存在了，从而就对生成论进行了某种否定。

生成论还主张新的事物是出于创造，即这个事物过去从来没有以任何形式存在过。那么这个事物是从哪里被创造出来的呢？他们认为是由于从系统外部输入了某些信息、能量和物质。这意味着新的事物来自系统外部。

但问题是：其一，如果确实如此，则表明外来的因素中已经包含着该事物，即这个事物出现在该系统之前就已经以一定方式存在着了。其二，会得出宇宙之中的事物来自宇宙之外的荒谬结论。宇宙是我们所知道的最大系统，按此逻辑，则宇宙中产生的事物来自宇宙之外！这是不成立的，因为宇宙是无限的，没有"之外"。宇宙中的事物只能来自宇宙之中。

哲学之思：真理的豪饮

金吾伦理解的"生成"是从无到有："物理定律也有个从无到有的生成过程。"①从无到有就是生成过程吗？这个"无"到底是什么意义上的无？如果无就是原来根本没有，是彻底的空无，怎么可能从中生成事物呢？他还说："有起源便有一个从无到有的生成过程。"②事物的确是有起源的，由此却不能证明无中可以生有，一个事物的起源为何在此时此地而非彼时彼地？起源处已经蕴含着这个"有"。如果这个"无"是完全的没有，从无中产生出来的怎么能够是这个事物而不是别的事物？

如果从无中能够生成有，那个"无"就不是纯粹的无，而是潜在的有。"从无到有"并不能证明事物就是生成的，而不是预定的。这个所谓的"无"并非真正的无，而是形态上的无，是指那个即将生成的事物还没有显现出来，看起来是个无，尚未成为实体性存在。人们通常说的无中生有，那个"无"只是与有相比而言的无，它是有的潜在状态。这就是从无到有中的"无"的真正含义。这个"无"实际上是虚在，与实在是相对而言的。

这里所谓的无，不过是"不知道"的代名词，没有看见，没有认识到，就说它没有。虽然我们也许不知道尚未产生的事物是以何种形态存在的，但有一点是肯定的，这就是：绝对的无不可能产生任何事物。"种瓜得瓜，种豆得豆"这一常识有力地证明了事物的预定性，如果没有预定，就可能种瓜得豆、种豆得瓜。如果那个"无"没有任何约束，即无任何规定，那么从"无"中理应能够生成任何事物，然而事实并非如此，那个

---

① 金吾伦：《生成哲学》，保定：河北大学出版社2000年版，序第2页。
② 同上，第146页。

"无"是有规定的，因而已经不是真正的无了，而是"有"的另一种形态。比如，我和李四的孩子，在他们成形之前都是"无"，然而我的"无"与李四的"无"有着完全不同的性质：我和我妻子的基因及两个家族的演化史与李四及其妻子的完全不同，这就使我的"无"与李四的"无"有了不同的规定。可见，"无中生有"中的无是有规定的，由此决定了它具有某种特定的内容、秩序和方向。于是"无"便不再是无，而是潜在的"有"了。

显现出来的当然不是现成之物，而是各种条件所隐含的信息的显现，是各种条件之耦合。所显现之物，就其存在形态而言，纯粹是无，在实体上没有任何痕迹。

生成论用突现来解释事物的生成："更重要的是发现过程的突变性以及概念变化的整体性。"[①]然而突现说并未解决任何问题，而只是把问题神秘化了，使事物失去了根据，好像事物没有任何原因就出现了。仅仅用突变不能解释任何东西，说这是突变那是突变，与说上帝创造世界的意思大同小异，只是把上帝换成了突现而已。被突现出来的事物一定已经以某种方式潜在着了，否则就不可能突现出来，这种预定性约束着将要突现的事物的性质，使之不是任意的突现。所谓"突现"不是无条件的，而只是从某些事物中突现出了某些事物，而不是从任意的事物中突现出任何事物；这样的事物只能突现出这样的事物，而不可能是别样的事物。

"科学发现的行为是一种突现性的事件，它或者来源于直觉的闪光，

---

① 金吾伦：《生成哲学》，保定：河北大学出版社2000年版，第112页。

或者出现于偶然的观察，或者来自实验的结果。"① 但是这种所谓突现绝不是无缘无故的，而是小的变化的积累达到一定程度后产生的突破。突现决不会钟情于偶尔路过的人、无准备的头脑，对于这样的头脑来说，他的直觉永远不会闪光。实验必定是有意识而为之，而非偶然；那些导致重大发现的"偶然的观察"也肯定来自一颗探索已久的头脑。比如苹果落地之于牛顿就是如此，若是一颗从未有过研究的头脑，即使看到千万次苹果落地，也很难发现万有引力定律。既然不存在无缘无故的突变，突变就不是纯粹偶然的了。

生成论还把随机性看作它成立的依据。所谓的随机性，不是事物的性质，而是认识自身的性质，事物绝不会"随机"，随机的是认识，我们没有认识到事物发生的因果链条，就认为那是随机的。随机性只是人的一种视角，而不是事物自身的属性。主张随机性的人常说：假如世界是必然的，没有随机性的话，事物运行的轨迹就可以预测，人就能够预测未来。这种说法混淆了两个事情，就是事物自身的性质和人的认识的性质，他们把认识的有限性等同于事物的随机性，而忘记了事物自身的无限性质，每个事物都与环境或宇宙整体处于全方位的联系之中（在这里该整体性上场的时候他们倒把它忘记了），而这些联系并不是我们都能够认识和把握的，因而我们不能够准确预测未来。"所谓'突生'就是一种新体系的产生，但却又无法根据先前的条件加以预测或解释。"② 这个无法预测，不等于事物不是预定的，因为"不能预测"只是人的预测能力的问题，不能把我们的认

---

① 金吾伦：《生成哲学》，保定：河北大学出版社2000年版，第113页。
② 同上，第168页。

识能力等同于事物自身的性质。

我们不知道事物发生的内在的或全部的原因，因而觉得是随机发生的，这只是我们统计事物发生概率的一个视角而已。一个事情发生的概率无论多么小，都不能断言它不会发生，也不能说它的发生无缘无故。偶然的事情怎么会发生呢？下面这个例子就很难说是偶然的还是必然的：某人到北京郊区去要账，有人欠他两千元钱已经有好几年了。他打出租车去，有两个小时路程。当路程到达一半的时候，他要下车解手，而正当他打开车门走出去时，对面来了一辆卡车，掉下一个轮子，正砸在他身上，致使他死于非命。这件事情的发生是必然还是偶然的？这取决于我们的视角。对于当事人来说，它是偶然的，因为出乎意料（这其实就是我们所谓"偶然"或"随机"的实质含义）；若从整体角度看，则是必然要发生的：他身体内分泌的过程使他正好要在某个地方解手；而车轮掉下来也非毫无因由，它早就松了，而到了此时此刻达到了完全松弛的程度，就掉了下来，于是事情就发生了。从过程的"目的"来说，那人下车并非为了找死，而车轮子掉下来也不是"为了"打人，就此而言，事情的发生是随机的、偶然的，在相关要素里并不包含后来的结果。可是，当这两个事物运行的过程发生了耦合以后，就不能说它的发生是随机的了。这就是主张生成论的人所说的整合、整体，整合的结果恰恰是随机性的消失。

就上述例子来看，一个事情的性质或意义是多层面、多方向的，可以从多个视角去进行判定，而其结论断然有别。不确定还是确定、偶然还是必然，会随着视角的转移而发生变化。而这也意味着，所谓事物的性质是随着观察角度的转移而变化的。

四、新事物、新性质的出现是否绝对生成

金吾伦举了一些例子来说明生成论的合理性,那就让我们看看这些例子是否否定了预定因素的存在,是否证明了生成论的正确。

"粒子也是生成的",它的含义是:"如果我们把宇宙创生时刻称作'混沌',那么这些粒子就是从混沌中产生的。"[①]这不能证明粒子是从完全的没有中产生。假如粒子是从混沌中产生,混沌中就已经以某种方式潜在着粒子,粒子已经寓于产生它的条件之中,否则就不会产生;当时产生的粒子也不是一般的粒子,而是具有特定性质的粒子,即只有这样的混沌才能够产生这样的粒子,换一种混沌状态就只会产生别样的粒子。如果混沌中完全没有包含其所生成粒子有关的因素和条件,则任何事物都可以产生出这些粒子。当然,这种粒子的预定不是现成的,而是作为一种性质或信息潜存于其中。正是由于这种包含或预定,这样的粒子才从这样的环境中产生出来,混沌是有独特性质规定的。所谓混沌根本就不是混沌,而只是看起来如此,或是相对于后来更有序的状态而言才是混沌。

他还举了化合物的例子:"碳、氢、氧几乎都是无味的,但由它们化合而成的一种特定化合物——糖,却是有甜味的,而原先的三种气体都无甜味。这是因为糖具有了原来三种气体都没有的新结构,从而也就有了新性质。"[②]

这种新结构一定以某种方式潜在于三种元素中,否则就不可能有这种新结构的出现,这就是为什么只有这三种物质的化合作用才能够产生出

---

① 金吾伦:《生成哲学》,保定:河北大学出版社2000年版,第146页。
② 同上,第176页。

糖，而用别的物质就不能够产生出来？假如不是已经潜在于这三种元素中，就应当是任何三种物质的化合都可以产生出糖。这里令人惊奇的不是三种元素结合前后性质上的巨大差异，而在于用别的元素无法产生这种结果，这就表明，这三种元素与糖之间有着内在的关联，糖的性质已经寓于这三种元素的相互关系中，那种所谓的新结构实际上已经潜在于这三种元素之间。

五、物质有限可分论是否支持生成论

金吾伦认为，传统的实体论哲学是一种构成论的宇宙观，事物可以归结为它们的部分，比如原子之类。无限可分论便是这种观点的一个代表，在他看来这是一种错误的观点，而物质不可分论是与整体论和生成论相一致的，是生成论的根据之一。他举了许多例子来否证无限可分的观点："夸克禁闭现象是对'物质无限可分论'的有力冲击……强子是不可能被分割为组成它们的部分的。"[1] "正负电子湮灭产生光子，我们就很难说，哪个是由部分所组成的整体，哪个又是由整体所分割出来的部分。显然不能说光子是电子的组成部分。"[2] "'无限'可分是不可能通过有限的实验事实得到证明的。"[3]结论是："宇宙是一个不可分割的整体，而无限分割的方法与整体论是相悖的。无限可分论是机械论的一种表现。"[4] "'物质无限

---

[1] 金吾伦：《生成哲学》，保定：河北大学出版社2000年版，第17页。
[2] 同上，第18页。
[3] 同上，第24页。
[4] 同上，第42页。

可分论'不是辩证法,而是形而上学。"①

可分性问题是复杂的,难以用一个"可分"或"不可分"来解决。不能抽象地断言可分还是不可分,要说清楚这个问题,首先需要确定可分性的含义,然后才能够确定在什么意义上可分、什么意义上不可分。

不可分并不能证明事物是生成的,这两者之间不存在必然的逻辑关系。物质不可分性也可能支持生成论,也可能不支持生成论。比如古代的原子论,金吾伦认为是构成论的典型理论,可是原子的基本意思就是"不可分",是分的极限;还有莱布尼茨的单子论中的单子也是不可分的,但单子论却是构成论的,也是预定论的。可见由物质的不可分性不能必然推导出生成论的结论。

如果说物质无限可分论不是辩证法,那么物质不可分论同样是形而上学。辩证法在这个问题上的观点是:物质既是可分的又是不可分的,只承认其中的一方,不是辩证法的命题。就此而言,金先生的观点既不是整体论的,也不是辩证法的。

金吾伦混淆了哲学命题与科学命题的区别:前者是无限命题,后者是有限命题,因而评判的标准不同。他所说的可分,是物理意义上的可分,与哲学中说的可分意思不同。哲学上所说的可分,原本说的是矛盾运动,即在任何事物和任何层次上都存在着矛盾,从而都可以分为两个对立的方面。哲学命题不可能得到经验的证明,而只能从逻辑上证明;从经验上得到证明的是科学命题,而不是哲学命题。

---

① 金吾伦:《生成哲学》,保定:河北大学出版社2000年版,自序第1页。

从物理意义上来看，可分与不可分都是存在的，这要依据判断问题的角度而定。

从量的角度看，若微观世界是无限的，则理论上应当是无限可分的，因为存在永远不能够归结为零；只有"无"是不可分的，凡是存在都占据空间，就一定可分。因而，"一尺之棰，日取其半，万世不竭"这个命题，在上述角度上才是成立的。

假如可分性是从事物的结构角度说的，则事物无限可分。因为不可能存在没有结构的事物，没有结构就没有性质，也没有产生和消失的过程，产生和消失就是事物的结构形成和解体的过程。人们说夸克禁闭，没有内部结构，假如禁闭真的存在，那也只意味着人还没有认识其内部结构的能力而已。没有内部结构的东西怎么可能存在呢？禁闭的不是夸克，而是人的认识。

从质的角度看，则任何事物都不可分，因为一旦被分开，事物的性质就会发生根本改变，就不是那个事物了。如人体被分开，则人死；石头被分开，则变成石子或粉末，其性质与石头有别。从这个角度说，任何事物在现实上都是不可分的，我们只能进行理论上的分割。

从主观的角度讲，还存在着另外两种意义上的不可分：其一，这种可分性受到人的"分"的能力的限制：理论上讲，事物只要占据空间，分割的进程就应当是无限的，但是人总是要受到自身分割能力的制约，他只能分到一定程度。其二，还会遇到分割的另一个限度，就是分割工具的限制。假如我们用刀去分割事物，一直分下去就会遇到这个界限：当被分割的事物比用来分割的工具还薄的时候，分割的进程就会终止——刀不能够分割薄于刀刃的东西。

事物自身也具有可分性,这个意义上的"可分性"是区分、差异的意思。事物演化的过程在一定意义上也表明了事物之间的可分性:演化的"目的"是形成不同的事物,事物一旦形成就具有独立自存的特点,不同事物之间具有截然不同的性质,此事物不能归结为彼事物。生物演化的过程尤其如此,演化的结果是形成了不同的物种,不同物种之间界限分明,不能沟通,比如不同物种有不同的食物,因而在生物链中它们分别生活于不同层面上。单个生物生成的过程本身也是一个分化的过程,原本面目不清的"种子"通过这一分化过程而清晰起来。这就是金先生提到的"分离性"。

上面的论述表明,在金吾伦先生的生成论中依然残留着浓厚的实体论痕迹,他所生造出来的"生子"概念更是这种痕迹的典型表征:"生子不是物质,不是能量,不是精神,但它能转化成物质和能量。"[①]那么这种东西存在于什么地方呢?又以何种方式存在?只能是神秘的。而且这个生子怎样使事物生成?完全没有解释,事实上也无法解释。这个生子的存在,恰恰是对生成论的否定,因为它在事物存在之前就已经存在了,而且是万物的本原,这个思路也与实体论一样,非要找到一个终极的东西作为事物存在的依据不可,这个依据在实体论那里是实体、理念、上帝、物质,在生成论这里则是生子。

六、预定论存在的问题

从一般意义上说,实体论都是预定论的,因为在实体论看来,一切性

---

① 金吾伦:《生成哲学》,保定:河北大学出版社2000年版,第189页。

质甚至事物总是已经包含在实体之中，实体规定着事物的本质。预定论的极端形式是生物预成论，是莱布尼茨提出来的。他认为在动物的精子中存在着其后代的微小构型，这种构型一层套一层，一直到久远的后代。在我们祖先的精子里已经包含着我们这些后代的所有构型，我们只是这些构型的显现。

预定论的实质或根本原则是有不能来自无，无不能生有。这个原则总体上讲是成立的。世界作为一个总体，一切事物只能来自其自身，任何新的事物都是来自已有的事物，即已经以一定的方式包含在已有事物之中。从这个角度说，"天底下没有新东西"这个命题是成立的。

事物仿佛有一种内在的"意识"，规定着事物的秩序、存在方式和性质，规定着形成的过程，规定着整个有机体的运行。由此便决定了事物的根本性质是预定的，它不会因外在的因素而改变。外在因素只能影响到事物性质的量，而不能改变事物的根本性质。茄子的种子，只能长出茄子；外在的温度、水分、阳光等，只能使茄子大一些或小一些，却不能使之长出别的果实。茄子的本质是外在的因素不能改变的。

然而预定论也存在着不可解决的问题。

事物是以什么样的方式预定的？若是把预定的东西看作实体性的，即与后来所成为的事物只有量上的差异，而没有形态上的不同，那些预定的事物只是由于太小，我们看不见而已。这是难以理解的，无法设想，在我们遥远祖先的精子中已经包含着今天的每一个具体的个人。我们只能说，预定的是信息，所有事物均以信息的方式潜在于原来的相关事物中，由此决定了以预定形式存在的事物与现实事物的实质性区别：在形态上它们是完全不同的，比如植物的种子中所包含的是植物的信息，而不是植物的实体。剖开种子，也不能发现与植物相似的微小形态和结构。被预定的是有关事物的信息和一套完整的程序及其动力系统。

与之相关，这种预定，预定到什么程度？是否在宇宙最初就有了以后一切个别事物的信息？如果是这样的话，你我他（她）都在宇宙之初就存在了，这是令人难以置信的。可是如果没有包含的话，我们每个人是从哪里来的？是从什么时候开始存在的？如果我们从来就没有以任何方式存在，我们怎么会产生？诚然可以说新出现的事物蕴含于当时的条件之中，而非以实体形式预定，但问题是，在这些条件里蕴含的是这些事物的什么东西？

所以即使预定的是信息，也还是存在着问题：这些预定的信息是关于什么的信息？是关于所有个别事物的信息还是只是类的信息？无论是哪种信息，都有不可解决的问题。如果是关于一切个别事物的信息，就会遇到前边所说的那些困难；如果只是关于类的本质信息，则仍然会遇到一个不可解决的问题：类的信息是如何变为个体的？

七、两个不同的角度

事物是复杂的，用一种单一的理论——如生成论或预定论——无法圆满解释事物是何以生成的。

上述种种表明，彻底的生成论是不成立的，也是不可能的；生成论并没有真正避免预定因素。生成论本质上是解构主义的，如果一切都是生成的，则任何事物都不能够生成，其内在的逻辑矛盾在于：要生成一个事物，生成这个事物的事物本质相对于生成的事物而言是预定的，由此决定了即将生成的那个事物的本质，这个本质作为一个预定的目的和方向制约着整个生成的过程，否则生成的过程就会是无序的，因为这个过程不知道要生成什么东西。这说明，生成论的成立应当是有条件限制的，而不是无条件成立的。

生成论当然有一定道理，但它不能够代替预定论。生成论是一种外在的角度，只有在这个角度上它才成立：事物运行的外在轨迹是不确定的，因为它受到其他事物的作用。预定论则是内在的角度，事物的内在性质是预定的，是由原来事物的内在性质规定了的。

预定论和生成论都不能完美地解释事物的来源问题，都不具有完满的解释力。是生成还是预定，仅是视角的不同。前者认为有来源，这就是以往的事物；而后者则认为没有来源，是现有的事物在相互作用中形成的。它们都是一种大而化之的解释，不能解决一个具体事物怎样形成的问题。

我们似乎只能从总体上抽象地谈论事物的来源，而不能具体地进行解释；只能在有限范围内谈论，超出这个范围我们就没有能力去谈论了。各种解释只具有逻辑上的意义，也都存在着逻辑上无法解决的问题。至于事物自身是否如此，就不知道了。

这说明了我们认识能力的局限和界限。任何理论，其解释力只能达到一定程度和适用于一定范围，超出这个程度和范围便失去效力。因此，不同的观点、理论、学说之间，就不应当是一种代替关系，而是互补关系，它们各有所长，也各有所短，共同构成了我们的认识世界。

然而即使所有的学说、理论共同构成的这个认识世界，也不能完全解释我们所面对的宇宙，甚至关于这个宇宙的任何一个问题也不能解释得令人满意。这就是我们整个认识的局限了。

八、隐藏的视角

鉴于事物的复杂性，对于问题的分析应当遵循具体化原则，这样，问题才具有可分析性。一般地说事物是生成的或预定的，过于空洞，这样的命题无所指，因而无解：生成的是什么？预定的又是什么？这种一般性命题回答说：是事物。这个"事物"又是什么呢？终无所归依。这样的命题实际上是不可分析的，它没有需要分析的内容。

要使这些命题获得意义，需要更加细化的陈述。需要追问：哪些事物是生成的？哪些事物是预定的？事物的哪些性质、因素是生成的，哪些性质是预定的？而且必须能够解释一个具体的对象，这样，理论才是有效的。下面尝试以人为例来进行这种追问。

一个孩子，在受精卵之前，他是一个无，有没有他是不确定的，严格说并不存在有没有的问题。这时可以说他处于生成论的境域，在这里生成论是有效的。但与此同时，预定论也有其适用性：无论如何，人生出的后代是人，这个类的信息是确定的；不确定的，是生出来的是一个什么样的人。

一旦受精卵形成，一个人就诞生了，他就有了个体上的确定性。向上追溯，可以说是否有他是不确定的，哪个卵子与哪个精子相遇是随机的；但当它们相遇的刹那，就在这个个体里注入了全部历史：父母的，父母各自家族的，人类的，甚至宇宙的。没有这样的历史，就没有这样的个体诞生。

他此后的内在生长过程看不出有什么随机性：他是严格按照基因表达的顺序来构成的，不能有任何差错，否则就不能成为正常的人类个体。基因规定了动物和植物的结构、特征、功能、性质及其生长过程。这里的随机性只表现在量上，不同个体间只有量的不同，没有质的差异。

不过"没有质的差异"这个说法需要加以限定：这里的"质"仅指个体的物质性性质，不包括精神性和心理性的性质。作为一个人来说，他具有什么样的精神、观念、思维能力、性格，是不确定的，这些方面受到外部因素的极大影响。

这是从人类自身内部来看时才可以得出的判断，若是超出人类，则这个判断就得进行修正：遗传因素决定了不同种类间的精神能力，不同种类的动物其心智有别，而同类的动物则有类似心智。虽然不同的狗其心智、性格、行为方式也有差异，但生而为狗，就只能有狗类的思维，这是无法超越的。

可以说遗传因素（先定因素）决定了内在的、物质性性质的不同，而人的命运却不然，与社会因素有关，因而是不确定的。每个人有什么样的命运，没有办法预知。生成论在这里是适用的，这里就用得着金吾伦所强调的整体论了。

在不同种类间进行比较的时候，则上述判断也需要进行修正：遗传因素决定了不同种类动物的类的命运之差异。猫有猫的命运，鼠有鼠的命运。由此则可以说，类的命运是确定的，个体的命运不管有多大的变化和差别，都不能超出这个类的规定。预定论在这里有效。

从宇宙角度看，人是生成的，没有任何星球注定会产生出人类，由此可以说地球上产生出人类是偶然的；可是，人类在地球上产生又并非无缘无故，一定是具备了产生人类的各种条件，因此在地球上产生人类又是有必然性的了。如果说人类的产生是绝对偶然的，那将意味着他在任何星球上都可以产生，但这是不可能的。

哲学之思：真理的豪饮

人生出来的肯定是人，不会是其他动物，这是确定无疑的；但生出来的是什么样的人，他是善是恶、有怎样的才能等，则是不确定的、偶然的。这样的判断，实际上是说，我们"知道"人生出来的一定是人，而"不知道"生出来的是怎样的人。事物的这些所谓的性质是依赖于我们的认知能力而存在的。因此，与其说那是事物的性质，不如说是我们的判断性质。

通过这些讨论不难发现，我们的分析过程实际上一直在不同的视角间漂移，随着视角的转换，得出的结论也会不同。这些结论之间是不可替换的，正如这些视角不能相互代替一样。

由此可以得出一个普遍性的判断：一切论断都以某种视角为前提，任何判断都寄生在相应的视域之中，判断后边隐藏着一个视角。之所以说是隐藏的，是由于我们在进行判断时大多没有意识到这个视角，而以为我们得出的是客观的真理。这个隐藏的视角在判断活动中具有优先地位，它规定了我们能够看到什么。

| 第五章 |

多草稿与演化

多草稿理论虽然是一种解释意识演化的学说,但实际上它具有更加普遍的解释力,不仅对于解释心灵活动富有效力,而且对于解释事物是如何出现和形成的也具有重要参考价值。

一、多草稿理论

多草稿理论是丹尼尔·丹尼特(Daniel Dennett,1942-2024)提出来的,他著有《意识的解释》等著作,在哲学界和科学界有广泛影响。他的意识理论致力于解构传统的实体观念、一元论哲学和还原论,建构非实体论的新意识学说,并以此来解释各种意识现象。他的意识理论根本上是一种现象学理论,主要由多人称理论、异己现象学、进化论、多草稿、叙述引力中心等构成,这些学说构成了一个富有魅力的理论丛。它反对传统的笛卡尔式的意识中心理论,强调意识的动态演化特性和整体性。

丹尼特这样概括自己的理论:"大脑的确是总部,是终极观察者所在的地方,但是,没有理由认为,大脑本身还具有更高的总部、内在的密室,而到达这样的地方才是有意识的经验的充分或必要条件。简而言之,在大脑内部没有任何观察者。"① "不存在单一的、确定的'意识流',因为不存在中央总部或笛卡尔剧场,好像'所有的东西都跑到那里',让一个核心赋义者来透彻解读似的。不存在这样的一个单一流(无论它有多么广阔),相反,存在的是多重渠道,各种特化回路在这些渠道中以一种并行的、群魔混战的方式,试图去做它们各自的事情,它们一边混战,一边造出多重草稿。"② "这些分布于各处的内容区分,随着时间的推移,产生了某种很像叙事流或叙事序列的东西,我们可以认为这个东西必须受制于分布在大脑各处的许多过程的连续编辑,而且可以不定限地延续到未来。这个内容流更像一个叙事,因为它具有多重性;在时间的任何一点上,在大脑的各个地方的编辑过程的各个阶段,都有叙事残片的多重'草稿'。"③

在我们的大脑中不存在一个绝对的中心,那里有一个"小人"观察着外部世界并做出决断,而是存在着平行的多条解释线索、解释方案,它们类似于一个个不成熟的草稿,动态地运行着。这些草稿本身都处于相持的过程中,本身并不是固定不变的,它们会随时根据外部信息的变化和相互之间的作用而做出调整。这些草稿也不是都存在于同一个平面上,有些草稿我们没有意识到,有些意识到了;有些存在的时间长一些,有些则转瞬即逝。至于哪一种草稿能够进入意识的舞台,取决于它们之间的竞争,竞争的动力来自外部信息的作用和不同草稿之间的相互作用。在这样的一个

---

① 〔美〕丹尼尔·丹尼特:《意识的解释》,苏德超、李涤非、陈虎平译,北京:北京理工大学出版社2008年版,第119页。

② 同上,第291—292页。

③ 同上,第128页。

大脑中，不存在实体性的自我，按照多草稿理论，这个自我只是一个叙述引力中心，而不是一个实体。它类似于引力场，能够使大脑中的各种信息形成相对稳定的结构，即草稿。

因此大脑中的意识活动不是线性的，不同的意识活动之间、观念之间不存在明确的界限，每个草稿也不具有独立的价值和意义，它们的意义既取决于不同草稿之间的竞争，又决定于其与外部环境之间的相互作用。他以名望为例进行了解释：名望并不是一种独立存在，出名不决定于当事人自己，而是决定于他对众人的影响，决定于众人对他的评价；同时这个过程又是动态的，某个时期有名望的人到了另一个时期则可能无人关注。草稿也是如此，其影响力是功能性的。

大脑中的叙事中心也不是固定在一个地方，而是随着兴奋区域不断转移。兴奋区域在哪里，哪里就成为临时的中心；与此同时，这个兴奋区又不是一种孤立的活动，而是整个大脑都参与其中，是大脑各种信息在此处耦合的结果。大脑总是处于这样一个不断运动和变化的过程之中。意识活动如同大海，一波未平又起一波，此消彼长。

于是，传统哲学中作为实体的那个自我被解构了，在丹尼特那里，自我就是他的作用，自我就存在于他的行动之中，那个内在于人们心灵中的小人则是不存在的，那只是一种错觉。自我的存在是由外部的表征来衡量的，在这个意义上可以说人是一种社会存在。

丹尼特的这一与日常感觉相悖的理论，一方面产生了重要的影响，另一方面也引起了激烈的批评，主要有以下几点：其一，丹尼特用叙述引力中心来解释自我，实际上把自我看成了一种虚构，这是不成立的。因为，我们与其他存在物一样，是一种实实在在的存在，不可能是自己虚构出来的。其二，丹尼特的意识理论消解了意识的主体和主题，实质上取消了意识的存在，意识成为一种幻象。其三，前两点使自我和意识的来源成了问题，因而有步入神秘主义的危险。

二、多草稿与演化

丹尼特的多草稿理论极富动感，作为演化论式的理论模型，对于解释短期的思维活动和一个相对稳定的主结构出现之前的状况特别有效。

我们的思维活动瞬息万变，思维者自己也无法把握下一刻自己的脑子里会出现什么东西。究竟是什么因素影响着何种信息会在脑海里出现呢？这主要是外部环境信息。这些外部信息既包括即时出现的，也包括最近遗留在记忆中的，而前者的作用更大一些。外部信息具有刺激提取的作用：我们脑内储存的各种信息及其草稿本来是潜在着的，而且不同的草稿之间大致也是平等的；经过外部信息的刺激作用，某种草稿便获得了较大优势，从而能够显示出来。另外是信息的自主显现，压抑很久的信息会无缘无故地跃上思维的屏幕。信息的自主性、能动性这一点是为丹尼特所忽视的。

可以通过几个人一起闲聊的过程观察到这一草稿显现的现象。最初说话的那个人具有提示谈话方向的作用，他的话题可以激起其他人脑中的相关信息。如果这个人是哲学家，就有可能使谈话的主题围绕哲学而展开。如果观察一下全部闲聊的过程，可以发现这种闲聊一般很难找到稳定的主题，从开始到最后结束，会出现多个主题，这些主题可以说就是一个个草稿，在它们之间很难找到某种统一性。这表明了思维过程的随机性，也说明了思维过程是一个多草稿动态显现的过程。如果所有参与谈话的人都是平等的，结果就一定是这样。这个过程是由所有参与者的已有知识、价值观念以及当时的兴趣等因素构成的，这些因素制约着谈话的方向和范围。至于每个参与者会说出什么样的话语，还跟他者的激发有关，即要看他人说了什么。谈话的方向会随着参与者的兴趣而转移。

如果这个谈话过程是一个读书会，情况会有所不同，主导谈话的老师会起着制约与调控谈话方向的作用，从而使谈话过程有一个大致的范围，表现出某种程度的统一性，这种统一性与导师当时的兴趣、观点等有关系。

我不赞同丹尼特关于不同草稿之间是平行关系因而没有中心的看法。在我看来，这种状态主要适用于即时的短暂状态，而对于一个相对长期的状态来说，这些草稿之间会产生方向性的选择，最终形成相对稳定的结构，即相对稳定的草稿，这个占主导地位的草稿系统就是该系统的核心结构，这是演化的最终"目的"。作为一个人，尽管这个相对稳定的草稿只是一个叙述引力中心，但毕竟是一个中心，它一旦形成，就获得了较长时间的稳定性，不会轻易改变。这就是主体性的来源和实质，是"自我"同一性的基础。这个自我存在的时间越长，他业已形成的价值观念、知识结构和经验等因素，对于未来草稿的形成就起着越大的导向作用，就越制约着未来草稿的选择方向。这是不同个体之间独特性的来源。当自我的核心结构形成之日，就是某个草稿定稿之时。随着年龄的增长，它会日趋封闭，外部信息的作用会越来越微弱。如果他是一位哲学家，则哲学草稿就会占据主导地位，从而理解问题时优先使用哲学视角。

定稿完成以后，各种草稿之间便不再平等，只有那些能够纳入定稿——自我的主结构的草稿才可以成为自我的构成部分，主结构对于草稿具有筛选作用。

这个相对稳定的结构或草稿也不是永恒不变的，而只是一个相对稳定的反应模式。当它形成以后，其中心部分较为稳固，而其边缘部分则处于经常的变动过程之中，与外界信息之间始终处于活跃的交流状态，因而不断地变化着。精神的这种结构实在像个变形虫。

自我的形成过程也是一个草稿演化过程。人的童年时期是典型的多草稿时期，这个时期其自我的内核尚未形成，没有任何一个草稿占据主导地位。由此决定了他的主体性也还没有完全诞生。随着生活的展开，随着他的成长和他所受教育（既包括狭义的学校教育，也包括广义的社会教育）的进程，他的主体性逐渐建构起来，其内在精神结构逐步形成，产生了一个相对稳定的反应模式。只有形成了这样一个稳定的草稿，一个人才有可能成熟，他的人格才可能健全。所谓的主体性，其所对应的就是这样一个稳定的精神结构。这个结构使他的精神世界保持着统一性。

在主体性形成的过程中，其周围直接相关的人和信息起着重要的作用。这些外部的事物和信息起着推进或阻抑内在选择的作用。对于主体性的形成起重要作用的另一个方面，是人的先天因素，这就是与生俱来的那些先天素质，如遗传因素、物质构成、先天禀赋等。但这些因素究竟是怎样起作用的，起了怎样的作用，我们无法知道。不过可以肯定的是，这些因素一定以某种方式对于外部的、后天的信息起着筛选作用。

人生的方向也是一个多草稿选择的过程。这个过程既受主体内在结构的影响，也受外部环境的作用。这两者相互激发，最终确定了一个人发展的方向。人的青少年时代基本上都处于这个阶段，有多个草稿可以选择，充满了不确定性。

比如，卢梭的成长历程就是一个由多草稿不定状态到相对稳定结构形成的过程。在卢梭的少年时代，几乎看不出他与其他孩子的区别，他甚至可以被划到坏孩子的行列中。他一生中最重要的一个转折点，是认识了华伦夫人，在此之前他的生活是杂乱无章的、混乱的，处于各种草稿并存的状态，他找不到人生的方向。在华伦夫人那里的生活，为他形成相对稳定的草稿开启了可能性。这种较为平稳的生活为他提供了充裕的学习时间，而华伦夫人的情感也激发了他的诗性。这个时期可以看作其人生方向的孕育阶段。而在1750年第戎科学院的征文题目《科学和艺术的复兴是否有助于敦风化俗？》，则起了决定性的选择和激发作用，使他原本在孕育中的思想一下子涌现出了一个相对稳定的结构，促使他的精神世界产生了一个引力中心。他心中原来的各种草稿，都在这个中心的吸引下合并为一个有序系统，并围绕着这个中心旋转，如同形成了一个太阳系。

外在因素也不是在一切人那里都会产生同样的效果。华伦夫人还有一个情人，差不多与卢梭同岁，但那人并没有走向卢梭这条道路，在历史上亦没有留下任何痕迹；看到第戎科学院征文题目的人也很多，其他人也没有走向卢梭的道路。这就是卢梭天性中的内在因素和此前的经历与修炼因素所起的作用了。没有这些因素，即使有十个华伦夫人、碰到再多的征文题目，也不可能造就卢梭。

在早期的生活中，所幸的是他在小时候就读了很多书，甚至学习了拉丁语；他的天性中有一种多愁善感的秉性，具有一颗敏感的心；他喜欢读书，即使在混乱的少年时代，一旦感到无聊就以读书来解闷，这是别的孩子一般不会有的；他是一个不愿循规蹈矩的人，这隐含着创造性的因素；他一直在寻找着人生的方向，年龄越大这一愿望就越强烈。他说："我快满

25岁了，还什么知识也没有，我得赶快学习，要好好抓紧时间学。"[1]他想改变自己人生的处境："现在，我比以往任何时候都更加想使自己为世人所知，他急于想逃脱目前这种卑微的从属于人的地位。"[2]这不能不说是他前进的动力。他很早就表现出了独立的思考精神和批判性的思维。这些在他成名之前就具备的内在因素，是后来那些外在因素之所以起作用的根本原因。对于一颗没有准备的头脑来说，无论多么优越的外在条件和因素，都不会产生作用。卢梭青春时代的心灵，如同沉睡了整整一个冬天的大地，当春风来临之时，便竞相开放出灿烂的花朵。

当然，这里我们也只是一种泛泛的解释，至于这些先天因素具体究竟起了怎样的作用，无法知晓。

从多草稿理论出发，还可以重新认识现代哲学与传统哲学之间的关系。现代西方哲学宣称，传统哲学是错误的，它们那些形而上学的命题无法证明，因而没有意义。然而若从多草稿理论角度来看（当然，这是我所理解的多草稿理论），现代西方哲学并无特别的优越之处，它只是人类认识活动中的一种草稿而已，正如传统哲学是另一种草稿一样。这两种草稿之间只有结构、模式和价值观念的不同，各有其存在的意义和价值。

现代哲学（包括丹尼特的多草稿理论）主张非实体性，然而由此而否定传统哲学却是错的。这种反对恰好又落入了传统哲学的窠臼，即非此即彼——这不能不说是一元论的残余。若把它们看作存在与存在的关系，它

---

[1]〔比〕雷蒙·特鲁松：《卢梭传》，李平沤、何三雅译，北京：商务印书馆1998年版，第73页。

[2] 同上，第79页。

们之间就是一种草稿关系，每一个都是不完全成熟的草稿，都处于待修改的过程中。

因此丹尼特用多草稿理论来反对传统哲学的做法，是违背多草稿精神实质的。这一理论不应当把传统哲学排除到草稿之外，而应当将其纳入草稿系统中来，使之成为诸多草稿中的一种。由此才可以将多草稿理论贯彻到底，多草稿理论也才具有自身的优越之处。

这表明多草稿理论包含着对于自身的否定，它自身也只是各种草稿中的一种，而非绝对的真理，它也不能代替其他理论或视角。如果多草稿理论不包含这一点，它就不是真正的、彻底的草稿论。它必须包含对自身的否定，否则就不是一种完善的理论。

哲学家的思想道路实际上也呈现出一种多草稿演化的过程。当谢林二十多岁便功成名就的时候，比他大五岁的老同学黑格尔依旧默默无闻。谢林写信给黑格尔，希望他发表自己的见解，但黑格尔回信说他的作业不值一提。这不是黑格尔谦虚，而是因为他的思维仍旧处于多草稿竞争阶段，还没有形成自己的主草稿，因而无话可说。到了三十七岁时，他终于写出了《精神现象学》，这本书标志着他精神世界的基本结构业已形成，从此以后他的著作便如雨后春笋般生发出来，但其基本的观点却没有再发生实质性变化，尤其是其三一式的否定之否定结构，十分稳固。这表明，即使像黑格尔这样的大思想家，其思想的主结构一旦形成，也难以再发生根本改变；同时也表明，在多草稿竞争过程中，最终总会有一种草稿占据主导地位，从而成为一个人精神世界中的核心结构和定稿。

维特根斯坦的思维发展过程则呈现出另一种模式的多草稿特征，从而表明他精神世界的核心部分不是那么稳固。这主要表现在两个方面：

哲学之思：真理的豪饮

其一是他的思想分为前后两个时期，前期以《逻辑哲学论》为代表，后期以《哲学研究》为代表，分别提出了两种不同的观点，后期的观点在许多方面与前期相冲突，前期的某些观点也被放弃。在《逻辑哲学论》中他曾经认为，凡是可说的都可以说清楚，这个能够说清楚的世界就是逻辑的世界，因为我们的语言、概念与世界之间存在着一一对应的关系，它们两者之间的关系是确定的。因此他写完该书以后就不再研究哲学，在他看来这部书已经把所有哲学问题都解决了。过了数年以后，他发现这部书中存在着严重的问题，因而又继续研究，写出了《哲学研究》一书，提出了语言游戏说，认为语言与存在并非一一对应，即使没有存在的对象，语言也是有意义的。他的思想的前后变化历程，就是一个多草稿选择和演化的典型过程。

促使他发生这一转变的是一位朋友对其前期著作的质疑。当然，他的思想之所以发生了如此巨大的变化，根本上还是与他的精神世界具有较强的可变性和强烈的自我质疑精神有关联，这就与他思维的第二个特征有关。

其二是他的写作风格所表现出来的格言式特征，表明他的思维结构具有较强的草稿性。他的这两部著作均以短语的形式写成，《逻辑哲学论》全部是格言，文字隽永，言简意赅；《哲学研究》则采取了段落的形式，类似于扩展了的格言。这一特征表明他前后期思维的风格存在连贯性，表明它们是同一主体的作品，从而表现出主体的内在统一性和连续性。

这种写作风格也显示出他思维的多草稿性，他的思维之海里有各种各样的草稿，这些小的草稿很难整合成一个整体的、严密的结构，难以被纳入一个大的整体结构中，于是就只能呈现为碎片式的结构，因而也就表现为格言和段落这样一种写作风格。这种风格实际上是他内在精神结构的外部映射，是他感知世界的方式。他自己在《哲学研究》的前言中也说过，他曾经试图把这些断续写成的、零散地记录在不同稿纸上的东西弄成一个体系，多次尝试都没有成功，最后只能连缀成这样一个大致有序的稿子。可见他不是不想建立严密的体系，而是他的思维方式就是这样的零散状态，故而他不能建立起一个体系。从他脑中众多草稿的海洋里，没有形成更宏观的能够统摄全局的结构。这当然不是说他的思想没有逻辑，只是形式上没有严密的体系罢了。

一个人的写作过程，其实也是一个多草稿演化过程。在开始写作之前，通常会有许多零星的观点，然后逐渐形成一个内核，统摄起其他相关的观点，最后形成大致的结构，也就是"提纲"。

写作过程最终是为了得到一个定稿，形成确定而完整的文章或著作。写作过程实质上是一个由多草稿到定稿的活动，一个由不确定到确定、由模糊到清晰的生长过程。当这个过程完结之时，便是精神之树上结出的一颗颗果实——有确定结构的文字。草稿好像具有自组织功能，能够自动地形成某种秩序，生成一个整体。

多草稿模型也可以解释社会结构的演变过程，社会由混乱到有序也是要经过一个多草稿竞争和选择历程的。在古今中外的历史上，每一次的朝代更替都是这样一个多草稿竞争过程。例如我国的战国时代，这个时代结束的时候，秦国这个原本与其他国家大致平行的草稿脱颖而出，完成了"定稿"工作，把其他草稿统摄起来，形成了统一的结构——一个庞大的帝国，原来的六国——那些较小的草稿——都成为这个定稿的一部分。从时间的角度看，秦帝国仍旧是一个草稿，它的结构不是绝对稳定的，随时都有可能过渡到另一个草稿。

中国近代以来的历史也经历了一个草稿过程。自从清末以来，出现了各种救国、强国的思想、方案，它们实际上是未来国家的各种草稿，从清末到1949年，就是这些草稿付诸实施并相互竞争的历史进程。日本人的入侵可以说是一个外来的草稿，它打乱了中国内部原有草稿之间的竞争关系，使得原有草稿之间形成了以中国政府为中心的中国一方的草稿与日方草稿之间的斗争关系。日本人投降后，国内形成了两个大的草稿，最终国民党逃离大陆，成为偏安一隅的小草稿。

从这个历史过程也可以看出，在每一个较大的草稿里实际上还存在着许多次级的小草稿，这些小草稿随时有可能代替那个较大的草稿，同时这些次级的草稿之间也存在着相互的竞争和融合。大的草稿一旦变成了定稿，这些次级的草稿之间的竞争就会上升为主要的竞争关系。比如即使在中国台湾那个小草稿中，也存在着不同的更小的草稿，它们之间也在相互竞争着，如国民党、民进党、亲民党等。

草稿之间构成了极其复杂的关系，是一个立体的网络系统，而这个草稿演化系统之所以具有活力、具有自组织功能，其动力正是来自不同草稿之间的竞争关系。

在一个系统中，主草稿顶多有两种，其余的草稿与之相比要么十分弱小，要么面目不清。比如政党，实行多党制的国家里虽然有许多党派，最大的党派却只能有两个，它们的主张通常是对立的。第三大的政党在规模上要比它们小得多，它的主张也很模糊，游移于两大党之间。台湾的亲民党就是如此，很难把握住它有什么主张。第三种力量大多难以上升为主草稿。

究其原因，在于人们的诉求大多数可以集中到两个相反的方向，形成对立的两种观点，这是两个对立大党的基础。第三种势力只能在这两种对立观点之间进行折中。由于它所涉及的主张在前两种对立的势力中表达得更加明确，大多数人都被它们吸引去了，剩下的少数人是那些在两种观点之间犹豫不决的人们，这是第三种力量的基础。第三种草稿弱小的原因还在于没有对立的力量与之抗衡，相克者相生，没有相克者的第三种草稿会逐渐萎缩，失去生命的活力。

多草稿演化的过程，最终是"为了"达到某种相对的平衡，从而形成定稿。这个过程也并非完全是非实体性的，草稿尽管总是处于待定状态、处于演化过程之中，但每个草稿也总是具有相对稳定的结构，具有自组织能力，否则它们就不能存在，这种稳定性也就是其实体性的一种表征。草稿竞争过程并不完全排斥实体性，相反，每个草稿都力图成为实体性存在，然而每个草稿又不可能成为绝对的实体，它会因受制于其他草稿而处于变动之中。

因此，丹尼特把草稿看作非实体性的、把草稿理论看作对于实体性的解构的观点是有偏颇的，事实上每个草稿在解构实体的过程中，又都建构着自己的实体性，同时它自己的实体性又被别的草稿解构着。即便是草稿，也一定有着相对稳定的结构和性质，否则就不是草稿，而是"乱码"；同时，草稿竞争的结果是"定稿"，最终有一个草稿成为主草稿，由此形成了自我独特性。假如只有草稿而无定稿，则人将失去同一性和主体性。"自我"不过是标志心灵同一性的一个词语。

多草稿演化模型与矛盾模型其实有很多相通之处，但前者具有动感和立体感，而后者则显得机械和教条，也比较平面化，在复杂性上也不如前者。因此多草稿演化模型优于矛盾模型。不过，如果将这两种模型结合起来，引入"矛盾"概念作为推动草稿演化的主要动力，将使得多草稿理论更加完善。

需要注意的是，不应该由多草稿理论得出结论，说自我是由他者决定的。虽然外在的因素推动了诸草稿的演化过程，但这些因素只是起了一个开启性的作用，只开启了某种可能性，而并不决定草稿的具体内容。比如华伦夫人，虽然对卢梭的成长起了重要作用，却并不能够决定卢梭有什么思想；第戎科学院的征文也是如此，只是为卢梭思想的形成提供了一个外在的契机，起了激发性作用，至于激发出什么样的思想，则取决于卢梭自身。

就主观而言，当事人对于可能性的开启也是不知道的，他们的这种作用并非有意而为之。以华伦夫人为例，她不知道自己是在培育一个伟大的思想家，而只是在过她自己的生活而已。再进一步，连卢梭本人也不知道他正在走向思想家的道路，而仅仅是出于自己的兴趣而写作。因此后来华伦夫人指责卢梭忘恩负义，并不完全准确。如果她的意思是说卢梭忘记了他们的情谊，没有报她的恩，那还说得过去；如果是说卢梭没有感谢她把他培养成了一位大思想家，则是不成立的，作为思想家的卢梭并不是她有意培养出来的，也不是她能够培养出来的。

外在因素的作用在于为主体开启了新的可能性，打开了走向未知的契机，使潜在于未知中的信息得以显现，从而形成新的草稿。

| 第六章 |

偶然、突变与约束

偶然与必然也是用来解释事物起源的两个概念，是我们在追问事物如何产生的时候出现的。它们所意味的其实是两个不同的视角，是我们对待事物的两种态度。传统哲学多坚持必然论，现代哲学则多主张偶然论，其中以罗蒂的观点最为典型，他以纯粹的偶然性来立论，用以解构传统哲学的心、自我、普遍、必然、本质等概念，并以其作为现代自由社会的依据。在我看来，纯粹偶然的逻辑必会导向自我解构。

一、偶然与创造

从偶然角度出发来讨论一切问题，消解普遍、本质、基础、永恒、自我等，偶然就会按照其内在的逻辑超出自身，走向其相反的一面，走向其所要消解的东西。按照罗蒂的论述，一切都是偶然的，进而没有永恒而普遍的真理。这种说法本身就包含着对自身的否定：如果一切都是偶然的，偶然就成为普遍的，从而也就成为思维态度的一种基础；不存在永恒的真理这个命题若是正确的，它自身就成为一个永恒真理。当偶然成为一个普适性范畴时，偶然就被它自身消解了。断言一切都是偶然的，偶然就成为必然。

哲学之思：真理的豪饮

偶然与必然不过是思维活动中的两种草稿，两者之间会悄然地相互过渡。罗蒂认为，真假不是存在的性质，而是命题的性质，命题有真假，存在则无。由此可以推断，所谓偶然性也不是存在的性质，而是思想的性质，严格说来，是作为哲学家的罗蒂思想的性质。偶然性在罗蒂的哲学里获得了必然性的地位，于是罗蒂的偶然性思维就与传统哲学的必然性思维合而为一，不同的只是他把偶然变成了必然。

罗蒂所理解的偶然，一种叫作语言的偶然性："这种透过渐进的尝试错误而创造出的新的第三语汇，就是伽利略、黑格尔或后期叶芝一班人所发展的那种语汇，其过程不在于发现诸旧语汇如何互相融合。这就是为什么这种语汇的创造无法由推论过程达致，不能从旧语汇所陈述的前提出发……在尚未发展出他做事情所用的语言之前，往往无法清楚他想要做的到底是什么……在发展出一套特殊的描述之前，是无法预见的。"[①]这种新语汇的创造，对于罗蒂来说就是创造活动本身。

他理解的这种语言的偶然，恰恰是一种视角，这个意义上的偶然是由于我们预先不知道而造成的，这个偶然概念是认识论意义上的。那么它所隐含的命题就应该是：预先可以知道的就不是偶然，而是必然的。这里就回到了罗蒂的另一个观点，偶然是人的语汇的属性，但从这一观点出发不能避免必然性，偶然还是必然取决于人的意识和判断，当人能够预见的时候就不是偶然的了。

一方面，所谓偶然与必然，出自人们的认知能力、知识，是两个不同

[①]〔美〕理查德·罗蒂：《偶然、反讽与团结》，徐文瑞译，北京：商务印书馆2003年版，第23页。

的视角；另一方面，并非所有事物和现象都是偶然的或者都是必然的，而是有的是偶然的有的是必然的，这样的判断才符合实际。至于哪些是偶然的，哪些是必然的，则需要根据所判断的内容、对象来确定，而不能一般地断言。一般性的判断实际上是无所指的。

关于旧语汇与新语汇之间的关系，新语汇固然不一定是从旧语汇中推论出来的，否则就不一定是新语汇，它们之间却不是毫无关系。创造，大多表现为对于旧东西的批判、解构，这不能不说也是一个前提，作为一般的背景，它对于后来的创造起着某种制约性作用。没有这个前提，新的创造便成为无源之水。例如罗蒂对于以往哲学的批判，正是在对旧语汇批判的基础上，才提出了自己的偶然论思想。罗蒂若生活在十八世纪，是断然不会有这些想法的。旧语汇是新语汇的某种必然前提，它制约着新语汇的方向，虽然也许是相反的方向。

比如，每个研究哲学的人都必须学习以往的哲学，用罗蒂的话语来说，就是学习旧语汇，不进行这种学习，就很难进入哲学。那些提出了新的哲学思想的人也是要经过这个过程的，连黑格尔这样的大哲学家也是如此。虽然不能说在以往哲学的旧语汇里包含着黑格尔的哲学思想，但它们是黑格尔哲学思考的前提，否则黑格尔的新哲学就不可能诞生，即使诞生也不会是这样的。

创造不能从旧前提中推导出来，却不是任意的，而是受前提制约的。这个意思其实也逻辑地包含在偶然论里边。偶然论特别强调，不存在一般之物，一切都存在于具体语境之中。这个语境概念就包含着某种必然性的东西，语境决定了处于其中的人只能进行这种语境所允许的创造，而不是别的创造。例如，在西方自由世界中，女性裸体已是司空见惯，不仅有裸体海滩，还有无数裸体、性爱网站；而在有的国家，性观念依然处于中世纪阶段，他们还在为争取去掉面罩而行动，这种天壤之别让人瞠目。在后一个语境中人们所创造的新语汇与前者截然不同，他们绝不可能创造出前一语境中的语汇。

这就是创造的前提对于创造的约束，在这两者之间存在着某种必然性的关联。它表明，任何创造都是基于创造者具体语境、具体前提的创造，从而使得每个人的创造活动不可以天马行空，而只能是他个人基于当时当地具体条件和当事人前见的创造。一个奴隶与他的主人创造的新语汇，不可能相同。创造是独特的，它也一定是个体性的。如果新语汇与旧语汇之间毫无关联，创造活动就将是漫无边际的，任何人都可以创造出任何东西，而这是不可能的。

一个人在创造出某种思想、创作出某个作品之前，他不知道会有什么思想出现，也不知道会创造出什么样的作品，但这不等于说他可以创造出任何思想和任何种类的作品。

黑格尔年轻时经历了一个漫长的探索时期，一直到三十七岁才出版了他的成名作《精神现象学》。在此前的阶段里，他也写了很多论著，却没有产生多少影响。那不是因为他没有找到自己的语言，而是因为他没有创造出属于自己的独特思想。从现象上看这个过程也可以看作一个寻找新语汇的过程，不过从逻辑上讲，新的思想必定先于新的语汇。

一个人的思想一旦形成，便不再具有偶然性，它就会成为这个人的精神结构和思考方式，从而制约着他看待事物的态度，让他形成自己独特的视域。例如黑格尔，他成名以后所写的著作，大致上是《精神现象学》中的原理、观点的应用和拓展。尽管作为一流的思想家，在这些阐述中依然有深刻的、创造性的思想，却变得相当机械，全都是三一式，不仅整个体系如此，体系的每个部分也都如此，仿佛是一只不断复制自身的三叶虫。这表明此时其思想结构已经固化，形成了稳定的结构，具有了必然性。罗蒂也是如此，当他的偶然性思想形成以后，在二十多年的时间里没有根本改变，于是偶然性在他的世界里便不再是偶然的了。

罗蒂用偶然性这把斧头，敲断了从旧语汇到新语汇的桥梁，在旧语汇与新语汇之间设定了一道不可逾越的鸿沟，但是存在的逻辑却又悄悄地把鸿沟填上。

后现代哲学把偶然性看作创造的前提："真正的创新毕竟可以发生在一个由盲目的、偶然的、机械的力量所构成的世界之中。"[①]这种说法里包含着如下的逻辑：只有世界是偶然的才可以进行创新。然而这样的偶然已经不是偶然，因为这个判断在偶然与创新之间确立了必然性关联。就事实而言这种关联却是或然性的：在传统的世界里一切都被看作必然的，人们却依旧能够进行创造；在现代的偶然世界里，也并非人人都能有创造。在纯粹偶然的世界里甚至是无新可创的：在那里没有任何确定的东西，也没有任何两次相同的事件，也就没有任何可把握之物；即使偶然的自我偶然把握了一个偶然，也没有普遍价值，在一个纯偶然的世界里谈论创新恰恰是没有意义的。

必然性的因素是无法避免的，偶然论者也不得不承认存在着因果力量丛："这些不同的因果力量丛，乃是一些随机因素，决定着哪些东西是或

---

① 〔美〕理查德·罗蒂：《偶然、反讽与团结》，徐文瑞译，北京：商务印书馆2003年版，第29页。

者不是我们谈话主题,哪些东西重要或不重要、可能或不可能。"[1]力量已经成为"丛",就表明它们具有了某种稳定性和结合的必然性;假如是偶然的,就不可能形成丛,也不可能有这样的"决定",因为正在"决定"的时候,便会被别的偶然所代替。既然有了这样的力量丛和因果,就不那么"随机"了,因而才有了所谓的"决定"。如果完全是偶然的,由"谁"来决定呢?既然承认有因果,也就承认了某种必然性的联系,因果之间一定具有倾向性的关联,否则怎么能够叫作因果呢?按照偶然的逻辑,则因果之间的关联应该完全是或然性的,即有其因未必有其果,无其因也可能有其果,一因可能一果,可能多果,也可能无果。这样才是真正的偶然性。

二、突变并非无约束

突变也不是纯粹偶然的,纯粹偶然的突变没有方向。任何突变实际上都有某种方向性,因而并非绝对偶然。

罗蒂说:"旧的隐喻不断死去,而变成本义,成为新隐喻得以形成的基座和衬托。这个类比教我们把'我们的语言'——20世纪欧洲文化与科学的语言——看作只是许许多多纯粹偶然的结果。我们的语言和我们的文化,跟兰花及类人猿一样,都只是一个偶然,只是千万个找到定位的小突变(以及其他无数个没有定位的突变)的一个结果。"[2]

事物存在过程中有突变发生,但问题是突变是否意味着偶然、不确

---

[1] 〔美〕理查德·罗蒂:《偶然、反讽与团结》,徐文瑞译,北京:商务印书馆2003年版,第28—29页。

[2] 同上,第28页。

定？而且是无节制的偶然？事实上，突变并不是完全没有确定性，突变也并非无缘无故。罗蒂也承认有"基座和衬托"存在，这个基座和衬托就成为约束偶然性方向的东西，使得偶然不可能是任意的。

如果不承认偶然是有条件的，偶然就会没有任何方向，突变就会发生在任何地方和任何情况之下，任何东西就可以变成任何东西了。然而我们看到的却是，任何的偶然、突变都具有不同的内容，由此制约了突变的方向、性质。突变并非向着任意方向，事物的变化的确有多种可能，却不会是任何可能。

当罗蒂说"我们的语言和我们的文化，跟兰花及类人猿一样，都只是一个偶然"的时候，他实际上是在用一个普遍概念——偶然，来概括存在过程中的偶然现象，从而将它们置于某种普遍性——偶然之下了，这样他就事实上承认了普遍性的存在，造成了与自己的基本主张之间的矛盾。他这个说法也忽略了偶然的特殊性，我们可以问：语言的偶然等于兰花的偶然吗？乞丐的偶然怎么会与皇帝的偶然一样？皇帝的偶然恐怕很难降落到乞丐的头上。

语言的产生可以说是偶然的，我们找不到它必然产生的依据。虽然许多种语言已经消失，但世界上目前尚有五千多种语言，语言的这种多样性足以说明语言产生的偶然性。每个民族说什么样的语言，取决于他们那个群体的语言实践。五千多种语言的存在，还表明同一个事物至少有五千多种不同说法，比如汉语叫作"苹果"的那个东西，会有五千多种不同的叫法。对于这些不同的叫法，我们不能说哪一个更优良。不同语言中的词语、语法、语音都来自语言实践，它们的形成可以说完全是偶然的。

哲学之思：真理的豪饮

但是当语言产生以后，它就不是偶然的了。人类学会说话之时，说话就成为人的一个标志，不然就不能说是一个正常人。你生在说某种语言的民族里就必得学习那种语言，在这里没有任何偶然性可言，你不可能自己创制一种与之不同的语言。在语言活动中也存在着偶然和突变，然而这种偶然和突变一定是局部的、有限的、渐进的，否则，变化过于巨大的语言会使人们之间无法交流，不可能流传开来。语言的偶然和突变是在必然性的框架内发生的。

罗蒂本人的思想也是如此，他的思想之形成是有偶然性的，但这思想一旦形成就具有了某种必然性。当他的偶然论思想产生以后，他的心灵就具有了连续的偶然论倾向；由于这种连续性，其思维倾向便不再偶然，不再不确定。偶然论在他的精神世界中成为一种必然的结构，成为他看问题的视角。

当我们使用偶然、必然这些概念的时候，必须明确判断的尺度、角度，不能笼统地说一个事物是偶然的还是必然的，而必须指明在什么情况下、从什么角度说是偶然的还是必然的。不存在一个贯彻宇宙或事物始终的偶然，如同不存在一个贯彻始终的必然一样，这样的偶然和必然是空洞无物的。随着尺度和角度的变化，原来偶然的事情就不偶然了。

无约束地使用偶然概念，就会得出匪夷所思的说法："我们可以把亚里士多德隐喻式地使用'实体'一词，圣保罗隐喻式地使用'圣爱'一词，牛顿隐喻式地使用'引力'一词，都当作是宇宙射线扰乱了他们大脑中若干重要神经细胞的精密结构的结果。或者换一个更具说服力的说法，他们这些创新都是婴儿期若干古怪插曲的后果——若干特殊精神创伤在他们大脑中留下的若干强迫性怪癖的结果。这些结果都是不可思议的、前所未有的。"①

若果真如此,就的确是不可思议了。对此我们可以问:为什么宇宙射线不去扰乱一个不懂物理学的果农的神经,让他发现"引力"?为什么不去扰乱一个农民的神经,让他发现遗传定律,而是扰乱了孟德尔?既然童年期的某些插曲过了多少年以后还会产生某种后果,怎么还能够说它是偶然的呢?让人怀疑,这些话才有可能是宇宙射线扰乱了罗蒂大脑神经细胞的结果。

与其说它们是偶然的,不如说我们根本不知道它们是如何发生的,他们何以创造了某种思想和概念,最终是不可解的。不过可以推断,这种发现之所以发生一定有某些原因,至少有专业知识、兴趣和探索方面的原因,由此而使这些人能够有所创造,而另外一些人却不能。假设牛顿是一个果农,无任何物理学知识,那么无论多少宇宙射线打进他的脑中,恐怕也扰乱不出"引力"这个概念及其理论来。牛顿之所以创造了引力理论,与他的物理学知识和对于相关问题的执着探索有某种关联,与他对于真理的追求有关,这种追求像一个引力中心,牵引出他的创造力。至于说为什么同时代具有类似知识、研究相关问题的人很多,却没有能够提出同样的理论,这些可以说是偶然的(这同时表明,偶然不过是视角的产物,其含义是"无法解释")。然而偶然发生的事情一定有偶然发生的原因,而这些原因或力量便具有某种必然性,从而使这种偶然性不是发生在任何其他人身上,也不是发生在任何其他时间和地点,而是发生在此时此地的此人

---

① 〔美〕理查德·罗蒂:《偶然、反讽与团结》,徐文瑞译,北京:商务印书馆2003年版,第29页。

身上。

  罗蒂赞同戴维森的说法:"戴维森主义者则认为伽利略碰到了一个新的工具,这工具碰巧比先前的任何工具,更适合于若干特定的目的。"①可以说,伽利略的发现有偶然性,历史没有注定必须由伽利略来发现望远镜,他的发现也具有碰巧的成分。可是,一个没有光学知识且没有观察星空爱好的人,会有这种碰巧吗?戴维森的这种说法无视人的主体性差异,无视人的创造的主动性,忘记了人的发明和创造能力——那些所谓的更适合的工具,不是被碰到的,而是被发明出来的。仔细研究那些伟大发现的创造历程,固然有偶然性的因素,同时也有其内在的逻辑,那些发现在当事人的人生、思想、研究的过程中是一步步逼近的,这个逼近的过程就有着必然性因素。

  在看似碰巧的偶然突变中,有着碰巧和突变发生的条件,是由于有了这样的条件才会发生这样的碰巧和这样的突变,而不是别样的碰巧和别样的突变。

三、偶然不该有方向

  在一个完全偶然的世界里,是不应该做任何推论的,任何推论都包含着必然的意味,也就与偶然相矛盾。然而罗蒂却常常进行这样的推论,以此可知必然因素之不可避免。

  罗蒂一方面主张自由主义社会是偶然的,另一方面又认为只要承认了

---

① 〔美〕理查德·罗蒂:《偶然、反讽与团结》,徐文瑞译,北京:商务印书馆2003年版,第32页。

偶然，就会导向自由主义社会，就会导向人道、多元。"一旦我们把我们的语言、我们的良知，和我们最崇高的希望视为偶然的产物，视为偶然产生出来的隐喻经过本义化的结果，我们便拥有了适合这理想自由主义国家公民身份的自我认同。"①看不出在"一旦"和"便"之间有什么必然的关联，为什么有了这样的认识就会有这样的认同？在这种主张里，实际上还是存在着必然性的观念，可以分为两个方面：第一，传统的理性主义必然导致非民主制度；第二，偶然论必定导向民主社会。前者是后者的逻辑前提。这就由偶然论走向了必然论。

按照偶然的逻辑，是否能够产生这种认同应当是不确定的，应当得出这样的结论：传统的理性主义未必导致非民主，而旨在解构传统哲学的偶然论是否导致民主也是不一定的。既然一切都是偶然的，我们怎么能够指望从偶然论中一定诞生出民主呢？若是设定它必然导致民主，就等于说偶然是有倾向的，它就不是偶然的了。人们即使有了把语言、良知和崇高希望看作偶然的认识，也未必就一定导致对于自由主义国家公民身份的认同，反之有可能会对其失去信心。从同样的前提出发，不同的人会走向不同方向，甚至是相反方向，这才是偶然论应有的结论。

延续和进步这两个概念与偶然的逻辑也是不相协调的，从偶然这个前提不能够推导出延续与进步，偶然的后果只能是偶然的，如此才能保持逻辑的一贯性。罗蒂在批评了传统哲学理性与非理性、绝对主义与相对主义的分别之后，认为应当抛弃这些陈旧的工具，说"要符合自由主义社会的

---

① 〔美〕理查德·罗蒂：《偶然、反讽与团结》，徐文瑞译，北京：商务印书馆2003年版，第89页。

制度与文化，我们选用的道德与政治反省的语汇，最好回避上述的种种分野，而不是保留它们……我主张，第一、二章所勾勒的语汇——环绕在隐喻和自我创造等概念，而非真理、理性和道德责任等概念——会比较适合于这个目的：民主社会的延续与进步"。①意思是若以他所提出的偶然论为前提，民主社会就能够得到延续与进步。但在偶然的世界里不应存在进步或后退的趋势，而应当是根本没有方向，每一个偶然都有可能进步也可能后退。若以偶然为前提预测未来，只能这样说：这个社会可能进步，也可能后退，而且两者概率相等，这样的判断才符合偶然论。当罗蒂使用了延续与进步这两个概念的时候，他的偶然论就发生了延异，溢出到了必然性的领域。

在普遍性与非人道之间、殊相与人道之间，也同样不存在必然的逻辑关联；若承认有这种关联，偶然就消失了。按罗蒂的说法，当人们不再操心普遍性的时候就有可能走向人道。实在看不出不操心绝对有效性与人道之间是否有这种逻辑关系，是否必定导致正义的观念。如果认为存在着这种关系，就承认了偶然与民主、自由、人道之间存在着必然关联，这就与其所主张的偶然论相矛盾。同时，逻辑上的推论不能等同于现实，人并不是完全按照逻辑来行动和思维的，人的存在过程总会超出逻辑。按照偶然的逻辑，从推论到现实之间只具有或然性的关联。

罗蒂本人所关心的已经远不是他自己的个体价值，而是众人的价值，即民主与自由，这本身便意味着他在操心某种普遍有效性。他说"企图为

---

① 〔美〕理查德·罗蒂：《偶然、反讽与团结》，徐文瑞译，北京：商务印书馆2003年版，第67页。

自由主义社会提供'哲学的基础',其实并不适合自由主义社会"[1]。可是他的偶然论实际上就是这样的哲学基础,根据他的偶然论,一旦承认了偶然就有可能导向自由与人道。整部《偶然、反讽与团结》的主题,就是批判传统哲学的普遍、必然论之非,论证偶然论之是,论证偶然之必然的后果——民主、多元、自由、人道。它们本身成为一种普遍价值,从而超越了偶然的殊相。

若是每个人都不关心普遍的东西,而只关心自己的存在和价值,恐怕很容易导致不良的结果,如自私自利、尔虞我诈。公正、自由、民主、人道需要很多条件来予以保障,其存在的机制是复杂的。具备偶然性的观念,只是一个可能的方面,这个方面要产生预期的结果,还必须有其他方面的协作。

在这里罗蒂还是陷入了一元论,即把某种观点和视角看作唯一正确的,而且认为只要具备了这个视角,问题就会迎刃而解,从而走向了独断论。他的错误与传统哲学无异,就是把某个人的特殊视角设定为普遍的,并以此削平他人的特殊性。彻底的偶然、特殊,应该把必然和普遍也作为一元保存下来,看作一个特殊的视角,这样才算是一种完整的偶然论和特殊论。

四、偶然论者不应使用"我们"

罗蒂反对理性与非理性、理性主义和非理性主义的区分,反对普遍主

---

[1] 〔美〕理查德·罗蒂:《偶然、反讽与团结》,徐文瑞译,北京:商务印书馆2003年版,第77页。

义，以解构理性主义和普遍主义为己任，他自己最终却走向了理性主义和普遍主义。他所描述的自由主义者或反讽主义者，实际上是一个理性主义者，也是一个普遍主义者，严格地说，是一个罗蒂主义者，他们按照罗蒂的逻辑来思考和行动。他们不是传统意义上的理性主义者和普遍主义者，而是偶然论的、不承认理性主义和普遍主义的理性主义者和普遍主义者。

自由主义者或反讽主义者是这样的人，他永远不把自己看得很认真："反讽主义者是一位唯名论者，也是一位历史主义者。她认为任何东西都没有内在的本性或真实的本质……反讽主义者花时间担心她是不是可能加入了错误的部落，被教了错误的语言游戏。"[①] "总之，我的自由主义乌托邦的公民们，都会对他们道德考量所用的语言，抱持着一种偶然意识，从而对他们的良知和他们的社会，也抱持相同意识。"[②] 这里的逻辑是：只要具备了罗蒂所说的偶然意识，就会成为这样的反讽主义者，就会自觉地按照反讽主义者的方式去思考和行动。他们对于何为自由主义社会有着清醒的认识。他们如此地有理性，以至与以往的理性主义者没有多少区别，唯一的区别是他们把偶然意识作为思想的基点。在反讽主义者身上，特殊变成了共同（他们普遍具有共同的偶然意识），偶然变成了必然（一旦拥有偶然意识，就会……），认识论获得了优先地位（一旦……视为偶然的产物……便拥有了……自我认同）。罗蒂在《哲学和自然之镜》中曾经强烈地反对认识论，认为认识论毫无意义，在这里却似乎完全忘记了；同时也

---

① 〔美〕理查德·罗蒂：《偶然、反讽与团结》，徐文瑞译，北京：商务印书馆2003年版，第107页。

② 同上，第89页。

忘记了偶然自身的逻辑：从偶然出发，是不该有任何确定性的，即使认识到了他所说的偶然，也未必就会导致他所说的结果。

反讽主义者不仅具有偶然意识，而且还有共识。自由主义者既抱有相同的偶然意识，对于他们的良知和他们的社会也具有相同的意识。可是按照偶然的逻辑，在持有偶然论的人们之间，除了偶然这一总体意识，不应该有任何其他共识，每个人对于良知、社会的态度不仅应该不同，而且总是处于不断的变化之中，今是而昨非，这才是偶然；在彻底的偶然论者之间应当连共同的偶然也不能形成，否则就有必然性的成分，成为普遍的了。

反讽主义者具有自嘲能力，他们无法把自己看得很认真，因为他们知道自己的言论是偶然的、易逝的，不是永恒而普遍的真理。他们自觉地把自己边缘化。

在现实社会中，这样的反讽主义者恐怕很难找到。普通人就不用说了，他们都把自己看得很认真，不仅不会怀疑自己的见解，而且执着于自己的判断；就是精英们也没有自觉地边缘化，罗蒂所欣赏的那些哲学家如黑格尔、尼采、海德格尔、萨特、德里达，哪一个是将自己边缘化的？实在看不出。连罗蒂本人也没有真正边缘化。罗蒂对于各种反驳自己的观点进行辩驳，在二十多年时间里一直坚持着偶然论的立场，认真地进行着偶然论的研究，写着偶然论的著作，在学术会议和大学的讲坛上做着偶然论的演讲，怎么能够说没有把自己看得很认真呢？如果真要边缘化，该沉默才对。既然连主张反讽主义的罗蒂本人都不是一个反讽主义者，还有谁能够是反讽主义者呢？

在偶然这个前提下，反讽主义者不该有"我们"这样的概念，也不应该具有"越来越"这样的意识，偶然之间是没有任何共同基础的，偶然应该是中性的。可是罗蒂却使用了"我们":"如果我们对那口号的读法正确,我们就会尽可能地赋予'我们'最具体、最具历史特殊性的意义:'我们'的意义就会是,例如,'我们二十世纪的自由主义者',或'我们那些创造了越来越世界大同的、越来越民主的政治制度的历史偶然之继承者。"[1]在一个纯粹偶然的世界里不可能有两个相同的事物出现,也就不可能形成这样的"我们",即使二十世纪的自由主义者,也不可能都具有罗蒂这种观点,每个人也都是特殊的,都有自己对于自由的不同理解,可以说有"我"而无"们",那么凭什么说"我们"呢?甚至于也不能说"我",因为我明天可能变得与今天完全不同,变成非我,否则便不是偶然的了。当说"我们"的时候,就有抹杀个体独特性的嫌疑;当说"我"的时候,则有忽略不同时期和不同心境中的特殊感受的危险。"我们"在偶然之间架设起了可以跨越的桥梁,由此通向了必然的彼岸;有了"我们",便有了普遍性。

在一个偶然的现代自由主义社会里,居然还有其特有的社会希望,而且还似乎无法动摇:"对我们的后代,甚至每一个人的后代,生命终将拥有更多的自由、更少的残酷、更多的休闲和更丰富的财货与经验。"[2]既然历史是偶然的,怎么能够保证后代一定会这样?彻底的偶然论者不应该使用"越来越""更"这样的字眼,无论是指向哪个方面都不会"更"和"越来越";更不应该说"终将"这样的话,"终将"意味着"必定","必定"

---

[1] 〔美〕理查德·罗蒂:《偶然、反讽与团结》,徐文瑞译,北京:商务印书馆2003年版,第278页。

[2] 同上,第122页。

就不再是偶然。

当谈到救赎的时候，罗蒂更是走向了偶然的反面，从多元走向了一元："人类的想象力是救赎的唯一源泉。"[①]这样的话从一位偶然论者口里说出来，是不可思议的。在偶然的前提下，唯一的东西只有一个，就是每个事物、每次事件、每个活动、每个时刻都是独一无二、不可重复的。在这些不同的偶然之间根本不存在可供跨越的桥梁，不存在从特殊的偶然上升到普遍的可能。这样才是偶然的特殊、偶然的多元。当罗蒂说想象力是救赎的唯一源泉时，想象力就成为超越偶然的东西，成为跨越偶然之上的普遍物，而且是唯一的普遍物。

从偶然出发，甚至也不能说"想象力"这个词，因为就存在层面而言，根本没有一个普遍的想象力，现实中只有你的想象力、我的想象力，而且是此时此地的想象力。我的想象力与你的想象力有着不同的内容、指向，是不可相互归约的，那种作为救赎源泉的想象力究竟是哪一种呢？结论只能说，那是罗蒂所理解的想象力。从偶然论出发，对于想象力所能够说的应该是，它既可能有救赎作用，也可能没有；对此人有救赎作用，对他人则未必；此时有作用，彼时可能就没有。这才是偶然视域中的想象力。

五、偶然是语句的性质

根据罗蒂对于真理的理解，真理是语句的性质，因而真理也是人类创

[①] 〔美〕理查德·罗蒂：《哲学、文学和政治》，黄宗英等译，上海：上海译文出版社2009年版，第107页。

造的，那么我们同样可以把偶然看作语句的性质，而非世界的性质。语句是对于说话者才存在的，是判断者的判断。既然如此，偶然性就也是人造的，而存在本身无所谓偶然或必然。从偶然的逻辑出发，甚至不能说偶然是"人造的"，严格说是每个人在某个时刻所造。罗蒂所说的偶然，是罗蒂所说的语句的性质，而非他人语句的性质。

当罗蒂把偶然作为自由主义社会前提时，偶然就已经不是语句的性质，而是社会的性质了。这时，罗蒂就违反了避免指涉本体论的承诺。

当人们进行判断的时候，必定会指涉本体论，因为判断必须有所指涉，而这指涉必定超出语句本身。语句本来是描述存在的，如果它只是指涉自身，就失去了存在的根基。判断的性质是双重的，它既用于人们之间的交流，又承载着本体论指涉，两者无法分开；即便是用来交流，语句也必定指涉存在，这就是语句所要表达的那个"意"。因此可以说，一切语句都承载着本体论的指涉，否则就没有意义。

偶然论的悖论在于，在消解普遍性的时候它自身也成为普遍的。在偶然面前不存在任何普遍之物，而罗蒂却在确立一种具有普遍意义的观点——偶然论，它所确认的偶然包括过去、现在和未来的一切偶然现象。在一个绝对偶然的世界里是不能谈论偶然的，因为这种谈论使偶然成为必然；在一个绝对特殊的世界里是不能谈论特殊的，因为这种谈论使特殊成为普遍。一切概念都具有普遍性，如果彻底地贯彻偶然论，就必须消除掉这些概念，不使用任何语言，如此才可以达到消除普遍性的目的。可是，这时就回到了本体的世界，而不是语句的世界了。

说这是偶然的那是偶然的，与说这是必然的那是必然的，并无实质区别，都不会导致问题的解决，而只是换了一个不同的名词而已。说是偶然的，意思是"不一定如此"；而说是"必然的"，意思是"一定如此"；一定如此和不一定如此，都没有解决"事物何以这样而不是那样"这个问题。这里要解决的问题，是这个事物何以如此或不何以如此的原因，而不是一般地、笼统地说它一定如此或不一定如此。偶然如同必然一样，是对问题的回避，人们使用的这样一些名词，看起来是解决了问题，实际上却只是用某个词语把该解决的问题包裹了起来，事实上根本没有解决。

偶然、必然只是不同的视角，是从偶然还是必然的角度看问题，取决于个人的癖好。从偶然角度看世界，则一切都是偶然的，没有任何事物是预定和确定的；从必然的角度看世界，则没有任何偶然性，一切都是既定的。

可是，一个纯粹偶然的世界与一个纯粹必然的世界，是可以理解的吗？都不可理解。一个既必然又偶然的世界，也就是辩证法所理解的世界，是否可以理解呢？同样不可理解。对于同一个事件，从同一个角度去看，不可能同时具有两种相反的属性——偶然和必然。当人们说既是必然又是偶然的时候，实际上是在两个不同视角之间游移，而不是从同一个角度得出的判断，因而犯了基本的逻辑错误。

无论从哪个角度出发，都需遵守其自身内在的逻辑，偶然有偶然的逻辑，必然有必然的逻辑，偶然的逻辑里没有必然性，必然的逻辑里也没有偶然性。如果从偶然出发的推论里有了必然性，那就偷换成了必然的逻辑，反之亦然。这样的推论是不允许的。

如果非要我从偶然和必然的角度下一个判断，我会这样说：这个世界既不是偶然的，也不是必然的，也并非既是必然的，又是偶然的。

第三部分

心

| 第七章 |

心之存在的证明

心的存在虽然是一个常识，但要从学理上证明它的存在却不容易。这就是某些哲学家偏偏与常识过不去，质疑其存在的缘由。传统哲学与常识基本一致，对于传统哲学家而言，心的存在是不言而喻的，他们把心的存在作为当然的前提，只是研究它的存在方式，从未提出过其存在与否的问题。到了现代哲学家那里心的存在成了问题，心渐渐被解构。有些人还多少承认心以不同于传统哲学所理解的方式存在着，而有些人则干脆说心根本不存在。前者如丹尼特，他还把心看作类似于草稿那样的东西；后者中最极端的便是罗蒂，他的著作所着力的，就是要把心解构掉。罗蒂说他的《哲学和自然之镜》一书的任务之一，就"在于摧毁读者对'心'的信任，即把心当作某种人们应对其具有'哲学'观的东西这种信念"[1]。

纵观罗蒂等人的种种说法可以发现，他们常常混淆了两个不同的问

---

[1] 〔美〕理查德·罗蒂：《哲学和自然之镜》，李幼蒸译，北京：生活·读书·新知三联书店1987年版，第4页。

题：心的存在与心的存在方式，由于人们还无法说明心是以何种方式存在或如何运作的，他们便据此否定心的存在。同时，他们混淆了笛卡尔对于心的理解与心的实际存在这两个不同问题，从而在否定笛卡尔对于心的理解的同时，也否定了心的存在，把笛卡尔所理解的心当成了实际存在的心。

问题的根本症结不在于心是否存在，而在于我们还不能理解心是如何工作的，不把这两个问题区分开就容易得出否定心存在的结论。所以我只打算证明心的存在，而不谈论其工作机制，必须老老实实承认，对于这个问题我们所知甚少；即便偶尔涉及，也只是为了论证其存在。心是否存在的问题是可以回答的，而心怎样存在，却不能回答。

一、有无内在生活

罗蒂等人否认有内在的生活，这是他们否定心的存在的一个重要方面。他们的理由是，所谓的心实质上只是一种社会实践活动，而且还是一种历史性活动，处于不断变化之中。不存在一个不变的、内在的心的实体，谈论这样的实体也是没有意义的，我们只能谈论外在的东西，即相互作用。

罗蒂这样概括维特根斯坦的观点："使事物成为再现的或意向性的东西，是事物在一较大的语境中，即在与大量其他可见事物的相互作用中所起的作用。"[①]

[①] 〔美〕理查德·罗蒂：《哲学和自然之镜》，李幼蒸译，北京：生活·读书·新知三联书店1987年版，第23页。

哲学家在这里还是以普遍性的判断（尽管他们否认普遍性的存在）代替了具体的存在，代替了语境，从而忽视了存在的复杂性。事物只能在相互作用中存在，这只是一种泛泛而论，对于相关的问题，尚需要进行具体的分析。

这种相互作用（或者说社会性），其决定性的意义主要表现在心的形成过程中，一个离开了社会的人不可能成为一个真正意义上的人，从而也就不可能拥有一颗人的心灵。不用说人，即便是动物，离开了它们自己的社会，与人为伴，其天性也会发生改变，它们的"心灵"也会与野生动物不同。

从这个角度说，相互作用影响事物的存在方式甚至本性，是成立的；但这只是一个总体性判断，是一个一般性的结论，在这个视角下我们还可以降低分析的层次，从而因视角的变换而得出不同的判断。

在相互作用中，必定存在着相互作用项，这是相互作用能够发生的前提；而这也就意味着，每个相互作用项都已经是一个独特的存在，已经是某种形成了的东西，因而必定具有自身的特点，各自已经具有某种性质（或者叫本质也可以，无非是规定它之为"这一个"的东西）。

这种在相互作用之前就存在的东西，也就是事物的内在性，规定或影响着其存在方式和发生相互作用的方式。每个事物都有稳定的内在结构，而且与他物不同；同时，每个事物也都隐含着各种可能性，这些可能性在相互作用中可能会展示出来。

由此便导致了各种事物和不同的人在参与相互作用时所表现出的信息不同，作用的方式也不同。狗有狗的作用方式，猫有猫的作用方式——尽管它们之间也会因相互作用而变化，但它们各自内在的本性是不能为外在力量彻底改变的。

相互作用者不可能是空白的，空白的相互作用者参与相互作用也是毫无意义的，不可能作用出什么东西来。

心灵也是如此，每个人的心灵都不是空白的，而是已经具有了某种性质，具有自我建构的能力，从而不可能为外在力量所同化。可以看到，无论所受的教育如何相同，人们的心灵也没有完全相同的，相反总是千差万别。

可以说，只有在相互作用中一个人的心灵才会形成，却不能由此断言人没有内在的生活；可以说谈论另一个人的内心生活没有意义（其实有时也未必如此），但不能因此说那个人没有内在生活。如果没有内在生活，人们拿什么来进行相互作用？外在环境相对于什么而存在？对于一颗没有内在生活的心灵施加任何影响，它都应该毫无抵抗地接受，事实却并不如此，没有一颗心灵会逆来顺受地接纳外部的作用。

一旦人的心灵在社会中（或相互作用中）形成，它便具有了强烈的独立性，这种独立性远远超出身体的独立性——你可以了解一个人的身体，却不一定了解他心里所想。他也可以独立自处一定的时间，而不与他人发生相互作用，能够说一人独处时没有内在生活吗？他独处时想什么别人无法知道，这时他依然具有内在生活却是毫无疑问的。独处时他之所思所想依然与他人和社会有关，但他之所思所想与他人是不同的，只有他才会这么想、想这些，这依然无法用相互作用来进行解释。他内心想的他人与社会，是他的他人和社会，而非别人的他人和社会。

在相互作用中形成了一个场域，相互作用由此具有一种召唤功能，召唤出未有、未知。但这只是朝向整体的一个维度，同时进行的还有另一个维度，即个体性。相互作用不仅不能消除参与其中的个体性，相互作用同时也在建构着个体性或主体性,并且相互作用之所以能够发生和进行,完全有赖于主体性的存在,有赖于心的存在。没有心的人怎么可能进行相互作用呢?他们以什么进行相互作用?心正是相互作用的立足点:发乎心,又止乎心。相互作用把个体的封闭世界——心打开,使之向他者、向世界开放,同时心又对他者和世界进行同化活动,将它们纳入内部世界,构建自身。这便是相互作用中发生的事情。

维特根斯坦、罗蒂等人的说法只看到了相互作用的一个方面,即其整体性的维度,而忘记了这个整体又是向个体的内在性敞开的。如果消除了内在性,整体性、外部环境便无立足之地。

还可以从另外的角度来反驳罗蒂等人关于没有内在生活的看法,这就是不同人们心理的独特性和稳定性,证明了心的存在。罗蒂说:"我们将不会倾向于认为,具有一种内在的生活,一种意识流,是与理性有关系的。一旦意识和理性被这样区分开来,那末人的特性可被看作我主张的那种东西,即一种有关决定而非有关知识的问题,一种有关接受另一人加入团体而非承认一种共同的本质的问题。"[1]然而,人们心灵的独立性却提供了相反的证据。

心理活动的连续性、稳定性表明了心具有独立自存的性质。例如罗蒂本人的心理世界中就有着稳定的和连续的信念、观点,如他对于基础和本质的解构、对于偶然性的坚持,由此证明他有一颗与其他人不同的心灵。而这个心灵是内在的,罗蒂如果不说出他的想法,别人无法知道。罗蒂

---

[1] 〔美〕理查德·罗蒂:《哲学和自然之镜》,李幼蒸译,北京:生活·读书·新知三联书店1987年版,第32页。

自己的话也证明了这一点:"我本人过去二十年的研究工作一直遵循着今日统称为'后现代相对主义'的观点,这正是20世纪初叶由詹姆士和杜威以'实用主义'名称提出的同一类观点。"① 这正是罗蒂有心存在的重要证据,在这二十多年中,其思想观念一直是后现代相对主义的,其中稳定的观念系统的存在证明着一颗独特心灵的存在。他的心灵并不因其他人的作用而发生根本性改变,外在的社会实践并没有对他的内心发生绝对性影响,证明他的心灵具有顽强的自组织性、自洽性和超稳定的结构,也证明他有一种独特的内在生活。

如果说不存在内在的意识流这样的东西或者心灵,罗蒂的《哲学和自然之镜》这本书是怎么写出来的呢?是一个没有心的人写出来的吗?难道罗蒂在写这本书之前内心没有一些稳定的想法?这些内在的想法、活动,不就是内在生活、意识流吗?写书的过程,就是把内在的想法、意识、观念外化的过程;说没有内在的生活和意识流而写出了一本书,是莫名其妙的。从《哲学和自然之镜》的章节安排可以看出,罗蒂在写作之前已胸有成竹,计划好了各个部分应当写的观点和基本内容,罗蒂在书中说到某个问题的时候也经常说,在后边第几章会有相关论述之类。在写作出来之前,他的观点属于内在的私人领域,只有写出来的时候才成为展示于公共领域里的存在,那个私人领域就是意识流,是内在的心灵活动。

我们不能谈论别人尚未展示出来的内心世界,也无法相信别人对于自

---

① 〔美〕理查德·罗蒂:《哲学和自然之镜》,李幼蒸译,北京:商务印书馆2012年版,中译本作者再版序第3页。

哲学之思：真理的豪饮

己内心世界的谈论，但是，那些显现了的、可谈论的东西，不正是来自内在的不可谈论的、尚未显现的世界吗？我们不知道那里有什么，然而可以肯定那里有东西存在着。外在的信息诚然可以激发出内心中未曾有过的东西，其前提却必定是心的存在，对于一块石头，无论怎样美妙的言辞都不会激发出它的思想。石头是无心的，因而没有内在生活。如果人也没有内在生活，那么人与石头的区别是什么呢？

罗蒂转述了塞拉斯如下的看法："人与类似人的生物的内部应以外部发生的事物（而且特别以它们在我们社会中的位置）来说明，而不是相反。"[①]不过从这同样的前提出发，我可以得出与塞拉斯和罗蒂相反的结论：从外部发生的事物中恰恰可以推知心的存在，比如从罗蒂书中的论述可以推知罗蒂心里曾经想过什么，曾经有过怎样的"意识流"。

从外部进行说明，这只是一个他者的视角，这个视角不能也不应该代替当事者自身内部的视角。而且内部的视角是第一位的，是他者视角不该过问和改变的。若是以他者的说明为依据，将其强加于当事者，人的主体性将荡然无存。即便罗蒂本人也是不愿意放弃这种主体性的，不然他为什么要对他的批评者进行反驳呢？他的反驳就是出于其内在的视角，而他人的批评则是他者视角，是"外部发生的事物"，然而他却不同意这些批评，这就表明罗蒂不是以外部发生的事情来衡量自己的内心世界，而是以自己内在的心灵为标准来回应外部反响。

麦尔柯姆说："正是事实和围绕着行为的环境，给予它表达认知的特

---

① 〔美〕理查德·罗蒂：《哲学和自然之镜》，李幼蒸译，北京：生活·读书·新知三联书店1987年版，第164页。

性。这种特性不是由于在内部发生的什么东西而产生的。"①内部没有发生什么的话，为什么同样的环境下不同的人有不同反应？为什么你的观点与别人不同？

实际上，内在活动或意识流不仅时时发生着，而且具有十分顽强的性质，甚至可以不依赖外部因素而存在和活动，或者与外部活动的表征完全相反。比如表面的友好（外在）掩盖着的可能是内心的反感（内在）；你无法停止自己的精神运动，即使在睡眠中意识也常常在进行活动。意识总是像河流一样在流淌着，有意识的时候有意识地流动着，无意识的时候无意识地流动着。

罗蒂这本书固然有对外界、对他人哲学思想的应答，这个过程却必定发生在内在的"心"中，也就是内在的生活中。若仅仅用外在的实践和外部应答来解释，则不能解释为什么别人面对同样的外界和哲学思想得出的结论却与罗蒂不同。

不承认内部，正如不承认外部一样，都会产生问题：怎么会有无内部的对环境的应答？如果没有内部，就消除了应答者，就会出现没有应答者应答的谬误；只要承认有外部、环境，就预设了内部、应答者的存在。

二、心与身

现代哲学普遍反对身心的区别，尤其是反对笛卡尔式的二元论身心观，主张两者的一体性和心的物质性。

---

① 〔美〕理查德·罗蒂：《哲学和自然之镜》，李幼蒸译，北京：商务印书馆2012年版，第233—234页。

哲学之思：真理的豪饮

他们反对身心区别的一个理由是它会导致二元论，进而导致身心的分裂或不能沟通。罗蒂认为，传统哲学家们对于心的种种描述，"其中每一个建议都帮助哲学家去坚持一个心与身之间无法沟通的二元论。"①

问题是，身心之间是否存在着区别？在什么意义上存在着区别，在什么意义上又没有区别？如果确实存在区别，就需老实承认它，而不能因为会导致什么后果而否定。坚持身心区别，未必就一定得出身心无法沟通的结论，笛卡尔的观点只是身心区别的极端形式，我们还可以从别的角度来看待二者之间的关系。

从某种意义上讲，身心的区分确实是一个词语描述问题，但这只是一个角度，它不能代替其他角度。罗蒂把它们仅仅看作一个描述问题，不承认本体论上的区别，是难以成立的。

存在是一体的，虽然各个部分有区别，却无法在它们之间划出严格界限；然而我们的描述却总是有界限的，很多问题是由于描述产生的，我们却不能不这样去描述。语言的一个重要作用就是区分，否则就没法说话了。这样，当我们注意语言描述的局限时，就不至于把语言等同于存在，从而有可能避免一些问题的产生。

在最广泛的意义上，或者从存在论的角度说，假如我们把这个世界上所存在的一切都叫作物质的话，那么所谓的心或精神也是一种物质现象。从这个角度才可以说，并不存在一种独立于身的心的实体，所谓的心与身体完全是一体的。身包含心，心是身的构成部分。

---

① 〔美〕理查德·罗蒂：《哲学和自然之镜》，李幼蒸译，北京：生活·读书·新知三联书店1987年版，第30页。

第三部分　心

当进行这种描述的时候，立刻会出现一个问题，就是身心分离或平行。这样的描述给人一种感觉，好像心是一个存在于身体中的独立实体。其实不是，大多数情况下这只是出于描述的需要，并不意味着心可以独立于或平行于身体而存在；可是又不能取消"心"这个概念，否则无法言说用"心"这个概念所意指的那些东西。

在描述人的身体的时候，我们区分了很多部分或系统，如神经系统、消化系统、运动系统、经络和穴位、心肝肺、手脚头等，它们之间既相互区别，又相互联系，共同构成了身体这个整体。当进行这样的区分时，我们并没有因此而把它们看作各自独立的部分，也没有导致多元论，它们依然是一个整体，那么为什么当我们把心看作身体的一个构成部分时，就成了身心二元论呢？

无论怎样把心的现象归结为物质的或生理的现象，都不能把它们归结为某种具有实体性的器官，既然如此，为什么不可以将其独立出来加以描述呢？说与心相关的现象是一种物质现象，或者说心的活动是物质性的活动，那只是从更高的范畴、角度对于心的描述，而在这个层次之下，是可以将心的现象与其他现象区别开的，如同可以把各个器官与身体整体区别开一样。

现实存在是整体性关联的、相通的，但相通不等于相同，在连续的相通过程中存在着向差异性的过渡，即逐渐过渡到功能和形式相异的器官上，正是这些相互区别的器官和系统组成了整体，整体是由差异性构成的。因此我们也就可以用不同的概念去描述这些差异性，尽管这些描述可能会带来割裂整体性的危险，却不可避免。

现在我们就看看心与身有什么样的差异，看看哪些现象可以证明心与身的区别。

心具有一种自动和永动的性质，总体上难以进行自我控制，只要是处于清醒状态，心就永远在活动着，绝对没有什么都不想的时候。对于这一点，那些练习过气功的人应该是深有体会的，要想停止思维是困难的，越想入静，意识活动似乎就越强烈。有时你觉得什么也没想，其实是在忘我地想或忘了想什么。当你这样想的时候，身体却可以没有丝毫活动。即使在睡眠中，心也经常处于活跃状态，这就是做梦；梦可以纷繁多彩，活灵活现，而身体却没有什么运动。

心理活动与生理活动相比不具有可直观性，后者则是可直接观察的。两者相比，心理现象具有虚无的特点，而生理现象则是实在的。这就是人们总感觉心不占据空间的原因。从这个角度说，心的存在形式是信息，而不是实在。

大脑是心之所在，是身体的控制系统。大脑当然不是孤立的存在，大脑是整个身体的大脑，心是整个身体的心，它之运作依赖于全身的神经系统和全部的感受器官，而脑则相当于一个信息处理器。你可以说大脑依然是物质性的器官，但如同任何器官一样，它不能被归结为其他器官，每个器官都具有不可替代的功能和特性。这也是一切器官存在的根据。一旦大脑受损，身体便会失去相关的能力。比如植物人，就是大脑丧失功能的结果，即丧失了心的活动能力的结果。植物人这个例证，强有力地证明了心与身的区别：植物人的生理系统基本可以运作，心理系统却完全瘫痪。

对于心，可以从不同的角度进行描述。比如，心的主要活动方式是意识，意识活动是心的活动的最根本标志，一旦丧失了意识，人将不人。弗洛伊德所说的潜意识则属于观念系统，广义上依然属于意识系统，它们是意识内容的一部分，属于没有进入意识的内容。观念、知识、价值等都是心的内容，这些内容储藏在人们的内心世界里，而不是储藏在胃、手和脚里。所有这些特征或方面，都与实体性的器官功能有异，概括起来为什么不可以叫作"心"呢？尽管心离不开身体，却不能把心归结为身体，也不能归结为任何具有实体性的生理活动。

心的根本特点是控制、支配、协调、信息反馈、决策等，而身体中的其他部分或系统均不具有此功能。我们不能说是脚在做出决断，决断出自头脑，即心。这种决断能力来自心的自主性或者主体性，没有自主性或主体性的心灵不可能做出决断。

以罗蒂本人为例，他之所以为人所知，在哲学界以至文化界产生影响，是由于他的生理特征吗？显然不是，而是由于其内在的因素，就是他竭力反对的那个东西——心灵。罗蒂是以思想、心的智慧而非身体作用于社会的，又是由于他的心灵之独特和深度而见闻于世。无论如何都不能说这是身体的智慧，而是心灵的智慧，心灵是这些智慧的主体。没有人会说别人的身体很智慧，而是说其心灵智慧。所以即便从罗蒂所一再强调的语汇方面来说，心这个概念的存在也是必要的，否则智慧便失去了其主词。取消"心"这个概念是一种悖理的做法，那将使与心有关的属性、现象无所归属。主词具有凝聚成整体的作用，也具有划界的作用，"心"这个概念就是如此，它在物质的海洋里划出一个看似非物质的世界，一个闪耀着灵性的王国。

心的世界是具有自足性的，而自足性是事物存在的一个重要标志。这种自足性使得事物自成一体，不能为其他事物所代替，从而表现出种种其他事物所不具有的特征，证明着其存在的唯一性和必要性。于是在"物质"或"存在"这个大的范畴之下,划分出一个心的范围,设定一个心的概念,就是合情合理的事情了。

某些哲学家之所以主张消除心的概念和心身的区分,是出于对二元论和平行论的恐惧,但问题是,主张心的存在并不必定导致二元论和平行论;再者,即使坚持一元论,其所遇到的问题似乎也并不比二元论少。罗蒂说:"赖尔和杜威都称赞亚里士多德抵制了二元论,把'灵魂'不看成在本体论上不同于人的身体,正如蛙捕捉飞蝇和蛇虫的能力与蛙的躯体在本体论上没有什么不同一样。"[①]当然可以不进行这样的区分,说灵魂或捕捉昆虫的能力是身体的一种机能,但这只是把局部的概念归属于范围更广的范畴而已,不能因此就取消了这种机能的独特性和自足性。从整体这个角度向下看的话,我们会说身体是由很多部分及不同的机能和系统构成,其中就包括心的机能。划分出一个心的领域,看不出怎样就会导致二元论和平行论。

罗蒂又说:"提出心是大脑,就是提出我们分泌出定理和交响乐,犹如我们的脾分泌出忧郁的心情。"[②]这确实是荒唐的,难以理解的。可是换成罗蒂的说法,取消心,而说心与身没有什么不同,它们本来就是一回事,问题是否就得到解决了呢?依然没有解决,我们可以提出同样的疑问:按照罗蒂这里的说法,就等于说我们的身体分泌出交响乐和定理,岂不是一样荒唐?是整个身体分泌出来的呢还是作为局部的某个器官分泌出

[①] 〔美〕理查德·罗蒂:《哲学和自然之镜》,李幼蒸译,北京:商务印书馆2012年版,第53—54页。

[②] 同上,第56页。

来的？最终我们还是会追溯到大脑，因为其他器官都不具有思维能力和创作能力。

这些难题只说明了一个问题，那就是我们对于心的实质所知甚少，对于我们如何创作出音乐和发明出定理的具体机制一无所知，因而无法对其进行恰当描述，倒还不如干脆承认对于心的理解我们暂时还无能为力。

三、心作为一种机能

心作为一种机能来自遗传，而不是所谓的社会实践。尽管脱离了社会实践，心的机能就不能正常显现出来，它却不仅仅是社会实践就能够产生出来的，社会实践是否奏效，取决于心的机能是否存在和是否正常。潜在的心的机能，是观念系统能否产生的逻辑前提。在这个意义上，我们甚至可以说心的机能是一种本质性存在，是生下来就具有的潜在能力。

由于心的机能的先定存在，凡是人类的孩子，生下来被抛入任何一种语言环境都可以自然地学会那种语言，并且懂得这种语言所表达的观念，而动物则不能。这表明这种机能具有普遍性的识别能力，能够识别人类的一切语言和各种不同的文化观念。这种普遍性的表现是，它本身是空无一物的，仅仅是纯粹的机能，不包含任何后天内容，不包含任何知识。如果是有某种内容的，就难以学会一切语言。除了它是指向人类的这个方向外，没有任何具体的定向性，没有文化、语言上的方向性。

这里说的空白只是后天信息的阙如，而非洛克说的"白纸"。先天的心的机能作为一种识别后天人类信息的潜在能力，是具有丰富内涵和复杂机制的，对于这种机制现在还不能予以说明。

不仅人有心的机能，动物也有，只是其性质有所不同罢了。不同种类的动物其心智各有不同,其行为方式也有很大差异;而同类动物其心智和行为方式接近,甚至相同。这说明了什么呢?这说明有某种先天的、内在的东西规定了它们的智能水平和行为方式。这种内在的东西就是心的机能之不同,它在一定程度上决定了动物的"本质"。

甚至动物也能够识别人类的一些简单语言,比如一些简单的命令句。你可以说那是出于条件反射,是语言游戏的结果,但是你对罗蒂所说的墨水瓶无论重复多少遍同样的内容,都不会产生任何效果,那是因为墨水瓶没有"心"。

这些现象表明有某种先天的东西存在着,它的存在不因后天条件的不同而发生根本性改变;即使改变,也有一定限度。这种东西不妨称之为"本质"。它使得事物的性质及其变动范围与其他事物之间有一定的分别和限度,从而使此事物成为此事物,彼事物成为彼事物。社会活动可以影响观念系统的建构,却不能决定心的机能之有无。假如没有心的机能或心的机能不健全,无论多么优良的社会实践都不能使之成为一个健全的人。

没有社会的作用、后天的教育,心的机能自然不能显现,但心的机能的存在是社会实践之所以能够发生作用的逻辑前提。"心"中的观念来自社会,识别观念的机能却来自遗传。

教育的根本目的,可以说就是心的形成或显现。我们的教育难道仅仅是为了让孩子的身体健康成长吗?不是,而是心智的成长,心智的健全。教育的最终目标是在受教育者的内部世界建立起一个独立的判断系统,这个系统能够做出自主性的决断。这就是以主体性的存在为标志的心智系统,它也可以称之为"自我"。

这个系统的神秘之处是其具有某种自主选择能力和自我建构能力。受教育者所处的社会环境区别不大，甚至基本相同，但每个人所形成的内心世界却大相径庭，甚至截然相反。这种不同是难以用社会环境、社会实践来解释的，当然也无法单纯用先天的因素来进行解释。目前我们还不知道这个心或自我究竟是怎样形成的，而只能笼统地说，是先天和后天因素相互作用的结果。

心的机能必须在社会活动中才可以显现，但在理论上是可以与社会活动的内容区分开的，而且也有必要进行这种区分，后者主要是生成的，前者则主要是遗传的。进行了这种区分之后，就不会因社会活动的生成性进而否定心的机能的预定性，从而将心予以解构。

社会活动对于心具有塑造作用，观念来自社会，但心智的内容不是由社会机械地灌输进去的，这些观念都经过了心的重新组织。这个心不是笛卡尔式的孤立实体，而是一个具有自组织能力的引力中心，它把所得到的种种信息进行加工、重构，使之成为自身的"血肉"，成为内心世界的有机构成部分。于是，它们便不再是"社会的"，而是"自我的"。

如果不承认存在内在的心灵，所谓"社会的"东西存在于什么地方呢？你可以说存在于相互关系、相互作用之中，但相互关系一定是不同事物之间的相互关系，而不是空无一物的关系。社会性的东西归根结底还是存在于一个个具体的个体之中，而社会关系、社会活动、社会环境只是为之提供了相互作用的机会，从而提供了显现其内在性的场所。这种内在性也就是心或精神。社会的结构、社会的关系，并不表现在人们的肉体上，相反，它们存在于人们的心灵之中，是由心灵建构起来的。比如，"国家"及其各级组织机构是存在于政府的办公室里吗？不是，它们存在于人们的关系之中，这种"关系"是看不见、摸不着的，唯有"心灵"知道它们的存在。社会活动是内心世界向外的辐射,而心灵活动则是社会向内的凝缩,两者是方向相反的同一种活动,既相互解构又相互建构。

不过两个相反的趋向具有不同的性质:向外的方向是赋形的活动,是实体化的活动过程,可见、可观察;向内的活动则反之,趋向于无形,最终消失于心的空灵之境,渺不可知。

从总体上说,心的机能其实也是身体的机能,但不能把心等同于身体,从而将心解构掉。身体的机能有很多种,心的机能是其中之一,是不可归并于其他机能之中的。

四、心可否被整体论所解构

罗蒂用来解构传统哲学观点的方法是整体论,认为只要使用了整体论的方法就可以消解心的存在。所谓整体论,有几个方面的含义,下面我们从这些含义出发,看看它们是否能够将心予以解构。

所谓整体论,其重要含义之一就是部分与整体之间的互解。"整体论的论证路线认为,我们将永不可能避免'解释学的循环',这就是,除非我们知道全体事物如何运作,我们就不可能了解一个生疏的文化、实践、理论、语言或其他现象的各部分,而同时我们只有对其各个部分有所了解,才可能理解整体如何运作。"[①]

据此可以说,事物根本上不可知,或者不可能有全知,因为我们不可能了解全体事物如何运作。整体具有无限性,我们无法完全把握,因而也

---

① 〔美〕理查德·罗蒂:《哲学和自然之镜》,李幼蒸译,北京:生活·读书·新知三联书店1987年版,第280页。

就意味着我们不能了解一个事物的全部意义。对于心灵现象也是如此，就罗蒂的论述来看，他主要分析了以往哲学家们对于心的看法，指出了其存在的问题，对于心作为一种本体论的现象却鲜有分析，只是提及神经学的一些研究，就得出结论说心不存在。他否定心存在的依据没有达到解释学的要求——对全体的了解和对所有局部的了解。其实，从他的种种分析中我们可以得出的直接结论应当是：对于心灵的运作机制我们尚不清楚。

既然整体和部分之间是互解的，则整体论就不否认局部存在的意义，局部是解释整体的主要视角。从前述的解释学循环原理可以看出，它所强调的整体性包含着局部这个视角，只有从整体的各个部分出发才可以对整体做出解释，整体不能进行自解，如同部分不能自解一样。既然承认了部分的价值，就表明部分具有整体所不能替代的意义，否则它就没有存在的必要。心灵现象作为身体的一个构成部分或功能，就具有这样的意义，它不能被归结为物理学、生理学等范畴，一旦从这些角度去进行解释就会得出许多荒谬的结论。这表明它是一种独立存在，是不能与物理、生理等活动等同的。

按照解释学循环所说的道理，既然我们对于心所知甚少，甚至还不了解，那么我们对于人的身体这个整体也就不可能真正了解；同样，我们之所以对于心所知甚少，是由于我们对于身体还不够了解。

整体正是以局部的存在为前提的，局部是整体的依托、基础、元素，没有了局部，整体便荡然无存。整体确实具有某种解构局部或向着解构局部而活动的特性，但与此同时局部也具有向着自身进行自我建构的与之反向的趋向，从而保持着自存性。由此，心灵活动作为身体这个整体的一部分，便不能用整体论予以解构，犹如不能因此解构掉身体的其他任何部分一样。

局部的意义需要从整体中寻找,整体的意义在局部中才可以发现。在这个意义上,整体与局部是相互建构的。这一解释学原理也就承认了整体与局部之间在本体论上的区别,没有本体论上的区别就无法区分出部分与整体。因此,把心灵与身体及其他部分进行区别,也就是自然而然的事,这种区别不仅仅是一个语词问题。

在循环解释的活动中,存在着一个解释者。是谁从局部到整体又从整体到局部?不是手脚,不是肠胃,而是一颗具有解释能力的心灵。心灵的存在是这一解释活动的当然前提,否则就不可能有什么解释活动。

心也可以看作一种社会、文化、历史现象,它是在其中培育出来的。可是,要进行培育,就需有培育的东西,否则对于一个根本没有的东西如何进行培育?培育的前提是要有培育的种子,心的种子便是前文提到的由遗传而来的内在机能,有了这粒种子,它才可以在社会、文化、历史的滋养中发芽、生长。所以罗蒂的下述说法只对了一半:"参照社会使我们能说的东西来说明合理性与认识的权威性,而不是相反,这就是我将称作'认识论的行为主义'的东西之本质,这也是杜威和维特根斯坦共同具有的态度。我们最好把这种行为主义看作一种整体论,但它不需要唯心主义形而上学的基底。"[1]基底还是需要的,只是它不一定是形而上学的罢了。每个事物、每个过程都有其基底,这个基底约束着它发展的方向、方式、阶段。这一约束使之成为它自己,而不是成为别的事物,并且是成为此时此

---

[1] 〔美〕理查德·罗蒂:《哲学和自然之镜》,李幼蒸译,北京:生活·读书·新知三联书店1987年版,第151页。

地的它自己，而非彼时彼地的它自己。心的基底使得心成为此人之心，而非他人之心。这个心是向社会、历史、文化开放着的，但它又是此时此地此人之心的开放。行为主义中的"行为"，恰恰证明了心的存在，心灵活动是行为的逻辑前提和起点。

理论与存在之间是有距离的，我们的种种理论都不能完善地说明和解释心灵现象，理论完善与否和心灵是否完善之间不存在逻辑上的必然关联。理论属于社会、文化、历史范畴，是对有关存在的解释，理论的问题不能等同于存在自身的问题。

语境是整体论的一种表述形式，它是否可以消解心灵呢？依然不能。罗蒂认为，"图形记符的'意义'不是一种这些记符具有的附加的'非物质性的'性质，而只是语言游戏中和生活形式中它们在由周围事件组成的语境中所占的位置。"[1]

就算图形记符的意义是它在语境中的位置，还是存在着问题：是谁在用记符确认它在语境中的位置？为什么要确认这个位置？难道不是一个有"心"的人吗？

图形的意义显然不是图形本身，而是由图形的使用者确认的。如"美丽"这个词，其结构、颜色等物质性存在，对于不懂汉语的人来说毫无意义，而对于说汉语的人来讲却不然。物质性存在本身并不能确认其意义，而是需要一个理解它的人去确认。也可以说这种物质性存在的意义是由社会约定的，是所谓的语言游戏，若参与约定的人没有心，如何约定？人之

---

[1] 〔美〕理查德·罗蒂：《哲学和自然之镜》，李幼蒸译，北京：商务印书馆2012年版，第40页。

所以能进行这种赋义活动，是因为他有一颗与语境不同的、具有赋义能力的心灵。

把这些与物质性特征有距离而与理解者有关的性质称之为"非物质性的"或"非空间性的"，似乎也未尝不可。尽管从根本上和总体上说，所谓心的现象必定是物质现象，但物质现象与物质现象之间存在着区别，心的物质现象就表现出非物质性的特点——物质性的特征在于实体性，如可见性、可触摸性等，而心理活动虽然可知，却不是实体性存在。

若将整体论贯彻到底，就应该说只有身体，而没有神经、没有肠胃等，也没有原子，在这个意义上才可以说没有心灵。我们存在的时候从来没有感觉到有肠胃和神经，更不用说原子了。也没有感觉到有心灵，感觉到的只是"我"和"我"的种种存在。而这个"我"，是把这个整体集中起来的一个东西，有这个"我"才会有对于各种感觉和存在的感受，"我"是一切感受的承受者、表达者。"我"恰恰是整体性的根源，而那个能确定"我"之存在者就是"心"。

即便从罗蒂等人所主张的社会实践、语境、谈话等理论出发，也很难解释与心灵有关的现象，也无法把心灵现象归结为社会实践。社会实践、语境、谈话等只是揭示了心灵形成的环境和外在方面，却不能把它消解于其中。我们无法根据社会实践、语境等来说明罗蒂何以产生了解构心灵的哲学思想，社会环境怎样决定了他如此思想而不是像其他人一样思想。社会实践不能解释个体的独特性。这要追溯到每个人内在的东西，即心灵——尽管用心灵也无法解释，但用社会实践来解释也丝毫看不出有何更加优越之处，倒还不如用心灵的独特性和自主建构来解释更合适。

谈话，是罗蒂所主张的整体论的另一种形式，它是否可以取消心的存在呢？不能。罗蒂认为："一旦用谈话取代了对照，作为自然之镜的心的观念就可予以摈弃了……一种彻底的整体论不能容许这样的哲学概念，如'理智的'、'必然真确的'、从知识的其余部分中挑出'基础'的、说明哪些表象是'纯所与的'或'纯概念的'，提出一种'标准的符号系统'而非提出一种经验的发现，或抽离出'通贯构架的启发式范畴'……于是正像奎因详细论证的和塞拉斯顺便说到的那样，整体论产生了一种哲学概念，它与确定性的探求毫无关系。"①

没有了心的人，怎么谈话？谁在谈？与谁谈？既然是谈话，就必定有谈话者在。在谈话者那里存在着确定的东西，这就是前见，一个没有前见的人不可能有可谈之物。而前见必定对他的视域产生约束。可以说谈话谈出什么具体的东西是不确定的，事先谁也不知道，但前见所约束的大的方向却是有某种确定性的。假如罗蒂与一位从未听说过哲学的人谈论他的思想，谈话就不可能继续下去，他们的话语难以交汇。

说哲学与确定性毫无关系，难以讲得通。难道罗蒂在写《哲学和自然之镜》这本书之前，不知道这本书要写什么吗？他的哲学研究难道不是要探求某种确定的结论？在进行书写之前，具体的内容及其表现形式、细节可以说不确定，基本的观点、大致方向和有关章节应该是确定的；在写作过程中可能会有许多改变——无论是观点还是原先的设想，会生发出很多新的看法，但原先确定的整体视域不会改变。比如罗蒂在《哲学和自然之镜》一书开头确定的解构心的这个任务不会改变。这些具有确定性的东西

---

① 〔美〕理查德·罗蒂：《哲学和自然之镜》，李幼蒸译，北京：生活·读书·新知三联书店1987年版，第148页。

不是存在于罗蒂的鼻子和肝之中,而是存在于他的心中。罗蒂终生坚持着后现代相对主义,怎么能够说哲学的探究与确定性毫无关系呢?

如果把心看作一种历史文化现象,那么笛卡尔的心的观念就获得了合法性。就文化意义而言,笛卡尔所理解的作为独立实体的心,确认了个体精神的实体性和独立性,预告了一个个体精神独立存在于世的时代到来。笛卡尔所理解的心灵,是那个时代的产物,是与当时的历史趋势相适应的。如罗蒂所言,是一种文化样本。

罗蒂对于心的解构实际上是把心看作了一种实体性存在,才存在着解构的问题;假如看作一种文化历史现象,则无解构的必要,那只是不同的时代、不同的人对于与心有关的现象的一种理解而已。罗蒂摧毁的不是心,而是关于心的看法。所以问题应当是我们对于心的认识问题,而不是有没有心的问题。

整体论并不能解构心的存在,心在整体中反而得到确认。整体与部分互为存在的前提,脱离了整体的部分与脱离了部分的整体,都不可能存在。作为整体的一部分的心,固然不是笛卡尔所理解的那种独立实体,但归在"心"这一概念之下的种种性质无法被归于其他部分,也不能归于整体。即使从语言上来看,也不能取消"心""身""自我"这些概念,事实上它们在罗蒂的著作中依然被使用着,由此可见这些概念是其他概念无法代替的。

罗蒂并没有摆脱他所批判的实体性思维(实质上也是还原论思维),这是他得出心灵不存在结论的根本原因。他没有能够彻底贯彻社会历史文化观点和整体论观点,最终还是走向了独断论。如果将社会历史文化观点贯彻到底,传统哲学(包括其关于心的看法)将会获得其存在的合法性。

孤立的实体是不存在的，它们只能在相互关系和相互作用中存在，否则便无法理解。因而实体总是与性质、属性相关联。西方哲学家总是自觉不自觉地把实体与属性、关系孤立开来，从而使之成为神秘之物。比如"A大于B"，"大于"既不存在于A中，也不存在于B中，但不能说"大于"不存在。存在的这种状况决定了存在性质的多元性。同一个物，对于某物是此种性质，而对于彼物则是另一种性质。正是由于这个原因，相互作用、相互关系不能消解实体，相互作用是以实体的存在为逻辑前提的，相互作用中显示出的性质是与作为相互作用项的实体的性质有关联的。只是这样的实体不是传统哲学意义上的具有绝对性的实体罢了。我们的种种判断、事物的所谓性质，都是一种"相对于"，而"相对于"这个词所包含的，一方面是相互关系、相互作用，另一方面则是某些实体。罗蒂对于传统哲学命题的分析，缺少的便是"相对于"，而用自己的视角代替了他人的视角。

从整体论角度来理解心的现象是一个重要的方向，但若以整体代替了局部，就不是真正的整体论了，照顾到所有局部的才是整体。心灵活动应该从这样的整体论去理解。整体上看，心灵现象无疑可以说是物质现象，但用任何物理的观点都无法予以解释。这是因为，用物理的观点去解释实际上是用一个局部来解释另一个局部，而不是整体论的解释。神经活动无疑是心灵活动的基础，不过神经活动只是心灵活动的微观层次，在那里看到的是纯粹的生理运动，而看不到心理；心理只有在宏观的社会层面才得以显示，而其形态与神经活动之间存在着天壤之别。

心是否存在的问题如果追究下去，其实也是物是否存在的问题。心不存在，"物"也将不存在。在这里，我们不得不回到认识论层面。所谓的物、心、存在、不存在等，均出自我们的认知和感受，是我们作为一个认识者、感受者做出的判断。在这个意义上物是依赖于心而存在的，如若无心，也将无"物"。物及其性质出自不同视域，如若换个角度予以分析，则这些物及其性质也就不存在了。

整体与部分只是思维的两个不同方向，前者趋向于宏观，后者趋向于微观。同理，心、物也只是描述的两个指向，前者指向虚无，后者指向实在。这也是沿着罗蒂关于真理是语句的性质的判断推衍出的必然结论。

| 第八章 |

作为草稿的心灵

什么是心灵？我是谁？这不仅仅是饶有趣味的理论问题，也是令人着迷的现实问题。在传统哲学中，尤其是以笛卡尔为代表的心灵哲学中，心灵或自我的存在是毫无疑问的，他们的观点也符合日常的见识：在我们心中似乎存在着一个展示信息的舞台，我们看到和想到的一切都在这里展现着；同时在这舞台下面有一个"小人"作为观众，他把看到的一切报告给自我，于是我们便有了意识。然而随着现代哲学的发展，这种观点越来越受到质疑，以至一些激进的哲学家和科学家得出了相反的结论：心灵和自我根本就不存在！可是，心灵如果不存在，我们是怎样进行思维和感知世界的呢？而且我们分明感觉到心中有个自我存在着，他能够做出各种判断。

究竟应当怎样来理解我们的心灵？心灵的秘密何在？丹尼特提出了一条不同的思路。丹尼特的思想体现了现代西方哲学的根本精神，这就是对于传统西方哲学的实体、心灵、主体和客体、自我等形而上学概念的解构，强调事物的性质只存在于关系和动态的变化之中，不存在永恒不变的实体，也不存在脱离具体语境的真理。丹尼特所解构的具体对象便是笛卡尔和常识所确认的那个精神实体——自我。其独特之处在于试图弥补精神与物理之间的鸿沟，在物理、心灵和文化等各个层次之间架设起沟通的桥梁，从而达到既排除还原论，又排除取消论的目的。他试图用进化论来解释心灵的活动，把进化看作沟通不同层次的桥梁。

一、作为草稿的心灵

丹尼特提出的多草稿模型揭示了大脑思维的重要特征。多草稿理论认为，不存在自主意识的主体，相反是大脑网络自身充当着"主人"。"一切心理状态和心理活动在大脑中都是由对感觉输入的平行的、多路径的解释和加工过程完成的，进入神经系统的信息都经过了连续不断地'编辑修改'，在此过程中，以各种各样的顺序发生着对刺激内容的增加、合并、修改和重写。因此，我们直接经验的不是感官表面……的刺激，而是这些解释或编辑过程的结果。"[①]在大脑中存在着多个草稿，我们不能确定哪个草稿更权威，从而成为意识。

那么意识是怎样产生的呢？它是从这些草稿的竞争中产生出来的，最具有竞争力的那个草稿就成为意识。这与生物演化的规律是类似的，也与人类社会中的名望现象相似，一个人的名望是在社会性的竞争过程中产生的。在某个时刻成为意识的那个草稿也不是一直占据着"统治"地位，随着竞争过程的展开以及环境的变化，它会让位于其他更有竞争力的草稿。故而人的意识或心灵并不呈现为一条直线或具有一个中心，而是具有不确定性，显得有点"混乱"。我们自己也不知道下一刻脑子里会产生出什么想法。

---

① 刘占峰：《解释与心灵的本质——丹尼特心灵哲学研究》，北京：中国社会科学出版社2011年版，第22页。（本章中凡没有注明出处的引文，均为刘占锋语。）

多草稿模型的精神实质在于：人的心灵不是线性的或单线的活动，也不是完全确定的活动，因而也不是纯粹的理性活动，自我并不是一个保持着严格统一性的孤立实体，在心灵中动态地存在着多种可能性，即不同的草稿。意识活动时时处于变化之中，变化的原因一方面来自不同草稿之间的竞争，另一方面来自环境的变化，意识的状态取决于心灵与环境之间的相互作用。哪个草稿能够成功，决定于这两个方面的状态。大脑中意识活动存在的状态决定于环境的变化和其自身所采取的策略，草稿的竞争就存在于这样一个场状的态势之中。不同草稿的竞争也不是单线的，许多草稿之间也有合作，因而有时会出现多草稿的综合。

多草稿模型实际上有着更加宽泛的解释域，而不仅仅适用于意识活动。比如它对于人一生思想的变化可以给予很好的解释。一个人的思想发展过程就是一个多草稿演化过程。如维特根斯坦早期和晚期思想就很不同，很难确定到底哪个才是他真正的思想。有了多草稿模型，就可以把他们不同时期的思想看作不同的草稿，至于这些草稿中哪些具有竞争力，哪些是真理，其意义和价值如何，就不完全取决于思想的创始者了，还决定于不同时代、不同个体对于它们的理解。

由多草稿模型还可以推论出，传统哲学——包括笛卡尔哲学在内，对于心灵的看法依然是有意义的，它们也是意识面对自身和世界的时候所"书写"出来的一种草稿；而丹尼特的多草稿模型以及他对于意识和大脑的种种看法，也不过是关于意识自身草稿的一种，而不是绝对真理。这也就意味着，丹尼特的理论包含着对于自身的某种否定。

丹尼特所反对的常识心理学也可以纳入多草稿模型之中，把它看作人们对于大脑活动自身理解的一种草稿，因而日常心理学对于心灵的看法也并非毫无意义,它同样是理解大脑的一个视角。这种草稿是否合理、是否有意义,决定于理解它的人。对于相信日常心理学的人来说它们有意义,而对于丹尼特们来说却没有。这个草稿,在日常的人们那里是有竞争力的,而在丹尼特那里却不具备竞争力,在丹尼特的大脑中,多草稿模型成为他的意识中占主导地位的结构。

丹尼特自己的意识理论发展过程也表明了他的思想的草稿性质。"丹尼特的个别观点也有变化,有的甚至后来被他自己彻底否定。"[①]这说明,所有关于意识的理论,包括丹尼特自己的理论,都不过是一些关于意识的假说,只是某些人的"意向性",连他本人也在改变着自己的看法,变换着不同的草稿。丹尼特的草稿理论本身也是一种草稿。

二、第二人称是否更可靠

丹尼特还提出了第二人称研究方法,他称之为现象学的研究方法,以反对第一人称研究方法。他认为第一人称研究不可靠,它用的是内省的方法,而内省是靠不住的。这种内省方法把心灵活动看作一种私人活动,但人们有时不能或没有意识到自己的心理状态,因而通过内省方法不能得出客观的结论。丹尼特认为用异己现象学方法即第二人称的研究方法,"收集人们关于心灵的内省报告,就可以为科学提供研究的材料。"[②]对于内省的、主观性的私人心灵活动,我们无法判断它的意义,只有通过他人的研

---

① 刘占峰:《解释与心灵的本质——丹尼特心灵哲学研究》,北京:中国社会科学出版社2011年版,第160页注释2。

② 同上,第35页。

究——这种研究是通过人们的外在表现来完成的——才能够得到心灵活动的真实信息。心灵不是孤立存在于内心中的、与他人无关的实体,它存在的状态总是处于与周围环境的密切相互作用之中。他人通过一个人的外在表现,就能够理解其内心的活动,甚至理解得更好。

当我们进行意识活动的时候,往往意识不到这个心理活动本身,不能把这个活动本身作为对象。这时反而是别人对于自己的意识活动有可能有着更客观的看法,因为别人保持着距离,把我的意识作为对象来审视。可是是否由此就可以说别人比我自己更理解我,别人对我的理解更可靠呢?如果是这样的话,我就应当放弃对自己的理解,而完全听信别人对我的理解。——这岂不荒唐?别人对我的理解也只是一个角度或者一种草稿,自然有其意义和客观性,但这个角度和草稿不能代替我自己对于我的理解。

这里还存在着一个问题:既然内省不可靠,那为什么还要收集这些报告?难道说一个人的内省报告经过他人的整理以后就可靠了吗?"异己现象学只收集并整理对象的内省报告……但不考虑大脑过程。"[①]这也不符合丹尼特的整体论观点——按照这个观点,应当考虑到一切层次。这里实际上可能是说,在某个层次上,在考虑内省报告的时候暂时不考虑大脑过程,而不是一概不考虑大脑过程。

丹尼特最核心的思想,应当是整体论,即承认不同视角、不同层次的不同意义,它们共同构成了一个意识活动的整体。

仔细体会丹尼特的意思,应该是以异己现象学也即第二人称的方法

[①] 刘占峰:《解释与心灵的本质——丹尼特心灵哲学研究》,北京:中国社会科学出版社2011年版,第37页。

来弥补第一人称方法的不足，而不是也不应当完全否定第一人称方法的意义。第二人称实际上仍然是一种第一人称，不过是他人的第一人称。以他人的第一人称来代替自我的第一人称同样是不可靠的，只有在这两个人称之间确立一种相互作用和制约的关系才更接近客观性。所谓第二人称研究方法，只有在与第一人称研究方法结合的时候才有意义，因为第二人称研究方法中的他人，也同样是一个具有主观性的人，我们无法断定他对于他人的理解是否也是一种私人语言，他的这种主观性需要借助于他所理解的对象的力量和作用才可能有所克服。

丹尼特一方面反对视角主义，另一方面又主张三种解释立场的转换。他所说的三种解释立场是：物理立场，用因果关系解释现象；设计立场，根据设计的原理和过程解释和预言；意向立场，把对象看作似乎是一个理性存在，它的行为可以通过它的"信念"和"愿望"进行解释。人们可以在这些不同立场间进行转换，但这些立场之间不能混淆。

让人难以理解的是，为什么立场的转换就不是视角主义？"立场"难道不是视角吗？他主张整体论，而整体论就意味着从所有的层次和角度去进行解释，而不是局限于一个角度和层次，就是要在所有视角上进行转换，这样整体才能够呈现出来。"解释"也一定是从某个角度进行的，怎么会存在没有视角的解释呢？在三种解释立场间转换也就意味着不同视角的转移。

视角是不可克服的，对视角的克服活动本身就是一个视角。只要我们去看、去听、去理解，就有视角。还原论、整体论、实体论、多草稿模型等，都是视角，是因视角的不同所致。不仅理论本身已经是某种视角，甚至我们的命名活动本身便已包含着视角，以至每个名词也都是一种视角。

视角产生不同的视域,同一个对象,中国人叫作"银河",英国人则叫作"牛奶路"(The Milk Way),这便是由解释角度的不同所导致的。丹尼特的理论正是借助于在各种不同视角之间的转换才建立起来的。

三、意识不存在?

丹尼特致力于弥补物理与心理之间的裂痕,试图克服还原论和取消论的错误,可是他又未能完全避免还原论式的思维方式和实体论的影响,这种思维方式时不时地跳出来,否定意识的存在。这就导致了其理论的不彻底性和自相矛盾。

丹尼特的基本主张是:"就物理基础来说,意识是神经活动、人类进化的结果,但对这种结果的描述受到了文化的影响,意识实际上是物理与文化共同作用的结果。"[①]意识只是一种意向活动,在意向活动中必定同时存在着意向者与被意向者,少了其中的一个,意向活动就无法构成,意识只存在于意向活动中。这表明了意识活动的整体性,意识不是任何单一因素的产物,而是物理与文化等所有相关因素共同作用的产物。

由这种整体性不能否定意识的存在,它只是阐明了意识活动的方式,这种方式与传统哲学尤其是笛卡尔的理解不同而已。丹尼特们没有把握住这种整体论的实质,实际上走向了取消论,认为意识根本就不存在——这不过是倒过来的还原论,与还原论的错误本质上相同。就意向性来说,他们取消了其存在,把它仅仅归结为一种归属和解释,实际存在的只有物理活动,

---

① 刘占峰:《解释与心灵的本质——丹尼特心灵哲学研究》,北京:中国社会科学出版社2011年版,第176页。

即大脑神经活动。这种观点则是变了形的还原论,重新落入了传统哲学的窠臼,使意向性失去了来源,事实上把意向性变成了一种神秘之物。

丹尼特说:"人有信念和愿望,但这些并不是人的内部状态。"[1] "我所给出的意向系统的定义并没有说意向系统真有信念和愿望,而是说人们可以通过向它们归属信念和愿望来解释、预言其行为。"[2]

那么人的信念和愿望是哪里来的?是虚构的吗?这里割裂了物理实在与精神存在之间的关系,使精神变成了虚无。是谁虚构的?是谁在"归属"?依然存在着问题。一头猪饥饿的时候会嚎叫,要求主人提供食物,难道这种要求仅仅是虚构出来的愿望,而不是猪内部状态的反应?按照丹尼特这里的说法,只能是"人们"虚构出来的,可是这个"人们"又是从哪里来的呢?也只能是虚构的,它只是我们的一种归属而已。这进行"归属"的"我们"又从哪里来?又是我们归属出来的,于是陷入了他所反对的无穷倒退。

愿望、信念都是解释的产物:"就本体论来说,'信念''愿望''疼痛'等都是非指称性的,它们不指称独立的精神实体,也不指称某种具体的物理状态或过程,因此不能还原为任何物理实在或属性,因为它们是在人的层次用意向立场对物理实在进行描述或解释的产物,离开了这种描述和解释,我们面对的就是不同的东西(如'神经活动和过程'等)……总之,不同系统之间统一的本体论基础是其物理构成(从而是唯物主义),但对

---

[1] 刘占峰:《解释与心灵的本质——丹尼特心灵哲学研究》,北京:中国社会科学出版社2011年版,第221页。

[2] 同上,第220页。

同一构成的不同描述形成了不同的系统（从而是解释主义），可见不同的立场恰好就是沟通唯物主义与解释主义之间的桥梁，也是使心理与物理、精神与物质贯通起来的纽带。"①

既然存在着的只有物理过程，那么这个描述者、解释者、"人"存在于什么地方？按照这里的解释，只能存在于人的解释之中，是解释的产物；可是这个解释者、这个"人的层次"又来自何处？如果它不存在，它怎么可能具有意向性、怎么可能进行解释？既然物理是统一的基础，实质上还是把心理统一到了物理之中，取消了心理的存在，也就不存在"贯通"的问题了，因为已经没有了贯通"项"。

在丹尼特的意识理论视野中，"就本体论而言，信念、愿望等意向现象是不存在的，但日常的意向表达式不是'可有可无'的，而是'在实践上必不可少的'。"②"总之，丹尼特的基本主张就是，心灵是采取意向立场对特定物理状态进行解释的产物，是人们进行归属的产物，根本没有独立的心灵和意识。"③

这里同样假定了一个高于意向立场的自我，是"人们"在进行归属。如果没有这种归属活动就没有心灵，实质上取消了心灵的存在。既然没有心灵存在，这种归属的能力是从哪里来的呢？意向来自何处？是谁具有意向？

---

① 刘占峰：《解释与心灵的本质——丹尼特心灵哲学研究》，北京：中国社会科学出版社2011年版，第106—107页。
② 同上，第109页。
③ 同上，第83—84页。

根据这种理论，脑中并没有相关的形象："如果真的认为头脑中有一个精神世界、存在一个'马'的形象，则是非常荒谬的。著名科学家克里克指出：心灵或意识'实际上都不过是一大群神经细胞及其相关分子的集体行为'，当然，这种'集体行为'并不是意识本身，但我们头脑中也确实只有这些'集体行为'，你不可能找到什么'映象''精神世界'之类的东西。"①

假如没有一个精神世界，不存在"马"的形象，人如何能够辨别熟悉的东西？他为什么看见马以后知道那是马？大脑中一定存在着关于物的记忆或者信息，否则大脑就不可能产生判断。这个记忆和判断系统就是精神世界。

上述种种说法有两个问题无法解决：其一，不同的人脑都是神经细胞及其分子的活动，为什么在不同的人那里这种活动的结果不一样，在宏观层面上产生了不同的特征，形成了独特的自我？其二，用神经细胞的群体行为无法解释人脑与动物脑之间的本质区别，动物脑也存在着神经细胞的活动过程，那么把人脑与动物脑区别开的是什么呢？仅从神经这个层次上是无法分别的。丹尼特们可能会说，这还取决于社会、文化因素的作用，可是对一只即使是最聪明的猴子进行最好的教育，让它一出生就与人类生活在一起，学习人类的文化，猴子也不可能从其神经活动中"解释"出一个自我来。

这说明自我等精神因素有其物理的基础，即神经层面的基础。尽管

---

① 刘占峰：《解释与心灵的本质——丹尼特心灵哲学研究》，北京：中国社会科学出版社2011年版，第156—157页。

在微观的神经活动层面上我们无法观察到宏观层面的精神特征,但可以合理地推测出,不仅人脑与动物脑之间,而且人脑与人脑之间,在微观的神经活动模式上也存在着差异,具有个体性特征,这是形成宏观自我特征的物理基础;同时,宏观层面的环境(包括社会、文化因素在内)也会作用于微观神经活动,从而形成具有不同特征的反应模式。否则就无法解释上述两个问题。

说"心灵是采取意向立场对特定物理状态进行解释的产物",这里的"物理状态",如果是指外部物理状态,没有问题;可是如果是指内部的物理状态,问题就多了:身体上的不舒服、疼痛等,说是对内部物理状态的解释,似乎也成立;然而,悲伤、抑郁是对什么物理状态的解释呢?难道是对神经运动的解释?可是我们并没有感受到神经的运动。而且,这一说法已经预设了心灵的存在:是谁"采取意向立场"并"进行解释"?只能是心灵。心灵是解释之所以可能的前提,而非结果("产物")。

上述种种问题表明了丹尼特们依然没有摆脱传统哲学的实体论思路,凡是不能还原为实体的都不存在,只有实体性的物质才是存在。这种观点忽视了信息、关系也是存在的一种形式。人类大脑中的物质活动——神经活动,所包含的便是这些内在的信息,没有信息的神经活动不可能产生出精神。

丹尼特们也可能会申辩说,我们的意思是:意识或心灵不是独立的精神实体。可是宇宙中还存在着别的独立的实体吗?物理活动、神经过程也不是独立存在的实体,它们也要在关系和活动中才能够存在,为什么精神由于不是独立实体就是"不存在"的呢?

现代哲学确立了一种关系存在论,事物的性质是在关系、活动和作用中显现和存在的,关系不是实体,却存在着。从这个角度说,不存在传统哲学所认为的那种永恒不变,而且不依赖于他物而独立存在的实体,一切存在都是在具体境遇中显现出来的,任何事物的性质都只能在具体境遇中才能够进行判断,事物是环境的一部分,正如环境是事物的一部分。为了认识的方便,我们可以区分事物的不同类型,但这些不同类型的事物只是存在方式的不同,而不是存在与不存在的不同。可以把实体性的存在叫作实在,而关系性存在叫作虚在,虚在也是存在的一种类型。

用神经细胞及其活动无法解释人的心理世界的独特性。从表面上看,人的大脑中的神经细胞活动都是一样的,实际上不同个体间却有着完全不同的精神世界。如果不承认精神世界的存在,就无法解释为什么每个不同的大脑都具有独特的思维方式。假如大脑中只有物理和神经过程,所有人的神经细胞都一样,而没有精神活动,那么当面对同一对象或情景的时候,人们都应当有相同的反应,可事实却完全不是这样。

不存在一般的神经活动,而只存在着独特的具有个体性的神经活动,每个人的神经活动都已经精神化了,正如其精神活动同时也是物理化、神经化了一样。这种独特性不仅来自不同个体独特的精神体验,也来自不同个体先天的独特物理和生理结构。这种不同,犹如原子的不同:不存在一般的原子——这种原子只是我们的一种抽象,现实世界中的所有原子都存在于具体的境遇中,属于某个事物,其性质与其境域的性质之间是相关的。现实中的原子要么是石头的一部分,要么是猪的一部分,要么是人的构成部分。同一种类的原子在猪身上具有猪性,在人身上则具有人性。神经细胞也是如此,不同的人其神经细胞有质的差异,这种差异是由其所处的整体——那个人的境域所规定的,神经细胞从属于这个境域,而这个境域由他的身体、身体的历史、他所处的文化等无数因素构成。

如果不承认存在着一个精神世界,怎样解释我们对于世界的认识?比如万有引力定律、相对论等,不就是精神世界的产物吗?这个精神世界的存在是无疑的,它是一个逻辑、情感的世界。不言而喻,人的精神世界并不存在于物质世界之外;同时它也与物质世界一样,永远处于变化之中。

丹尼特把精神世界看作解释的产物,那么思维活动本身是否也是一种解释活动?我们难道是一边思维一边解释?事实是,我们在思维过程中,只有思维活动,而没有解释。

如果不存在信念,为什么我们能够在信念的指引下达到某种目的,实现某种愿望?这难以用神经运动来解释。人就不用说了,连动物都具有某种心理世界,动物幼仔能够认出谁是它的母亲,假如其大脑中没有一个精神世界,难道说是其大脑中的神经认出了它的母亲?仅有神经活动恐怕不能认识任何对象。

"丹尼特认为,我们有某个信念或愿望与铁棒有磁性类似,它只是我们的某种属性或特征,而不是我们头脑中的某种东西。"其根据是:"电子是世界上物体的一个构成单元,但磁性却不是物体内部的东西,它只是磁性物体内部原子的一种排列方式。如果我们将一根磁铁棒去磁,它不会因此而失去任何一个原子。"[①]何等奇怪的说法!属性、特征难道不是"东西"吗?如果去掉了属性,"东西"是否还存在?属性是存在的一部分,消

[①] 刘占峰:《解释与心灵的本质——丹尼特心灵哲学研究》,北京:中国社会科学出版社2011年版,第225页。

除了磁性的磁铁的确不会失去任何一个原子，却已经不是磁铁，而只是铁了。人脑也是如此，没有了精神的大脑不会损失任何一个神经细胞，但那已经不是正常状态下的人脑。这样的存在其根本性质已经改变，不是其本来意义上的那个存在了。

"大脑中只有神经元及其结构、神经活动和状态，里面发生的只有电、化学反应，没有信息，也没有功能，'信息''功能'都是我们解释的用语。"[①]既然没有信息，只有神经活动，是什么东西把人的脑与另一个人的脑区别开？如果人脑中只有化学和电的反应，没有功能和信息，所有人的思维都应当是相同的，因为都是一样的化学和电的反应，可是事实是没有一个人的思维与别人相同。那么这些差异来自何处？用电和化学反应无法解释。他们这种说法的思路与还原论是一样的：不能归结为电、化学反应的就不存在。

大脑具有思维功能是确凿无疑的，大脑中的电、化学活动不是一般的物质活动，而是思维活动；电、化学反应的也不只是物质活动，更重要的在于它是信息活动，电、化学活动也传递着信息，而不仅仅是物质。

"意向模式是不完善的，意向状态具有不确定性。"[②]这不能成为否定意识存在的理由。意向性根源于意识，它是进化和实践的产物，其内容和模式受实践和环境等因素的影响，因而具有不确定性。但它作为一种机能，其存在却是确定的，这就是：意识是大脑的机能，没有大脑我们就不

---

① 刘占峰：《解释与心灵的本质——丹尼特心灵哲学研究》，北京：中国社会科学出版社2011年版，第276页。

② 同上，第240页。

能够进行思维。即便所谓的意向模式也是具有确定性的，不同的人其意向模式之间存在着区别，表现出每个人的特性，这种反应模式的独特性在其一生中是大致稳定的。意向模式时时处于变化之中，然而是以每个人独有的方式变化着。

宏观上来讲，每个人都有不同的思维方式，有其不同于他人的逻辑、判断习惯、价值观念等。这表明意识活动总体也有意向性或定型，而非完全是瞬间生成的。

他们还认为人的感受并"不等同于大脑活动的倾向，而是这些倾向所产生的突现现象"[①]。突现，不能解释人的个性。为什么不同的人有不同的定型，如果是突现，则人就不可能有固定的模式，而是随机的。用突现来解释感觉倾向的产生，实际上并没有解决任何问题，这个解决方案与说"上帝创造"并无二致：事物是怎样产生的？是突现；某个属性是从哪里来的？是突现。问题在于它是怎样突现的？这个人的突现与另一个人的突现为何不同？而且突现说也把事物的产生变成了偶然事件，使之成为无因之果。突现出来的事物，一定来自与突现有关的因素，突现有着内在的逻辑，某种事物只能突现出特定的事物。

四、自我不存在？

由否定意识的存在，他们进一步否定自我的存在。

"最初人没有任何心灵的首脑，但在正常的成长发展过程中，通过

[①] 刘占峰：《解释与心灵的本质——丹尼特心灵哲学研究》，北京：中国社会科学出版社2011年版，第278页。

观察和外部影响，他会逐渐了解各种合情合理的自我，这时他会选择一个作为自己的'心灵首脑'，作为自己的真实自我。"[1]这意味着自我是后天形成的，没有任何先天的因素。可是，如果没有任何先天的因素，比如通过遗传获得的认知能力，是谁来"选择"这个心灵首脑呢？事实上在婴儿出生之时，他的大脑已经通过遗传获得了人类的认知能力，并且这一认知能力不同个体之间有差异，每个人的遗传历史、遗传结构和遗传环境都不相同。这个看似空洞的先天认知能力不是被动的，而是具有选择的能力和自组织能力。人脑一开始就并非空无一物，而是内含着无数的潜在信息。由此面对同样的或类似的环境时，不同的个体会有不同的反应和选择，从而形成了不同的自我和个性。如果大脑不具备这种主动选择能力、自组织能力，自我便不可能形成。否则，是什么东西来进行"观察"和"选择"呢？说人会选择一个自我作为自己的"心灵首脑"，好像有许多自我摆在那里，等着他去选择就行了，似乎有一个外在的"自我"模板，如果是这样的话，那得有多少"自我"是完全相同的啊！事实上没有任何一个自我与另外一个相同，自我是其自身建构起来的，因而是独特的。

在丹尼特的表述里实际上已经假定了自我的存在，这就是那个"通过观察"的观察者。这意味着在"选择"之前就已经具有了选择能力。这个"我"是消除不掉的。

丹尼特说："自我表征的关键特征不在于它'看上去怎么样'，而在于

---

[1] 刘占峰：《解释与心灵的本质——丹尼特心灵哲学研究》，北京：中国社会科学出版社2011年版，第180页。

它能起的作用。"意思是"我们可以确定自我的本质,但这种自我只是从活动和他人身上确证的自己的本质力量,并不是什么'内在的自我'"[1]。这个本质力量是什么?只能是内在的精神或自我;若没有内在的东西,怎么存在外在的确证?外在的确证正是要确证这个内在的东西。假如没有内在的东西,就没有必要去进行外在的确证,因为不存在需要确证之物。

丹尼特们这里的观点,其实就是他们所说的异己现象学视角,是他人眼中的自我,是内在自我的社会存在方式,他们忘记了与此同时还有一个主观视角,这就是自我眼中的自我。

这个自我的含义与第二人称的理解全然不同,它包含着自己全部的经历、感受和秘密。每个自我都是社会性的,但社会性在每个自我中都是独特的,即我化了,这个社会性是我的社会性,而不是任何他人的社会性。这就否定了丹尼特关于自我是一种抽象物的看法:"自我……是一个由各种归属和解释(包括自我归属和自我解释)定义的抽象物,这些归属和解释构成了有生命的身体的传记,自我就是这个身体的叙述引力中心。"自我"不是一个具体物,而是一个抽象物,是一条组织原则"[2]。自我恰恰不是抽象的,而是具体的,因具体的境遇而不同。抽象自我只是认识层面上的,而不是存在层面上的;存在层面上的自我,是无意识的存在,它是自我展开、自我实现的。认识层面上的抽象自我不见得与存在层面上的自我一致,你所认为的自我只是一种自我设定和认同,至于这种认同在现实上

---

[1] 刘占峰:《解释与心灵的本质——丹尼特心灵哲学研究》,北京:中国社会科学出版社2011年版,第181页。

[2] 同上,第178页。

是否如此、能否实现，则由不得自己。

他们还认为疼痛是不存在的。这种说法是由把存在理解为实体所导致，由于找不到疼痛的实体，就认为它不存在。疼痛当然不是实体，像石头那样可以看得见、摸得着，但它是一种感受性存在，它的存在是可证明的。既然人有疼痛的感觉，那就可以推论出有一个感受者存在着——这就是自我，尽管在实体意义上我们看不到这个内在的存在者。

用"叙述引力中心"来描述自我才是恰当的。自我不是一个点，而是一个动态的网络系统，类似于引力场。引力场必有一个中心，否则就不可能形成场，这个叙述场的引力中心就是意识，没有意识就不存在事物显现的问题——事物是在向意识显现，而不是向别的什么东西显现。当然，自我不仅仅是个"叙述引力中心"，更重要的是它是一个存在论意义上的自组织、自建构的引力中心。

可以把自我看作一条组织原则，但不能由此解构掉自我。自我是能动的组织活动，在这种组织活动中保持着自身的同一性；要进行组织活动，就必须有中心，没有中心便不可能形成组织。自我作为一条组织原则确证着自己的存在，而不是否定了自我的存在。

不承认自我的存在就会遇到一个无法解决的问题：没有自我，我是怎样把自己与别人区别开的呢？这个自我并不仅仅是一个认同（即抽象物），而是一个现实的存在，每个自我的存在方式都与他人不同，是因为他包含着其全部的历史、经验和环境等各种信息，从而形成了独特的结构、运行方式和组织原则。每个自我作为一条组织原则也是与众不同的。

如果按照丹尼特的多草稿理论来进行推论，自我的组织原则应当有无数条，只是在某个时段有一条占据主导地位罢了。

五、二元论是否可以消除

丹尼特们的理论之所以出现上述种种问题，在于他们刻意消除主客二分，消除二元论，避免还原论。他们的确达到了目标，意识被消解了，自我被消除了，人成为一组活动着的神经！

二元论是不可能真正消除的，因为那消除着二元论的消除者便是一个自我，这个自我与其消除的对象总是有距离的。

我们可以将其在一个层次上消除，但它在另一个层次上又会重新出现。即使在丹尼特们的论述中，这个自我也是作为前提存在着的，在他们消除自我的过程中依然存在着一个消除自我的自我。

"人脑中没有这样一个剧场，没有一条单一的因果链，而是有一个巨大的因果网，有多条路径，有多个草稿同时被编辑加工，我们没有办法将意识中呈现的属性与大脑对其环境中的各种反应分离开，因为不存在额外的呈现过程。"[1]人脑中确实不存在单一的因果链条，可是这里毕竟还是有一个加工者，是谁在编辑加工？这些草稿又是谁拟定的？总该有个拟定者。"心灵的主题只有在采取意向立场或者把意向立场作为背景时才存在，放弃意向立场，也就放弃了心灵的主题，因为大脑中存在的只有神经元、神经活动和状态，根本没有笛卡尔等人所说的拟人化的心理事件、'小人'式的心理机制、拟物化的心理空间和心理运动……心灵和意识是解释的产

---

[1] 刘占峰：《解释与心灵的本质——丹尼特心灵哲学研究》，北京：中国社会科学出版社2011年版，第191页。

物,是我们对大脑和行为中的某种'真实模式'的描述和解释。"[1]问题是"谁"在进行解释?这里的"我们"又是谁?这种说法显然会导致无穷倒退,因为这个解释者——"我们"是凌驾于心理活动之上和之外的,它的来源依然是一个问题。如果这个"我们"也是不存在的,是谁归属出了"我们"?丹尼特们对于自我的这种理解,完全是认识论意义上的,忘记了自我的存在论层面这个更根本的方面。

只要进行认识,就难免产生二元化的活动,就会把被认识的事物看作对象。作为存在本身的自我是一个存在和展开的活动过程,它自身是一元化的。同时自我又是有意识的,这个意识活动既指向环境,又指向自身,这时自我就成为自身的对象,从而影响自我存在的过程。于是,在自我展开的过程中就存在着对象化和非对象化、认识与存在两个层面相互交织的现象。二元论也就不可避免。

从对待传统哲学的态度上来看,丹尼特们依然保留着传统哲学的非此即彼、非是即非的思维模式,对传统的意识观和自我观采取了全部否定的立场,从而陷入了其所批判的单线思维,以至由否定笛卡尔的实体性自我转变为彻底否定自我的存在,由否定还原论而取消了意识的存在。但是从丹尼特思想的实质来看,否定不应当是整体性的,而应当是局部的,即应该否定的是传统哲学对于意识和自我的理解,而不是否定意识和自我的存在。丹尼特所理解的自我、意识、大脑等,与传统哲学相比,只是理解方式的不同,而不是存在与否的问题。传统哲学的自我观是各种草稿中的

---

[1] 刘占峰:《解释与心灵的本质——丹尼特心灵哲学研究》,北京:中国社会科学出版社2011年版,第19页。

一种。

他们在取消实体的时候把虚在也取消了,在消除精神与物质的二元论的时候把精神这个主体项也取消了,从而走向了另一个极端。他们的确达到了一元论,可是人在他们那里成了一堆没有意识的物质活动。

如果消除了这些错误,以丹尼特的基本思想为依据建立起一个解释模型,还是相当有说服力的。在剔除了上述种种错误的情况下,就可以从逻辑上完整地重建丹尼特式的心灵图景:

大脑是进化的产物,它产生于环境并在与环境的相互作用中演化着,自我就是随着这个演化过程逐渐产生的。

自我有一个生成的过程,不存在永恒不变的实体性自我。对于每个具体的自我来讲,环境既包含后天部分,也包含先天部分,这就是它的演化史、经验史以及各种遗传信息和先天形成的生理结构和构成成分等。自我是在这些先天信息与后天环境相互作用中形成的。

自我不是笛卡尔式的"小人",而是一个动态的网络系统。这个系统由物理活动、神经活动和文化活动等多层次的活动构成,自我便存在于这个网络系统之中,自我是由从物理到文化和社会历史的多种层次和因素构成的一个动态网络,一个引力中心。

这个网络是一个自主的判定系统,具有意向性——这是意识活动的主要特征。自我,是对于意识活动方式之独特性的一种概括。意识活动由所有的层次构成,它不能被归结为任何一个单一的层次,如物理的、神经的或文化的,反之,意识是所有这些层次整体性活动的产物。它们的存在方式是整体性的。

意识活动中存在着多种草稿,至于哪一种草稿能取得优势,决定于不同草稿之间的竞争，也决定于外部环境的影响，而且也不会存在一种草稿永远占统治地位的状况。自我和意识活动犹如一个引力中心，向所有的方向和层次散射着，同时也凝聚着来自所有方向和层次上的信息和作用，自我便是这样一个信息处理中心。自我既受环境影响，又由于具有自主性而对环境做出独特的反应。因此自我既是环境的一部分，又具有独立于环境的主体性，创造着环境。

第四部分

自我与他者

| 第九章 |
主体性的诞生

无论是哲学家、科学家还是文学家,他们的成名作与成熟时期的作品相比,都表现出十分明显的不同特征。这些不同意味着什么呢?其中隐藏着精神世界的秘密,这就是主体性的诞生与成熟。

一、主体性的诞生

成名作的建构过程实质上是内在自我建构过程的折射。

成名作与成熟期作品的区别,犹如少年与成年甚至老年的差异:前者洋溢着浓浓的朝气,渗透着生命的气息,有一种无知者无畏的气概,不乏莽撞和唐突,文字里有一股感性的冲动和美感;后者老成持重,沉稳有余,但动感不足,表现在文本上就是条分缕析、慢条斯理,全面而完善,有教条化倾向。

成名作与成熟期作品的差异,犹如山间的飞流与平原上的河水之别:山间飞溅的溪水,跌宕起伏、千回百转,以一种舍我其谁的气概冲向未知之域;平原上的河流则趋于沉静、平稳,深沉而深厚,最后凝聚成一潭湖水,不再向外探索,而只是静观着自己的美丽。

人类历史上那些伟大的作品,无不表现出这样的特点。

第四部分 自我与他者

《精神现象学》是黑格尔的成名作,是他到了三十七岁才写出来的,可谓大器晚成之作。尽管此时作者已是偌大的年纪,尽管这部著作中已展现出了深奥而晦涩的黑格尔式思辨,但其中依然不时闪耀着青春的光彩,律动着勃勃生机。

表现在文字上,便是优美而华丽的诗一样的词句常常涌现,生动、流畅而富有活力。整部著作如同一部壮丽的史诗,蜿蜒曲折地奔向绝对精神的墓地。表现在内在精神上,便是那种凌驾于整个人类精神和历史之上的宏大意识,以王者的姿态俯瞰着人类精神的自我厮杀、自我误解和自我认识。而绝对精神,从感性阶段开始,一步步深入到人类精神世界的深处,不断地揭开一个个精神的奥秘,最后终于认识到了异己者的统一,回到了自身,将整个世界纳入绝对精神的家园。在这个过程中,绝对精神仿佛是一个刚刚步入世界的青春少年,以惊异的眼光去探索着未知的世界,时而迷茫,时而沉思,经历着探索者的痛苦,也收获着发现者的喜悦。在这部著作中,黑格尔式的三一式结构虽然已经形成,但还没有给人一种僵化的公式感,没有成熟期作品中的那种生硬,而且其内在的探索精神往往会打乱这一结构,即使是黑格尔那样深沉的思辨也不能够阻挡住青春的激情。

黑格尔成熟期的作品则表现出一种截然不同的风格。"哲学百科全书"是黑格尔成熟期的代表作,即《逻辑学》《自然哲学》《精神哲学》。这些著作思想深刻,写作风格沉稳,思路明晰,概念清楚,不像《现象学》那样有些模糊。这些著作中展示出来的是概念、命题、推理、逻辑,是纯粹的真理,没有了朝气和诗意。这种概念的游戏虽然也很壮观,读起来却像教科书,是公式化的理性思考。虽说黑格尔是个大思想家,在成熟期作品中依旧有很多创造性的思想和真知灼见，但总体上来说仍旧在《精神现象学》所建立起来的三一式宫殿里自我欣赏。

比较一下尼采的《悲剧的诞生》、维特根斯坦的《逻辑哲学论》等成名作与他们的后期作品，也可以发现同样的现象。这些早期的著作，文字或隽永，或清新，或渗透着浓浓的诗意，或透出青春的气息。尼采虽然是一位诗人哲学家，其一生中的作品都是诗与哲学的有机融合，但我们也仍然可以感受到《悲剧的诞生》与其后期著作之间的差异：这部著作是尼采所有作品中唯一试图构建形式上体系的著作，然而那爆发的诗情却不断冲决着体系的落网，试图去发现新的领域；灿烂的诗性文字如同春日里爆发的山洪，四处冲撞着，寻找安身之所，字里行间溢满了发现新大陆般的惊异。其后期著作依然包含着诗性之美，却少了《悲剧的诞生》中那种躁动、不安与些许的鲁莽，仿佛春洪过后原野上的花朵，静静地开放着。维特根斯坦的《逻辑哲学论》言简意赅，透着睿智与华美，而其后期著作《哲学研究》依旧思想深邃，不过缺少诗性，文字拖沓、平庸而琐碎。

一般说来，后期著作基本上是对自我的完善和重复。作者通过其成名作建立起了一座宏伟的宫殿，然后他的思想之光便不再向外发射，而是回旋在这座宫殿中。如果说在成名作中作者是一位行色匆匆的思想探索者，那么在其成熟期的作品里则是一位沉浸在回忆和自我欣赏中的老人，他以对早期的精神建筑精雕细刻、修修补补为己任，在这个精神家园里流连忘返，其思想逐渐固化，即使偶尔到外面的世界去瞥视一眼，也是用他已经确立起的精神尺度来衡量。

成名作与成熟期作品之间何以会有如此差别呢？

第四部分　自我与他者

首先是与作者整个的人生历程有关。写成名作时作者大多尚处于青春时代，人生的方向还不很清楚，一切都尚未定型，他对未来茫然无所知，因而急切地想探讨个究竟。成名作中所表现出来的那些特点无疑是这种生活状态、相应的心境以及当时对世界感知方式的折射。青春时代的感知方式普遍地带有诗性的特征，哲学家也不例外。成熟期的作品则相反，这时他的生命已经展开，生活已经定型，他已经收获并品尝了诸多生命的果实，一切都按部就班，确定性主导了这个时期的生活，他对世界的探索过程也基本完成，似乎再没有什么秘密可言。他的生活如同宁静的湖水，不再有青春时代的动荡，其心境自然也就沉静下来。于是成熟期作品便给人一种安逸、平静、深沉的感觉。这是外在的生活对于不同时期作品的精神气质甚至观点的影响。

其次也是更为根本的因素，便是作者内在精神建构过程的影响，作品则是这个建构过程的直接产物。与青春时代不确定的外在生活相对应的，是作者精神上也存在着动荡的内心世界。这个时期其精神结构还在形成阶段，他以惊异的目光探索着未知世界，试图建构起自己独特的精神世界。其成名作便是这一精神冒险过程的记录。这个探索过程里充满了不确定性、模糊性和冒险。这些特征表明作者内在的精神结构正处于生成阶段。而当这个探索过程结束之时，其精神内核的结构便形成了，它一旦形成便处于相当稳定的状态，所以便有了成熟期作品所反映出的种种特征。

成名作诞生的过程是作者主体性诞生和建构的一个过程。它伴随着的是自我生成的过程，这个过程结束时，一个崭新的精神主体——自我就出现在世界上。人的青春时代是自我建构的时代，也是自我发现的时代。在

哲学之思：真理的豪饮

这个时代里充满了好奇、困惑、动荡、不安和求索。这个过程具有双重的意义：表面上看，他是在探索世界、理解世界，而实质上这个过程同时也是自我探索、自我理解、自我完善的过程。这个过程的结果便是对于世界建构的定型，同时也意味着自我建构的完成。自我——这个以独特的眼光看待世界的主体，屹立在世界的中央，犹如一座烘炉，把他所看到的一切都投入熊熊燃烧的烈焰中，重新铸造，以纳入这个自我的世界。因此可以说，在《悲剧的诞生》中诞生的不是悲剧，而是尼采内心世界里的那个精神主体，自此他昂起傲慢的头颅，雄视着整个宇宙，用诗性吞没着万物。

成名作一般说来就是作者的代表作，代表了作者最高的成就，达到了作者一生的思想或心灵所能够达到的最高点，因而是难以超越的。在哲学史、文学史和科学史上这样的现象屡见不鲜。

谢林的思想发展过程便是一个典型例证。他聪颖过人，少年得志，二十三岁就当了大学教授，很快写出了他的代表作《先验唯心论体系》，成为当时德国哲学界一颗耀眼的新星。1831年黑格尔逝世后，谢林接替黑格尔的讲座教授的位子，继续活了二十三年，却再也没有写出有重要影响的东西。事实上，他在其人生的后半期相当烦恼，他一直要建立的天启哲学到死也没有完成。他不断地推翻刚写完的草稿，重新开始。其所以如此，就是因为他自己也意识到了——其所写的这些草稿中没有多少新的思想，没有超出早年写出的代表作。[①]

在当代中国艺术史上也有两个生动的例子。一个是曹禺：他的代表作

---

① 〔苏〕阿尔森·古留加：《谢林传》，贾泽林等译，北京：商务印书馆1990年版。

《雷雨》写于1933年大学毕业前夕，那年他只有23岁；此后陆续发表了另外两部重要剧作《日出》（1936年，26岁）和《原野》（1937年）。在前后不到5年的时间里写出这样重要的三部戏剧，是曹禺激情与才能的一次次辉煌的爆发。然而辉煌落幕便是永久的沉寂，此后直到1996年离世，他再没有写出与这几部早期作品相媲美的作品。据他夫人讲，他后半生很苦闷，一直想写出超过其成名作的新作，这个愿望却始终没有实现。另一个例子便是《梁山伯与祝英台》协奏曲的作者陈刚和何占豪，他们二人于1959年还是大学生时就创作出了这一当代中国的音乐经典，此后亦是没有可以与之媲美的作品问世。

在科学史上，1905年爱因斯坦于26岁时提出了相对论，10年之内又提出了广义相对论，此后他虽然也有一些建树，却已大为逊色，他终生致力于创建的统一场论也始终没有建立起来。

春天到来，万木葱茏，百花齐发，春天一过便不再有繁花之绚烂。人生的春天也是如此。常言说的"三十而立""自古英雄出少年"大概就是这个意思，人在年轻时生命的能量如火山一般喷发，达到生命的某个高度，也即主体性建构的高峰，然后就抛物线似的衰落。

二、主体内核的固化

当一个人的思维结构形成以后，他的精神之树便趋于成熟，成熟以后要再结出新的果实几乎是不可能的。人的创造力与生命力轨迹是一致的。只有那些非凡的人物，比如柏拉图、亚里士多德、康德、黑格尔、维特根斯坦等，才有可能继续有所创造，才能够阐发出一些新的思想，但其基本的思维结构不会有根本变化。中国古代的诗人似乎有点例外，他们大多终生都有佳作，不过他们年轻时所形成的风格却鲜有变化，比如李白和杜甫到了晚年依然保持着各自原有的风格。这表明，他们青春时代所形成的对于世界的感知方式具有稳定性。

能够突破早期思维模式的人物是罕见的，但维特根斯坦似乎是个例外。他后期的著作《哲学研究》推翻了其早期《逻辑哲学论》中的基本观点，但即使如此彻底的批判精神，也还是保持了早期的思维模式——零散化的、格言式的思维，可见其思维的纯粹结构并未改变，改变的仅是某些内容和视角。

为什么成名作如此难以超越呢？

一般而言，是由人的创造能力或思维能力的有限性所致。一个人的创造力是有限度的，不可能无限地创造下去。这与自然事物的道理是一样的：一块土地，种几茬儿庄稼后地力就会枯竭。人一生中能够有一两点创造就很不容易了，怎么可能一辈子都有创造呢？由于这个原因，我们才看到那些具有伟大创造力的人物是如此之罕见。一般而言，人的创造力在三十岁左右达到巅峰以后，就开始递减，直至消失殆尽。

伴随着自我生成的过程而来的，是思维核心结构的形成，自我生成的实质便是这个结构的诞生。思维核心结构确立了解释世界和理解世界的方式。它使得自我具有强大的融化功能，一切异己的东西一旦经过自我的这种理解，就会被同化为自我的构成部分。

从成名作到成熟期作品的过渡，也意味着自我从不确定到确定的转变：成名作时期是自我生成的阶段，它是未定型的、可变的，而在成熟作品时期自我已经成为一个完成了的存在，失去了变化的能力。思维核心结构的形成意味着前见的定型。

视角决定能够看到什么。伴随着自我内核结构的形成和固化,其视域也随之固化,这种固化使他只能看到能看到的东西。要突破这个核心结构就意味着改变业已形成的自我,意味着对自我进行否定,而这几乎是不可能的。自我否定的困难在于:要自我否定自己,无异于精神上的自杀。他用来改变自己的逻辑只能是自己的逻辑,而要修改这个逻辑等于是抽调其所建立的世界根基。

从成名作到成熟期作品所表现出来的种种不同特征,实质上是主体进行自身建构、自我产生和固化的一个过程。成名作产生的时期是人的主体性形成的阶段,人的创造性主要表现在这个时段。主体性的实质便是思维内核结构的形成,这一结构形成以后便具有顽强的自我肯定性,从而趋于稳定和保守。人生的青少年阶段可以看作草稿时期,各种草稿不断涌现,相互竞争;随着成熟期的到来,主体性随之形成,它意味着草稿阶段结束,进入了"定稿"阶段,一个主草稿占据了主导地位。这一稳固的结构是自我统一性和自我认同的根源。

| 第十章 |

自我之解构与建构

自我的存在,从经验上来说是不言而喻的,但是要从哲学角度证明其存在却十分困难。古代印度的一些哲学家就认为"我"是虚幻空无的,根本没有"我"存在;但对于西方传统哲学家来说,自我却是一个坚不可摧的实体。最为典型的是笛卡尔著名的"我思故我在"所确认的自我实体:"我发现,'我想,所以我是'这条真理是十分确实,十分可靠的,怀疑派的任何一条最狂妄的假定都不能使它发生动摇,所以我毫不犹豫地予以采纳,作为我所寻求的那种哲学的第一条原理。"[1]这个自我是通过内省的方法得到证明的,与外界无关,它是精神世界一切现象的源泉。

在现代西方哲学家那里,自我的存在成了问题,他们在批判笛卡尔的自我实体论过程中,甚至彻底否定了"我"以至我性的存在。对于现代哲学的演变过程,有个叫古德曼的人进行了精辟的概括:"现代主流哲学始于康德用心灵的结构取代了世界的结构,继之于C. I. 刘易斯用概念的结构取代了心灵的结构,现在则进一步用科学、哲学、艺术、知觉以及日常话语

---

[1] 〔法〕笛卡尔:《谈谈方法》,王太庆译,北京:商务印书馆2000年版,第27页。

的很多种符号系统的结构取代了概念的结构。这个运动是从唯一的真理和一个固定的、被发现的世界向构造中的多种正确的甚至是冲突的样式或世界的转变。"[1]现代哲学对于自我的认知也经历了同样的过程,以后现代自谓的罗蒂便是上述第三类哲学家中的代表,他试图以文化和社会实践来解构内在的自我。然而具有讽刺意味的是,那些否认自我存在的人,其本人就是一个坚硬而独特的自我。

一、自我有无本性

自我是否具有一个本性,从而他的一生只是这个本性的展开?对此,后现代主义者罗蒂持强烈否定态度:"只要提到符应,我这种哲学企图摆脱的那个观念便死灰复燃,那观念就是:世界或自我有一个内在的本性。"[2]对于这个问题,恐怕难以进行一般性的回答,在这里用得着罗蒂所倡导的特殊性原则,我们的判断越是具体,就越能够获得确定性的答案。而罗蒂所做的否定世界或自我具有内在本性的判断,则走向了他所反对的普遍性,他这个判断本身就是普遍的。

凡是存在之物必定有性质,说没有性质的东西存在是不可想象的;而且凡是存在,其性质并非一下子展现出来,总有许多性质尚未绽出。这些性质规定了此物之所以为此物,因而可以称之为"本性"。这些性质的展

---

[1] 〔美〕纳尔逊·古德曼:《构造世界的多种方式》,姬志闯译,伯泉校,上海:上海译文出版社2008年版,第2页。

[2] 〔美〕理查德·罗蒂:《偶然、反讽与团结》,徐文瑞译,北京:商务印书馆2003年版,第17页。

现，使得此物不同于他物，使之成为其自身，展示出与他物不同的结构、特征、性质。人、狗、猪、马、牛，各有其形其状、其行为方式；大豆、花生、苹果、李子，长相各有不同，味道迥然有异。物各有其本性，人既然也是物的一种，怎么能够说他没有本性呢？

事物的这种内在本性是既定的、不可更改的，它规定了每个存在物将要展现的过程。人的自然本性亦然，我们知道他将要经历怎样的生命历程，大约在哪个年龄段出现怎样的生命现象，面临怎样的问题。就此而言，每个自我的道路是既定的，也是大致相同的，除了量的变化外，并无质的不同。比如青春期来得早一点或晚一点，寿命长些或短些，但所要经历的阶段及其特征却是一样的。

罗蒂之所以成为一个人，其前提便是人既定的自然。假如罗蒂没有这样的本性，自我完全是后天信息作用的结果，那他就不一定会变成什么样的物。既定的本性使得物只能变成某个类的物，而非任意的他物。生而为狗只能以狗的方式存在，生而为人则只能以人的方式展开生存过程。存在过程具有生成性，但事物的本性规定了生成的限度——生成的域。一只狗，无论具有怎样的可塑性，都不可能变成马、牛，反之亦然。这就是所谓的内在本性使然。

在另一种意义上罗蒂关于自我的观点才是有道理的。虽然我的类本性是既定的，但如果没有社会的作用，我就不可能成为人。我须接受必要的社会教育，方可成为一个正常的人，我的命运也是不确定的。由此才可以说自我是生成的。与此同时我们必须注意这个命题的成立是有前提条件的，即它是以成人之物具有某种先在性的本性为前提的，否则生成过程就会失去约束。这种先在性约束着生成的方向，使之不可能向任意方向生成。人是被社会塑造而成的，其前提是他必须具有被塑造成人的内在本性——人的自然属性或可能性。

以社会实践、文化的作用来解释人的形成，只是一种大概率视角。人生活在某种文化的社会中，会为这种文化所塑造，从而具有某种观念系统。这在不同文化系统的人相处时表现尤为明显，他们会表现出不同的价值观念和行为方式；在不同代际的人们之间也可以发现这种现象。可是它难以用来解释同一文化、同一代人们的不同，这恐怕只能用个体内在的差异来解释了。

自我是否有本性，还要看这个"本性"指的是什么。如果把"本性"理解为诗人、哲学家等，自我的本性就是不确定的，人生来什么也不是，我们也无法知道自己能够成为什么。人能够成为什么，首先出于自己的追求，而这追求能否实现却不能完全由自己决定，外在的因素常常会影响到人生轨迹。由此可以说人并无本性，他成为什么样的人是偶然的。不过这里的"偶然"一词，其真实意思是"不知道"；不用说别人，即便是自己，也不知道是什么原因使自己成为这样的人。

若将"本性"理解为好坏、善恶、美丑之类的价值判断，则单独的自我是没有这种本性的，或者是难以判断是否有这种本性。好坏、善恶只在与他人的关系中存在。我们也不能一般地判断一个人是好是坏，唯有具体的行为才可以进行判断，而且这个判断只对于这个判断者才成立。

对于"自我"这个概念也应进行具体考察。人刚出生时，很难说有内在的精神活动，这个意义上的我是物质性的存在。随着教化过程的展开，人逐渐出现了精神活动，这时才具有了内在性的自我。严格意义上的自我是在具有了自我意识而且是主体性的意识时，才会出现。罗蒂也承认存在着类似的变化:"黑格尔所描述的现象就是:较之过去,有越来越多的人对更多的事物提出更激进的重新描述,年轻人在未成年以前就已经历数次精神形态的巨变。浪漫主义'想象力(而不是理性)才是人类主要的能力'的主张所表达的,就是认识到文化变迁的主要媒介,乃是以不同方式说话的才能,而不是良好的论证才能。"[1]既然承认精神有形态变化,那就有内在精神存在,这种内在精神就是自我。

如果自我有不同的发展形态,对于自我是否存在或如何存在的问题,就不应该有一个统一的判断。原初阶段的物质意义上的自我,并非社会教化的结果,而是自然生成的,这个意义上的我人为的影响较少。也可以说这个我是偶然的,我们不知道哪一个精子会与哪个卵子相遇,双亲的基因又是如何组合的。但是,这种组合一旦确定就会有定向性的后果,其基因结构及其所携带的信息等都会影响到这个人的存在方式。后面几个阶段的自我形态则受社会影响的程度较大,似乎越来越证明了自我是生成的和偶然的观点,这也许是导致罗蒂"相信自我或人类主体只是教养的结果"[2]的原因。

没有教养,确实不能生成自我和主体,问题是有了教养是否就可以生成自我和主体呢?教养之所以能够起作用,是否具有某种前提条件?对于一个有先天智力问题、大脑有缺陷的人,无论怎样的教养都不会使他获得主体性,成为一个自主自立的人。这表明教养的前提是可教养性。每

---

[1] 〔美〕理查德·罗蒂:《偶然、反讽与团结》,徐文瑞译,北京:商务印书馆2003年版,第17页。

[2] 同上,第93页。

个正常个体，一生下来就具有自组织能力，对于来自外界的信息不会原样接受，而是予以组织、重构，自我便在这个重组、重构过程中形成。由此可以解释，为何教养的环境差不多，不同个体之差异却如此巨大，这就是主体自身选择和重构的作用。如果仅仅是教养的结果，人就可以按照一定的标准去生产了，如同生产商品那样。每一个受精卵就已经是独特的，它包含着两个家族的演化史、独特的基因和内在结构，这种独特性必定影响到其主体性建构的域、方向、特性，虽然我们不知道具体是怎样影响的。

罗蒂的前述观点取消了自我的这种内在性和独特性，忽视了其自组织能力，是与他所强调的个人独特性相矛盾的。每个人既然生下来就有独特性，则一定有内在的差别，这种独特性绝不仅仅是浮在表面上的，而是自我存在的深层结构。

自我和主体性来自教养，这只是一般性地确定了其产生的外在条件；至于教养究竟怎样决定了自我、主体性的诞生，何以决定了他与其他人之不同，则依然没有解释，也无法解释。同样地，我们说自我自身具有自组织能力，也只是一般性的解释，这种自组织能力怎样导致了一个独特自我的形成，仍然无法说明。从根本上说，一个人到底是怎样成为那个样子的，我们没有能力进行解释。

二、自我有无核心

与不承认内在本性相一致，罗蒂也不承认自我有一个核心："如果自我没有核心，那么我们只是用不同的方式，将信念和欲望的新可能，纳入原先已经存在的信念与欲望网络而已。"①这种说法是相当奇怪的：没有核心，是怎样进行组织的？没有核心，是谁在进行这种"纳入"活动？"原先已经存在的信念与欲望的网络"，难道不是一个具有自组织能力的存在者？这个网络只能存在于自我之中，而不是存在于他处。

自我由一组观念和原则构成，由此构成的网络还有一个主干，其他观念和原则构成了它的枝叶。罗蒂本人其实也是如此，他的自我有一个明确的核心，就是偶然论，当罗蒂具有了偶然论思想的时候，他的自我就不是偶然的了，以至看什么东西都是偶然的。

从我们出生开始的整个教育过程，也就是所谓人的生成过程——罗蒂所说的社会实践，其最根本的任务就是要生成一个具有高度自组织能力的系统——自我。这个自我生成以后，教育的任务才算是完成了。教育的过程也就是主体性诞生的过程，也只有主体性的诞生，才标志着教育的成功。

当主体性形成以后，这个自我就具有了自我决断能力、自主性，对于外界和内部的各种信息能够进行反思性的判断。由此使得自我具有不可入性或坚硬性，未经允许别人是无法进入这个内在世界的。这种坚硬性、不可入性便是自我存在的强有力证明。

这样的一个自我之所以可能，根本在于他具有意识，没有意识就没有自我，自我的自组织能力来自意识活动。整个自我的世界就建立在意识之上。而人的意识能力，正如本书相关部分所言，来自遗传；假如没有这种遗传，人类的教育就不会起作用。

---

① 〔美〕理查德·罗蒂：《偶然、反讽与团结》，徐文瑞译，北京：商务印书馆2003年版，第119页。

第四部分　自我与他者

自我不是一个点，而是一个网络系统，这个网络也一直处于变动过程之中。这个网络并非没有核心，其核心便是意识。意识活动是这个网络的活动方式。同时，这种变动不是没有边界和制约：首先，这种变动总是以自我特有的方式进行，出自自我的内在逻辑；其次，当主体性形成以后，自我的内在结构也会变得基本稳定，以后很难再有根本性变化。这种稳定性表现为内在的逻辑统一性，自我网络系统的变化需要与这个逻辑系统保持一致。

自我成熟的时期在二十岁到三十岁之间，一经形成就成为坚固的实体性存在——一种精神性的实体。这种实体性表现为强大的自组织性、自我肯定能力和不可入性，同时又具有灵活的变动性。变动的部分大多是自我的外围，而不是核心部分。自我的这种结构类似于章鱼的形体结构或活动方式：章鱼的爪子是随时变动的，而其本体部分却岿然不动。可以发现前代人常常讲着相同或类似的话语，有着相同或类似的价值观念，这一现象说明自我并没有随着时代的进展前行，而是滞留在了其青春时期。自我形成期所建构起来的观念系统及贯彻其中的思维方式，构成了自我稳固的内核，一辈子都再难以撼动。它是青春地质年代遗留下的化石。

这种稳定性既是自我存在的证据，也是主体性的表征，主体性与自我结构是互为表里的。

从形式上说，自我的实质就是意识能力，它是意识活动之所以可能的逻辑前提。随着自我的成长，意识的能力逐渐提高，最终形成具有高度自组织性的自我。从内容上说，自我是一套知识、价值系统，这一系统具有自洽性，各个部分之间相互制约。由此构成的自我具有独特的价值观念和判断方式，它们影响着其价值指向和对待事物的态度。

哲学之思：真理的豪饮

自我之所以被后现代哲学看作是偶然的，是因为"不论在个人生命的戏码，抑或整体人类历史的剧本中，都没有任何预定的目标……相反地，把一个人的生命或一个社会的生命视为戏剧式的叙述，重点就是要把它当作一种尼采式的自我超克历程"①。"新兴的生命形式不断消灭旧有的形式——不是为了达到一更高的目的，而是盲目的。"②

从自然的或总体的角度说，上述说法才是成立的：个体生命和人类历史乃至一切存在，并无目的，而只是自然地生成着、存在着，人只是一种自然现象而已。

从另一个角度看则不然，就人的一生而言很难说有什么目标，就具体行为和活动而言却大多是有目标的，历史中的具体活动也是有目的的——尽管这些目的未必能够实现。罗蒂写作和出版《偶然、反讽与团结》这本书难道没有目的吗？至少在他写作之前，大致上确定了要写什么，要解决什么问题；而且，他之所以将其公开发表，难道不是为了达到对他人产生影响的目的吗？连动物的行为都有目的——捕食、逃命、求偶，人的行为就更有目的性了。因此，"没有任何预定的目标"这一断言，是从整体或自然的视角出发得出的结论，从别的视角出发则未必成立，它不能代替别的视角。

自我一经形成就具有了稳定的结构，目的的偶然性、命运轨迹的偶然性等因素，都难以解构掉这个稳定的结构。在这个意义上自我的存在就不

---

① 〔美〕理查德·罗蒂：《偶然、反讽与团结》，徐文瑞译，北京：商务印书馆2003年版，第45页。

② 同上，第32页。

是偶然的了，自我牢固的内核使得他的行为方式和思维方式获得了某种必然性。

三、独特性与自我

什么是自我呢？罗蒂认为："答案应该就是发现自己的独特性，发现自己的装载单和其他人的装载单的差异。如果一个人可以在白纸（或画布或影片）上获得这项承认，换言之，为他自己的独特性找到独特的文字或形式，那么他就算证明了他不是一个复制品或仿造品而已。他就可以像若干诗人一样，成就人类最大可能的强健。"[1]

若是自我没有核心，而只是社会实践的产物，是什么东西来发现这种独特性呢？这种独特性又存在于什么地方？独特性既然需要去发现，那就必须具有存在的稳定性，不然怎么发现？那个发现者和被发现的不就是自我吗？无论作为发现者的自我还是被发现者的自我，都具有稳定性和自组织能力，是一个不能被他物所消解的存在。

自己发现独特性、意识到独特性，诚然是第一位的，但仅仅他自己知道这种所谓的差异还不行，更需要别人知道。事实上每个人都可能认为自己是独特的，然而从社会的角度看，他是否独特需要得到别人的认可。特别是作品的独特性和价值，更是需要罗蒂所强调的社会实践来进行评价，而不仅仅是自我的评价。如果不是这样，罗蒂为什么不把自己的作品写完后藏之高阁、自我欣赏呢？

---

[1]〔美〕理查德·罗蒂：《偶然、反讽与团结》，徐文瑞译，北京：商务印书馆2003年版，第40页。

罗蒂的这种观点透露着一种精英意识，只承认精英的价值或独特性，而否定了普通大众的价值和独特性，因为大多数人都不可能把自己的独特性诉诸文字或艺术，更不用说独特的文字了。按照罗蒂的这个标准，他们都是复制品。

不能不说罗蒂在这里把最根本的东西忘掉了，这个被忘记的东西就是"存在"。作为一个人，最根本的是如何去存在，而不是如何将自己的存在变成作品，存在的过程是首要的、本源性的。能够创造出作品，固然是证明自己独特性的一个方面，但它本身是二手的东西，是存在的衍生物。在这里倒是应该强调罗蒂所重视的"思想中延存的那一刻"，存在活动中的体验才是第一位的。

罗蒂所谓的"复制品"是何种意义上的？从现实中来看，世界上没有两个人完全相同，无论在思想上还是生理上都是如此，那么凭什么说他们是复制品？这里是在依照精英的标准（实际上是罗蒂自己的标准）来衡量他人，衡量大众，把没有达到他设定标准的人看作复制品，看作没有创造性的人。

罗蒂的这些说法，与传统哲学家没有什么根本不同，传统哲学家差不多都是蔑视普通人的，例如苏格拉底就说，未经过反思的人生没有价值，实质上就包含这个意思，因为大多数人都谈不上有这种反思。

罗蒂所理解的这种发现了自己独特性的自我，"害怕即使那些作品得到保存和注意，也可能没有人发现其中有任何独特之处。一般人所驾驭的文字……可能只是些现成的项目，用例行惯常的方式重新安排而已。他们没有在语言上印上自己的记号，相反地，他们终其一生都在已经造好的作品之间打转。所以，其实他们根本没有一个'我'。"①

这里的说法只意味着，他们没有形成罗蒂或精英们所理解的独特方式和独立思考能力，事实上他们也有自己特殊的结构以及由此而来的特殊视角，这就是罗蒂所说的普通人的见解，或所谓的没有"我"的见解。他们与罗蒂不同，并不把在语言上打上印记看作人生的追求，而只是存在着。

这种衡量自我的标准是罗蒂制定出来的，它把绝大部分人排除到了自我之外：世界上有几个人能够在"语言上印上自己的记号"呢？按此标准，那些没有在语言上留下记号的人都没有自我，因而他们也就是没有意义的了。可是这个世界仅仅是那些留下记号的人创造的吗？如果是这样，那些没有留下记号的人岂不是可有可无？按照罗蒂人应当发现自己独特性的说法，理应走向对于每个自我的尊重，这里却是对大多数人的蔑视。

从罗蒂的论述来看，他常常在各种视角之间转换，因而自相矛盾。当他说自我是偶然的时，实质上是从自然和总体的角度来说的；而当他说自我就是发现自己的独特性时，却是从主体自身这个视角说的。同样地，他说的"根本没有一个'我'"这句话中的"我"指的是是否有创造，而说自我没有"核心"时的"自我"是从组织结构这个存在论意义上说的。这些不同角度不可混淆。

罗蒂同意尼采的看法，主张"所谓创造自己的心灵，就是创造自己的

---

① 〔美〕理查德·罗蒂：《偶然、反讽与团结》，徐文瑞译，北京：商务印书馆2003年版，第39页。

语言，不让自己心灵的范围被其他人所遗留下来的语言所局限"①。

此处的"语言"若是指语言本身，那么我们不是都在说着古人创造的语言吗？我们并没有因此成为古人，停留在古人的世界里，成为复制品。即使尼采这样富有创造性的人，也依然说着前人所创造的语言——德语，他并未因此而没有创造出自己的心灵。既然如此，所谓创造自己的语言的说法，又有什么意义呢？

如果这个"语言"是指创造性的思想或艺术，那就只有极少数人才能够有自己的语言，而大多数人不能，这就等于说大多数人都没有自己的心灵，岂不荒唐？只能说大多数人所不具有的是尼采和罗蒂所理解的心灵。

到底创造多少自己的语言才可以说创造了自己的心灵？这个标准由谁来确定？如果由自己来确定，则每个人都会认为自己是有心灵的，都会觉得所使用的是自己的语言；如果由他人来确定，则自我就会丧失自己的语言，按照罗蒂的逻辑，也就没有了心灵。

这个逻辑存在着一个悖论：按照罗蒂上述的说法，读者就不应当相信罗蒂的观点，一旦相信了他的观点，就是受到了他人语言的局限；若是不相信罗蒂的观点，就意味着应该相信罗蒂的观点，因为罗蒂说每个人都应该创造自己的语言，不相信罗蒂就应该不要创造自己的语言，也就是要以别人的语言为语言，这个"别人"就包含罗蒂，于是就应该相信罗蒂的话，应该创造自己的语言。我们到底是该相信还是不相信呢？

在罗蒂看来，自我还意味着成为一个诗人。他赞同尼采的说法："在尼

---

① 〔美〕理查德·罗蒂：《偶然、反讽与团结》，徐文瑞译，北京：商务印书馆2003年版，第43页。

采看来，无法成为一个诗人，就等于无法成为一个人，就是接受别人对自己的描述，执行一个已设计好的程序，或顶多只是根据前人写就的诗作，写出优雅的变体而已。因此，要追根究底使自己成为自己的原因，其唯一的方式是用新的语言诉说一个关于自己的原因的故事。"①

绝大多数人不可能成为诗人——无论是狭义的诗人还是广义的诗人，那么他们不是人吗？尼采和罗蒂还将其规定为成为自己的"唯一的方式"，这就使他们自己的理论成了一种新的普遍主义。按照他的自我应该有独特性的说法，应当有无数种成为人的方式，而不存在"唯一方式"。

说那些没有成为诗人的人是按照已经设计好的程式而存在，也是不符合事实的。即便是一个毫无创造性的人，也不可能按照别人设计好的程序去生存，也根本不可能会有人替别人设计好一个自始至终的人生方案。每个人都操劳于自己的人生，哪有时间去操劳别人的一生？顶多可以说这样的人受别人影响大一些。

既然罗蒂的偶然论认为存在是无目的的，具有不确定性，因而其未来不能预知，怎么可能一旦认识到了偶然性就能够进行创造？若是如此，偶然性就变成了有目的的，它与创造性之间的关系就变成确定的，因而就可以预知了。

如果只有成为诗人才算是一个人，那就没有偶然性了，"成为人"就只有一种模式，而没有其他可能。罗蒂批评普通人所理解的自我不是独特的，而是一个复制的标本，可是如果人们把成为诗人作为一个目标，

---

① 〔美〕理查德·罗蒂：《偶然、反讽与团结》，徐文瑞译，北京：商务印书馆2003年版，第43页。

那岂不"就是接受别人对自己的描述,执行一个已先设计好的程序"了吗?成为诗人,只是成为人的一种方式,而不是唯一方式;若要把它作为唯一方式,这样的"人"就成为一种普遍概念,那就与传统哲学殊途同归了。

与罗蒂所提出的自我即其独特性和自我创造相矛盾的是,他所提出的方法,"就是使用新的方式将许许多多的事物加以重新描述,直到你创造出的语言行为模式足以引诱新兴一代去采用,从而促使他们寻找适合的新的非语言行为形式,例如采用新的科学设备或新的社会制度。这种哲学并不是一件一件地做或一个概念接着一个概念分析或一个论题接着一个论题检查,相反地,其做法是全体论式的和实用主义式的。"①

企图引诱新兴一代去"采用"自己的描述,岂不是要使他人丧失自己的语言?而那种被采用的语言就成为霸权话语。当被"引诱"的"新兴一代"采用了罗蒂们的重新描述时,他们就失去了自我,这与他所主张的每个人创造自己的语言的说法相悖。一个彻底的偶然论者不该有这种想法。他应该把自己的思想看作是偶然的,把思想仅仅限于自身,对于他人来说是否有采用的价值则是不确定的;不仅如此,他还应该有意识地警告他人不要受制于自己的观点,提醒他人不被自己的思想所俘获,这才是真正的偶然论者。

如果"弱与强的分野,就是使用惯常而普遍的语言,与制造新的语言……两者的分野。如果运气好的话——天才与疯子的差别就在这种运

---

① 〔美〕理查德·罗蒂:《偶然、反讽与团结》,徐文瑞译,北京:商务印书馆2003年版,第18—19页。

气——该语言还会流传到下一代,成为不得不接受的语言"①。那么,这将意味着"下一代"会生活在必然性之中,他们将没有自己的创造,没有自我,而只是上一代的复制品,这就违背了偶然论实用主义的初衷。这样的天才就是以他人之自我的丧失为前提的。

由此可见,罗蒂的偶然理论存在着自我否定的危险:自我创造表现为新的语言创造,表现为不受他人语言的局限,创造自己独特的语言,可是如果所有的人都接受了罗蒂的偶然学说,将会导致其理论的自我解构——所有人都不应当接受他的偶然学说,才算是接受了他的偶然学说。而且,假如所有人都接受了他的学说,那么任何人就都不能接受和使用其他人的语言,每个人的创造性语言就成为自言自语,社会共同体便无法形成,这与他将要得出的结论——团结是无法调和的。在这种状态下,人们之间将无法进行沟通和理解。

按照罗蒂的"某个"逻辑推论下去,新创造的独特语言一旦被他人接受,就成为普遍性的语言,因而就成了应该否定的对象,因此所谓天才就应该不断地否定自己,如此才可以与天才的称号相匹配。按这个要求就没有天才了。纵观历史上的天才可以发现,他们每个人能够发现一种所谓的属于自己的"语言"就已经很了不起了,创造多种"语言"的天才微乎其微。即使是天才人物,他的自我结构也会固化,如康德、黑格尔,他们的创造性思想诞生以后,其核心部分保持着高度稳定性,难以有新的创造。

罗蒂所赞赏的布鲁姆认为,有创造性的人"害怕发现自己只是一个复

---

① 〔美〕理查德·罗蒂:《偶然、反讽与团结》,徐文瑞译,北京:商务印书馆2003年版,第44—45页。

制品或仿造品"①，这也只是他自己的想法罢了，普通人却不这么想，他们无不期望着成为别人的复制品，他们渴望成为像某个富翁、政客、明星那样的人。甚至天才人物也没有逃脱复制的命运：一方面他们希望创造新的思想和新的作品；另一方面当他们创造出自己独特的思想和作品时，就止步不前，不断复制自己。那个章鱼结构一经形成就进入自我复制阶段，鲜有例外，连反对复制的罗蒂也是如此，他的思想观点形成以后，其核心部分终生未变。

这或许是自我所必定面临的两难境地：如果他永远处于创造的过程之中，不断地进行自我否定，将难以保持自我的同一性；如果他不进行这种自我否定，就必定要么复制自身，要么复制他人。

由于把自我的创造看作是偶然的，而自我的创造就是语言的创造，罗蒂便认为语言的创造也是偶然的："大多数的人都不愿被再描述，他们希望别人按照他们的意思来了解他们：对他们本来的面貌和他们所说的东西，都认真地当作一回事。反讽主义者则告诉他们，她或任何反讽主义者都可以任意操纵他们所使用的语言。"②

没有看到罗蒂说明这里的"语言"概念是何种意义上的，但无论在什么意义上，我们都不能完全决定使用什么语言，更不用说"任意操纵"了。通常意义上的语言我们是不能选择的，我们一生下来就被抛入了某个语言系统。当然，被抛入某个语言系统的时候偶然论者还不是反讽主义

---

① 〔美〕理查德·罗蒂：《偶然、反讽与团结》，徐文瑞译，北京：商务印书馆2003年版，第46页。

② 同上，第127页。

者，所以不存在决定使用什么语言的问题，那么当一个人成为反讽主义者之时，是否能够任意操纵他们所使用的语言呢？显然不是，罗蒂本人就是一个很好的例证：他在将其著作翻译为中文的时候为什么不自己操纵汉语，而是找中国学者翻译呢？一个简单的事实是，如果要选择另一种语言，就需要重新学习，但无论怎么学习，也难以达到母语的程度。可见作为其本义的"语言"根本不可能任意操纵。

这个"语言"若是罗蒂所说的自己创造的新语汇意义上的语言，也不可能随意操纵，新的语汇必须符合语言的大致规范，以能够为别人理解为限度，这就已经不是可以任意创造了。退一步说，那些毫无意义的语汇是否就可以随意进行操纵呢？恐怕也不能，读者自己可以尝试一下，你每天能够创造多少这样的语汇。

人有创造新语汇、新思想的能力，可以选择不同的视角看问题，在各种观点之间游移，从而表明他具有创造和选择的自由，用罗蒂的话说，就是对于语汇的使用具有偶然性。但这种自由或偶然却不是"任意"的，而是有限度的。

无论何种意义上的语言，都受个人的经历、知识、价值观念、创造能力等因素的制约，由此形成了日用而不自知的前见，还受到社会规范的制约，使之不可能任意操纵。罗蒂也提到了背景、前见的这种作用："布鲁姆提醒我们，甚至强调诗人也依附于她的前人，甚至她也只能创造一小部分的自己，因此同理，她也依赖未来所有不可知的陌生人的仁心善意。"[①]

[①] 〔美〕理查德·罗蒂：《偶然、反讽与团结》，徐文瑞译，北京：商务印书馆2003年版，第61页。

依附于前人，就是受制于某种必然性，诗人的创造也就不可能是任意的。连强健的诗人才只能创造一小部分的自己，怎么能够说人们能够"任意操纵"自己的语言呢？

这里的"语言"或新语汇若指的是"创造"，则更不可能是任意的。哲学家谁不愿意写出震惊世界的著作？诗人哪个不想写出震撼人心的诗行？可是他们不能随心所欲地写出。限制他的不是别人，而是自己，他没有这样的创造力。要是可以任意操纵的话，任何人就都可以说任何人的话语，想成为诗人就可以成为诗人了。

罗蒂把创造性之被社会认可，看作纯粹的巧合："天才与幻想的差异，不在于天才的印记掌握到了普遍的东西，或先已存在外在世界或内心自我中的实在，而幻想则无。反之，这差异只在于天才个人独具的东西，'凑巧'地被其他人所熟悉流传——其所以只是巧合，是因为某些历史情境的偶然所使然，是因为那个社会'凑巧'地在那个时候出现这样一个特殊的需要。总而言之，举凡诗、艺术、哲学、科学或政治方面的进步，都源自私人的强迫性观念与公共需要间偶发的巧合。"①

天才所以是天才，不仅仅是由于其独特性，更根本的在于其创造性，其被社会所认可的个人话语，必定不是言之无物的陈词滥调，而是提供了值得理解的东西，这是其流行的根据，这就有了某种必然性。唯其如此我们才会发现，独特的人很多而天才却很少。这种创造性是独特性的根源。这种创造性的东西使人耳目一新，产生豁然洞开的感觉，或者说出了他人

---

① 〔美〕理查德·罗蒂：《偶然、反讽与团结》，徐文瑞译，北京：商务印书馆2003年版，第56页。

迷迷糊糊感受到而无法说出的东西。因而它又是最有普遍性的，于是才能够为众人所接纳。

所谓"凑巧"，是传播过程的偶然性，我们不知道一个作品是由于什么样的机缘而被社会认可，也不知道什么时候会被认可。不过无论多么凑巧，都不可能凑巧到一篇言之无物的官僚文件或街谈巷议，不可能凑巧到一个人的梦呓上。那种被凑巧的作品一定有着凑巧的根据，比如思想深度和艺术性。

至于说社会的所谓特殊需要，也未必就是一种现成的或社会本身所自具的，天才或天才的作品本身也会制造这种需要，从而冶炼或改变着人们的趣味。同时，如果真是出于社会的需要，那就不纯粹是"凑巧"了。

罗蒂所赞赏的布鲁姆"相信诗人肇始于恐惧，害怕自己临终时所处的世界，乃是一个非自己所创造的世界，一个前人传承下来的世界"[①]。这也只是布鲁姆本人的一种感觉而已，对于其他诗人来讲则未必如此，对于所有的人就更非如此。比如对于我本人来说，诗是被忧伤和美推动着的，而不是恐惧。绝大多数人临终时的恐惧，不是害怕什么世界不是自己所创造，而是害怕存在的丧失，害怕自己变成虚无。

临死的时候还想把一个自己创造的世界留给他人，这不是典型的想把他人变成自己的复制品的暴戾统治者吗？已经看不出这样的反讽主义与它所反对的霸权话语有何区别了。

罗蒂在否定普遍性的同时往往否定了事物的我性，用整体性消解了事

---

① 〔美〕理查德·罗蒂：《偶然、反讽与团结》，徐文瑞译，北京：商务印书馆2003年版，第46页。

物的自性。他说:"对'消失的恐惧'其实是一句空泛无用的话,因为我们不可能对不存在本身产生惧怕,只有具体的丧失才会使我们心生恐惧。'死亡'和'虚无'是同样响亮、同样空洞的话头……'我'一词和'死亡'一词同样空泛而毫无内容。要使这些语词具体而落实,我们必须将这里所指的'我'填入详细内容,明确指出将要消逝的是什么,以便使恐惧变成具体的。"①

"消失的恐惧"这一说法本身是空洞而抽象的,并不包含任何具体内容,但对于任何一个说这句话的人而言都不空洞,而是实实在在的。人们对于消失的是什么心里很清楚,这就是"我"。这个"我"也绝非空无一物,而是有具体内容的。难道一个人要死的时候,心里还会想着往这个"我"里填写什么详细内容吗?不用任何填写,他就知道这个"我"的丧失意味着什么。

罗蒂所说的意思,只就语词的意义来说才是成立的。任何概念都是抽象的、普遍的,但他忘记了这种抽象性和普遍性恰恰又是最具体的,它包含着最个别的内容,因此人们在使用这些概念时从未感觉到它们抽象,除了哲学家,没有任何人会在使用这些概念时犹疑不决,进行什么内容的"填入"。

凡是存在无不具有我性。自我所以存在正是由于他有一个特殊的结构,这个结构的存在是有独立性的,它可以延续很长时间,依然发生作用。弗洛伊德的理论为此提供了证据。

---

① 〔美〕理查德·罗蒂:《偶然、反讽与团结》,徐文瑞译,北京:商务印书馆2003年版,第39页。

第四部分　自我与他者

根据罗蒂的理解,"弗洛伊德建议,我们必须回归特殊物,观察分辨现在的特殊情境和选择,异于或同于过去的特殊行动或事件。他认为,唯有掌握到我们过去个人独特的若干关键性的偶然,才能在我们身上发现有价值的东西,才能创造值得我们尊敬的现在的自我。"①

特殊性的存在并不消解自我,反之,它恰恰是在建构自我,证明自我。"我"这个字所表示的根本意义,就是独特性、特殊性。当我们承认独特性、特殊性时,便设定了自我的存在,没有自我便不可能有什么特殊性;没有自我的特殊性,就是僵死的普遍之物。

这种特殊性是有约束的,被约束在自我的视域之内。这里所说的"过去",也一定是这个"我"的过去,而不是别的"我"的过去。由此表明自我是一个独立存在过程,亦即具有实体性,尽管它是一个具有生成性的实体。事物的存在过程,其"目的"就是要形成一个独特之物、一个实体,而不是一个普遍之物。

根据弗洛伊德,心理世界中早期的遗存对于现在的自我依然有举足轻重的作用。既然自我有其早期,而且那些"关键的偶然"依然对现在起作用,那么自我就不仅存在,而且是一个独立于外界的内在过程,这个过程是连续性的,否则就不能称之为"自我的早期"。既然如此,那就一定有一个使早期与现在连接在一起的桥梁,它就是自我内在的稳定结构。既然遥远的心理世界早期遗存对现在还会发生重要作用,怎么还能够说它是偶然的呢?

偶然性不能消除我的存在。"面对非人的、非语言的东西,我们便不

---

① 〔美〕理查德·罗蒂:《偶然、反讽与团结》,徐文瑞译,北京:商务印书馆2003年版,第51页。

哲学之思：真理的豪饮

再有能力透过获取和转化来超脱偶然和痛楚，我们唯有的能力只是承认偶然和痛楚。"[1]如果不存在一个自我，谁来"承认"那个偶然呢？在"承认"当中还是有一个非偶然的东西，这就是"我"。

这个所谓的"偶然"根源于"我"，只是"我"对存在的一个判断，我是偶然的制造者，物自身无所谓偶然，也无所谓必然。因此当罗蒂承认偶然的时候，也就承认了"我"的存在。

罗蒂把人生的意义系于"欲其所是"："这'欲其所是'的意愿，将永远只是一个计划而不是结果；只是人生的有限寿命所永远无法完成的计划。"[2]这才是一种相当空洞的说法。在现实生活中，并不存在一个终其一生的计划，而只有一个个具体而有时限的打算，甚至大多数时间里根本就没有计划，只是随遇而安地活着罢了，这才是真正的偶然。而罗蒂的说法，其实又把人生变成一种必然的活动了，变成了一个主体有计划、有目的的设计。

而且，就具体内容来说，我们一生中有无数的计划是完成了的，也有无数的目的是实现了的。至于"欲其所是"之"无法完成"，其意思应当是"不能如其所愿地完成"。这个"不能如其所愿"，也并不是所有的"完成"都没有达到目标，实际上有很多"完成"超出了目标。之所以无法完成，根本上是因为人的"欲其所是"永远在延伸着，不断地在已经实现了的计划、目的之上扩展、变动着，趋向于无限。

---

[1] 〔美〕理查德·罗蒂：《偶然、反讽与团结》，徐文瑞译，北京：商务印书馆2003年版，第59页。

[2] 同上，第60页。

当罗蒂强调个人的独特性、创造自己的新语汇、"欲其所是"、反讽主义者能够任意操纵其语言的时候，实质上是在强调人的主体性，是说自我应该创造自己、独立自依，从而掌握自己的命运；当他说"自我创造的过程本身乃是一种偶然的过程"[①]的时候，却又否定了人的主体性，指出自我创造是偶然的，人不能把握自己的创造过程。从同样的前提出发，却得出了两种截然相反的判断。

这只能说明，偶然的逻辑是相当任意的。从偶然出发，对于同一现象可以做出多种不同的判断。罗蒂强调"欲其所是"，其本来用意是想说，由于偶然性，人就能够按照自己的意愿进行创造；可是若如此，就证明了人是一个能够自我决定的主体，而这恰恰是罗蒂所要解构的东西。另外，罗蒂又强调自我创造的偶然性，这种说法又将人的主体性解构掉了，人既然不能完全决定自我的创造，也就只有听从偶然性的安排。偶然性成为异己的力量，这种强制性的力量就成为必然性的，成为人不得不服从的东西。

于是，我们又用得着罗蒂关于真理的那些说法了，比如真理是被人类制造出来的，而不是已经存在在那里，被人类所发现；真理是语句的性质，因此不能独立于人类心灵而存在，等等。据此可以得出结论，真理是视角的产物。偶然与必然也是人的心灵制造出来的，是语句或概念的性质，而不是事物——在这里就是自我——的性质。这样，当我们用偶然的眼光去看某个事物时，它就是偶然的；反之，用必然的眼光去看时它又是

[①] 〔美〕理查德·罗蒂：《偶然、反讽与团结》，徐文瑞译，北京：商务印书馆2003年版，第140页。

必然的了。偶然与必然只是一念之间，不过是一个语言游戏罢了。同一个现象，是偶然还是必然，那就取决于判断者的判断和癖好了。

四、主体性的解构与建构

主体性的解构应当是有限度的，无条件、无限制地对于主体性进行解构，将会导致主体性的消失和人的尊严丧失。因为，主体性是人之为人的根本标志，一个没有主体性的人是一个没有自己决断能力的人，一个人云亦云的人，一个被他人控制的人。

在解构主体性的思潮中，对于主体性诟病最深的问题是主客二分。他们忘记了主客二分恰恰是人之成为人的前提，是一个必要环节。初生之人和早期人类是没有主客二分的，那种状态下的人（婴儿和原始人）只是人的原初状态，还没有严格意义上的"自我"，没有清晰的自我意识，尚处于物我一体状态。这种状态不是人应有的状态，也不是人所愿意的状态。

随着自我意识的产生，人的主体性也逐渐形成，随之也就产生了主客二分，自然界、他人甚至自我本身成为对象性存在。我和世界以及他人之间产生了分离。唯有如此，我才成为我，成为一个独立自主的存在。一个具有主体性的自我，傲视着这个宇宙，傲视着他看到的一切事物，要成为他自己——一个与众不同的人，并且成为万物的主宰。这时，他仿佛是一个具有无限能力的君王，甚至就是这个世界的"上帝"。

但是，随着他对于世界和自我之认识的深入，他反而日益感受到自己的有限性和对象世界的无限性，也感受到对象对于主体性的限制，于是便开始了对于主体性的解构过程。这个过程看起来是主体性建构的逆过程，实际上却是更高层次上的"复归"——复归只是形式上的类似，所达到的是更高阶段，就是对于原始混沌未分状态和主客二分状态两者的超越。在这个阶段，自我既认识到自己的有限性，认识到主体性的限度，同时又不否定主体性，而只是对它加以限制。

可见主客二分是进行主体性解构的前提。当一个人还没有达到主客二分状态时，他是不具有解构主体性资格的，因为这时他尚未获得主体性，不存在可以解构的东西，也不具备解构的能力。

从主体性的建构与解构过程来看，主体性的解构也必须由主体自身来进行，而不是由他人来进行。前者意味着对于主体性的解构是主体自身的行为，因而主体在解构自身主体性的过程中依然保持着自我决断能力，他依旧是自由的；而后者意味着人的自由的丧失。主体性是自由的根源，自我对于其自身的主体性进行解构的行为，虽然是对于主体性的限制，但由于它是出自自我自身的主体性行为，是自己对自己的限制，因而他仍旧保有自由，而且依然是一个独立自主的主体。

第十一章
作者的优先性

在读者与作者的关系问题上（这里的"读者"和"作者"是广泛意义上的概念，不仅仅是指作品的作者与读者的关系，而且是指一切活动中的原创者与理解者、当事人与他者、表演者与观众等类似的关系。由于无法创制出相应的概念，故以"读者"与"作者"名之），有一种相当流行的说法：读者比作者更能够理解他的作品，或者一旦作品公之于世，作者就是众多理解者中的普通一员，不具有优先性。这种说法甚至还很权威，竟然出自著名哲学家之口，如伽达默尔。他提出的历史距离说，虽然没有使用"读者"与"作者"这样的概念，其实质却是类似的。他认为与历史本身具有一定距离的理解者，比历史的当事人更能够理解历史的意义。对此我表示强烈质疑。

伽达默尔认为，后来的理解相对于原来的作品具有优越性，后来的理解可以被看作更完善的理解，任何理解都是一种创造性活动，从而使本文的意义永远超越它的作者视域。他还认为，时间距离不应当被看作是需要克服的消极的东西，相反它为理解的创造性提供了可能；一个历史事件的真正意义，往往在它脱离了当时的语境、成为历史的存在的时候，才能够充分显示出来。而当事人由于与历史存在本身有瓜葛，反而可能看不清历史事件的真正意义。

这种说法看似有理，却存在着学理上的谬误，更重要的是，存在着忽视甚至否定人的感性存在价值，进而忽视个体存在意义的危险。

这种观点具有消解本源性、本体性存在的消极效果，从而颠倒了存在之本末。存在的过程诚然是一个意义创造的过程，然而若是没有初始的创造，便没有后来的一切理解。从这个角度说，作者或作品具有本源性，是本体性的存在，其地位、作用和意义是后来的各种"理解""意义"所不能代替的——无论那是多么具有创造性的理解。

即使从理解的过程来看，在整个理解活动中作者都具有优先性：

作者具有开创视域的优先性。他是作品的创作者，为读者提供了可理解的东西；没有这可理解之物，便不可能有读者，也不会有读者的理解，读者是作者创造出来的。若是没有作者的作品，读者便没有要理解的对象，没有理解的对象，哪里谈得上理解？

读者的所谓优先性，其实只是主体性的一种转移，是从读者这个视角得出的结论。读者的优先性强调了读者的中心地位，也即读者的主体性。如果承认读者的主体性，同时也就应当承认作者的主体性，否则读者的主体性也就没有存在的理由了，因为，其一，作者可以以自己的主体性来否定读者的主体性；其二，后来的读者或其他读者可以以自己的理解否定其他读者的理解，从而陷入相互否定的恶性循环之中。

由此可见，所谓读者的优先性，其实是从一种局部的视角得出的结论，其实质是以读者的主体性代替了作者的主体性。若是从理解的整体这个视角来看，相对于这种主体性视角的转移来说，则作者的优先性是绝对的，作者的作品是整个理解过程的最初起点。

作者的作品限定了理解的视域，规定了理解的根本方向。读者虽然可以有自己创造性的理解，但读者的理解依然是对作者某个文本的理解，被限制在作者所设定的视域之内，因而他的阐释仍属文本构造的一个组成部分。另外，即便是读者的理解超出了原作的视域，也是派生性的，它是寄生在原作之上的。从理解的历史角度看，理解者没有人能够超出原作的视域。那些注重于对于前人哲学经典之理解的人，顶多能够成为三四流的哲学家。《道德经》仅五千言，阐释它的文字有一亿两千多万字，其中没有一篇能够达到原作的水准，甚至给我们留下印象的也几乎没有。

作者作为作品的缔造者，最了解创作的初衷、动机，了解创作的过程；而读者则是作为一个旁观者而存在的，他的理解是与作品创作过程无关的理解，是有距离的、外在的、抽象的理解。这就如同一位母亲看自己的孩子与其他非亲非故之人看这个孩子的区别，前者固然由于没有与文本保持距离有可能导致偏见，但她的理解是有血有肉的、带着情感的，在她的视域里包含着养育这个孩子的全部感受和经历，因而她对这个孩子的理解是复杂、深刻而丰富的；后者的理解则要贫乏得多，更多意义上是一种逻辑或理性的态度，因而，这就如同西方的格言说的：同样一句格言一个小孩子也会说，但当它从一个老人嘴里说出来的时候，却有着完全不同的含义，后者包含着内涵深厚的生活阅历。存在的过程是五彩缤纷的，而对于存在的理解则是干瘪的、缺少内涵的，就如同从小孩之口说出的格言一样。后者有可能更加客观，却是缺少情感的，远离存在本身的，大多是一种冷冰冰的理性阐释。

这或许就是为什么有伟大的作者而没有伟大读者的缘由。读者只是作为无名的群体而存在的，而作者却不然。虽然说伟大的作品需要在读者中实现它的价值，离开了读者便不再伟大，但伟大的作品却从来没有创造出一个作为个体而存在的伟大读者；当然也可以说有伟大的读者，每一个思想家都是在读过无数别人的作品后才成为思想家的，然而当他成为思想家以后便不再是读者，而是作者了，因为他开创了新的视域，超出了原作的视域。

作为历史的理解者，当事人同样具有优先性，虽然他的视域所及只是当下，但他的感受和理解直接源自生命自身的感性存在过程，因而是第一位的、本源性的。后来者理解的历史仅仅是意义的历史，而非存在的历史，这种理解往往忽视了存在过程的感性内容和意义，忽略了历史的当下性和生命的价值，忽视了当事人的直接感受。读者没有直接感受，而只是抽象的理解，因而与当事人的理解相比，抹掉了存在的感性内容和情感色彩，脱离了历史的具体境遇，这很容易导致非人道的判断。

历史的当事人所理解的历史是感性的，是此在，是此刻，这种当下的存在才是存在之根本；非当事人理解的历史则是概念性的，是彼在，是非本源性的。后人理解历史时，所面对的是一堆冰冷的数字、文字材料，而不是活生生的生命及其活动。在这种情况下所得出的判断，大多是无动于衷的。面对眼前即将死去的人，与面对死亡统计数字的感受是截然不同的。我们常看到史书上有这样的记载："某某时期人口减少了一半。"那减少的人口经历了怎样的灾难和痛苦，从这些文字里丝毫感受不到。

后来者对于历史的理解之所以往往忽视个体存在的感受和价值，是因为这一理解视角基本上是宏观的，是超越个体之上的。它强调的是整体意义，而非个体意义，滤掉了生命的感性内涵。因而历史距离说有导向整体主义的可能，存在着滑向以认识代替存在的危险。本体论永远应当处于优先地位，人们的存在过程——而且是个体的当下存在过程，即此在，是一切意义的本源。

尽管这种理解也与理解者的存在过程、体验、感性生活有关，但那已经不是被理解者的存在，而只是理解者的存在，因而与被理解者无关——被理解者属于过去了的存在，不可能再进行更改。后来者、他人的理解，永远不能也不应代替被理解者，尤其不能代替被理解者的感受。

两者的不同，实质上是本体论与认识论的不同。作者的创作是一个本体论过程，是存在的过程；而读者的理解过程虽然也具有某种本体论意义，但与作者的创作过程相比，只是认识论意义上的"理解"，他是作为一个他者去认识，而不是去存在。认识、理解固然也是一种存在，但那是次一级的存在，与本源性的存在有着截然不同的含义，在理解者的视域中，被理解者对象化了。

历史距离说的实质是取消作者的主体性，而以他者的主体性代替之。这就如同以我的理解代替你的理解一样：我说我对你的生活的理解比你自己的理解更客观、更接近真实，因而更有意义，这岂不荒谬！这样，你的主体性将随之消失。

因此，对于主体性的解构应当是有限度、有条件的，而不能无限度地进行。若是无限度地进行解构，就会走向整体主义，从而与极权主义的精神不谋而合；从学理上来说则会走向自我否定，即否定解构者自身，因为他自身也是有主体性的。

我们必须承认不同个体之间的差异，也就是承认不同个体的自主性，承认每个个体是自我决断的主体。在历史距离说中，作者成了客体，后来者才是理解活动的主体，而当事人、作者、文本成为被理解的对象，从而取消了其主体性。主体性是个体之独立性和尊严的根源，没有了主体性便不再是一个人，而是一个物了，其结果是忽视个体存在的尊严和价值。

从读者的角度看被理解者诚然是客体，作为一种理解的理论却不能把被理解者当作客体来看待。理论应当是全视角的，承认各个角度存在的意义和独特性，承认一切存在自身的主体性。

理解者的主体性当然也应当被承认，正如被理解者的主体性应当得到承认一样。这就是所谓的互主体性存在的根据。不同的主体之间应当互相承认他者之主体性存在的合理性，尊重他者为一个自我决断的主体，由此各自的主体性都得到尊重和认可。在这种互主体性关系中，任何人都不会也不应丧失其主体性，从而沦为客体。

在互主体性关系中距离说仍然有效，不过互主体性使得"距离"的意义发生了改变，由主客体的距离变成了主体之间的距离。主体间的距离是由不同主体的理解、视域造成的。所谓"距离"意味着，作为一个有主体性的个体，并不试图用自己的理解去代替他人的理解，在理解上保持着距离。每个个体并不试图以自己的主体性代替他人的主体性，同时我也不会因为尊重他人为一个主体而丧失自己的主体性。

在这种互主体性关系中，自我不会因其主体性而成为一个封闭的原子，因为主体之间依然相互保持着开放性的关系，主体在开放的过程中建构着自己的世界。

存在着两种意义的主体性：一种是自我的主体性，一种是他者的主体性。这两者虽然都是主体性，其内涵却不相同。自我的主体性是具体的、感性的、活生生的，是包含着体验在内的；而他者的主体性是抽象的，对于自我来说是没有具体内涵的，是认识论意义上的，是一种态度、理解，而非体验。尊重他人为一个主体，是一种意识上的自觉，是主体存在的更高境界。

自我的主体性是世界得以建立的基础，是世界之"本源"。不存在一个独立于所有个体或主体之外的世界，世界是以个体的感受、体验和理解为基础建立起来的，实际存在的只有一个个建立在某个主体基础上的世界。世界的结构也就是这个自我的结构，是自我结构的映射。看起来似乎存在着一个普遍世界，但那个普遍世界只能存在于主体性世界之中，是个体化了的世界。世界是个体视域的衍生物。

尽管作品一旦发表就具有了独立性，作者便不能再干预人们对它的理解，也不能改变读者的视域，但作者在整个理解活动中依然具有优先性的品格。在理解活动中，作者依旧保持着其主体性，这种主体性是他自身独特存在的证明。当然，这种主体性不是传统意义上的主体性，而是弱的主体性——受对方（在这里就是读者）制约的互主体性。

不能不说，现代哲学对于主体性的消解有些过度。的确不存在绝对的主体性，没有人能够成为彻底的主体，完全把握自己、决定自己，自我总是受到他者的制约，然而这只是一个视角，与此同时还存在着另一个视角，即主体自身的视角，这个视角源自内在的自我，它是自我展开和存在的根据。若是执着于前者，将会导致个体性的毁灭。没有个体性就没有主体性。

主体性不应也不可能解构掉，主体性是事物存在的根本标志，是事物自存性的根源。如果不承认主体性的存在，就等于取消了不同存在之间的差异性，差异性、独特性正是我之为我、存在之为存在的根据。作为一个人，他的主体性就更是应当成为不可丝毫撼动的终极之物。作者的优先性，意味着个体的优先性和存在的优先性。

第十二章
他者对可能性的开启

一、何谓他者

他者，通常是被作为主体性的对立者而谈论的。当人们谈到他者时，往往只看到了他者对于主体性的限制、解构作用，而没有看到他者对于主体性的建构和设定。实际上，"他者"这个概念恰恰预设了主体性的存在，他者只能是某个主体的他者，主体性是他者存在的根源。

从认识论的角度讲，他者即未知者、陌生者。凡是我们未知的东西，即为他者。由于它们没有进入我的视野，不为我所认识和理解，我会觉得它们是一个闯入者、外来者。这样的他者必定是以一个认知者为前提的，没有知者便无未知者，这个知者便是"我"，而未知者则是"他"。

他者是不可控制者，我不能对其进行支配，因而他者是主体性的界限。凡是我能够控制的事物，我会保持着对它们的认同，不会把它们当作异在，它们在某种意义上也是自我的构成部分，是属于我的；而对于我所不能控制的那些事物，我总感觉是一种坚硬之物，是对我的限制。就此而言，他者往往具有消解自我的作用和倾向。

他者因此也就是相异者，由于相异而不能被纳入自我当中，甚至于成为自我的一个对立物，抑制着自我，限定着自我的存在状态。

他者的介入方式是偶然，因为他者是不确定的。我不知道他者何时出现、何时消失，也不知道以何种方式出现和消失；我不知道他者会对我产生怎样的影响，在我的生活中具有怎样的意义。

浅层次的他者便是呈现于我们面前的一个个实体性的存在——他人、他物，但这个层次的他者不具有实质性意义，它们大多与我并无关联。有实质性意义的是介入到我的生活中的他者，这样的他者才是有深度的，会影响我的内心世界以至命运。

他者也可以说是潜在的存在。这里的"潜在"并不是"隐藏的存在"，因为"隐藏的存在"是"已经存在"，因而是现成性的。而"潜在"是"未然的存在"，从实体上来讲是根本没有的存在。这种"根本没有的存在"却是存在的，这就是"潜在"的独特性质。它是一种"未在之在"，是可能性——不，甚至于当我们说"可能性"的时候，也已经将其实体化了，潜在是不具有任何实体性的，"潜在"的可能性完全没有任何内容。比如，我可以问：我下一步的潜在是什么？回答只能是：无。从现在的我来看，下一步或者明天的存在（这里指的是具体的存在，而非一般的存在，对于一般性存在是可以断言的）是不能做出任何断言的。潜在就是"无"，但这个无是最大的"有"，这个"有"里有无数可能。

因此自我是向着潜在亦即向着无而存在的。自我存在的过程就是将无化为有、将潜在化为显在的过程。自我从他者的存在里建构起存在的意义。

他者存在的原因，首先在于视域的有限性，有限视域之外者即为他者，对于一个全知全能者便不存在他者。其次在于存在的整体性质，每一个存在者都不是封闭的，而是开放的，同时也是向着整体展开的，这就决定了整体对于每个存在者的作用，总有来自这个整体的他者进入此在的生存之域。由此导致了存在的不确定性、随机性、偶然性。存在者只是大千世界中无比渺小的一分子，是飘浮于广袤宇宙中的一粒微尘，有无数因素作用于他。他固然是一个坚实的主体，主宰着他自己的宇宙，有时全世界的重量也不能把他压垮，但有时一阵微风就能够将他击碎。

所谓整体，并不是一个完成了的东西，它没有边界、没有起源和终结，"整体"这个概念便是对于这种状态的描述。我们不知道它何以存在，不知道它之中的万物是何种关系，更不知道其中的存在物何时和怎样与我发生关联，进入我的存在之域。在这个整体中，在我之外，存在着的是与我相异者、不同者、不可控者，这是不确定性的根源；若是没有他者，便一切都是确定、可知和可控的，但在这个世界中就只有同一，而无差异了；这样的世界如果有，也只能是死的世界，因为它失去了变化的能力。

二、他者对可能性的开启

他者对于存在的意义便是对可能性的开启，没有他者便没有可能性。这个可能性是中性的，他人有可能是地狱，也可能是天堂。但是不管好坏，这种对于可能性的开启都是生命活力的来源，是他者使得"我"的生活生机勃勃、丰富多彩，而不是死气沉沉、单一重复。

自我的实质是意识和自我意识，没有意识的存在只能是一个物，而非"我"，它没有确认"我"的能力。只有具有了意识才会有所指，指向性、目的性是意识的基本特征。意识或自我是一束散射着的光亮，照亮着自我的视域，他者就是闯入这片光明的外来者。

潜意识、无意识尽管是构成自我的成分，但只是潜在的构成部分，它们只有达到意识这个层面时才属于严格意义上的自我。它们不受自我的控制，不为自我所知。它们是自我中的他者。

自我天然具有固化的特征，总是指向自身，虽然"我"的意识有着指向他者、未知的趋向，但对于他者、相异者总是保持着警惕和拒斥，排斥他者对于自身的消解。

一个正常的自我是有开放性的。开放，使得他者可以介入，这种介入防止了自我的封闭和固化，使其既保持自我的同一性，又不断拓展自我的疆域，将异质的东西汲取进来，丰富自我的内容。

他者怎样开启了存在的可能性呢？

他者的介入，打开了未知的可能性，把未知之物带到意识的阳光下，经过自我的消融，使之成为自我的一部分，自我的视域便在这种消融过程中扩展着。这并不意味着对于所有的自我来说，任何未知之物都会被摄入自我的疆域之中；如果是这样的话，自我将会解体，所有自我将会由此变成千人一面的相同之物。每个不同的自我对于这未知之物的态度都不相同。有的对于这未知之物视而不见，有的则只吸收某些部分，有的则尽最大可能汲取。由此产生了多样的视域、多样的精神结构。

他者，开启了通向异域的可能性。异在者对于自我来说是不透明之物，常常是一个阻碍者，但恰恰是这个阻碍者把自我引向一个异质的所在。这个异质世界尽管有与我相通之处（否则就不可能相互理解），这种相通却是建立在完全不同的视域之上的，他者所理解的世界、他者的价值判断均有异于我。这样一个他者的介入，便把异质的元素注入到了自我的血脉，使得自我之树枝丰叶茂。是那些异质的他者为自我的存在提供了生命的营养。

他者对于自我所展开的，是一个完全不同的视角。这种不同作为异在，对于那个具有强大引力的自我中心起着一种牵引作用，从而免得发生引力坍缩，使自我变成一个黑洞。

他者对于存在开启的仅仅是可能性，至于这可能性是否能够实现、实现到什么程度，则并不决定于他者，而是决定于自我与他者之间的相互作用，最终还要取决于自我的决断、前见等因素。

他者的这种作用大多不是他者自觉赋予的，而是无意造成的。每个他者也是一个自我，他的所作所为只为他自身，他所寻求的是他自身存在的意义。他者对于自我的意义，是在自我的领域中构成的。这些意义他者未必知晓，也未必是他的本意。

他者的作用存在着走向不同方向的可能性。他者对于一个人到底起什么样的作用是不确定的，即使是同样的行为，对于不同的人所起的作用也相去甚远。

他者的介入丰富了存在的过程，增加了可能性，使人生成为一种冒险历程。自我正是在这种向他者展开的过程中展现着存在的意义，体验着存在的"味道"：冒险的乐趣，发现的惊异，挫折的沮丧，失意的颓唐，柳暗花明的喜悦。人生由此成为一出跌宕起伏的戏剧，令人荡气回肠，回味无穷。设若没有他者，人生便如俗语所说的"万事如意"，就会平淡如水，死气沉沉，毫无新意，也就没有什么乐趣可言了。

他者的这种既拓展又制约的作用，在自我与他者之间产生了一种张力，在这种张力中自我一方面要抵制他者的制约、入侵、解构，另一方面又要从他者汲取营养，这就使得自我在自身的存在与非存在之间运动，他竭力保持自身的统一，又不可能完全保持，在这种"挣扎"中自我处于一种充满活力的状态，从而能够最大限度地开拓存在的深度和广度。

他者的这种作用在日常生活中随处可见：当我们去实现自己意志的时候，随时会遇到来自他人的阻力，由此表明这个世界并非完全属于我，而是许多自我构成的世界；同时，当我们走投无路、万念俱灰之时，他者的一句话就可能使得前方的道路阳光灿烂。

自我在这种汲取他者的过程中是否会变成一个他者，从而失去自己内在的统一性呢？回答是否定的。从现象上看，一个人从小到老在肉体和思想上都发生了十分巨大的变化，可是就个人的感受而言，却没有觉得有多大变化；即使发现一些变化，比如回望自己久远的过去时常常会为自己巨大的变化而惊异，甚至有"这是我吗"的感叹，但是由于变化是逐渐发生的，而且总有十分充足的理由，人们并没有感受到这种变化的异质性和断裂，没有感到变成了与自己相异的他者。

仅有这种主观上的感受尚不足为凭，一个活到一百岁的人也未必感到自己老，这种自我的统一性之保持，并非仅仅是一种感觉，而是有其实际基础。这个基础便是自我吸取他者时所发生的事情，如同身体生理上所发生的事情一样，它是以将异者建构为自身的一个有机组成部分的方式而实现的。我们的身体每天汲取着异质之物，甚至完全以异质之物为生存条件，却并不因此而变成他物；自我亦是以他者为"食"，离开他者的滋养便不能生存，自我同样并不会由此而变为他者，自我犹如一个熔炉，将各种外来之物冶炼成自我之血液。

可见，他者对于自我具有双重作用，一方面具有解构自我统一性的倾向，另一方面又具有建构自我统一性的作用。不过从他者的角度看，他对于自我之建构的作用是被动的；而从自我的角度看，这种建构则是积极的、主动的，是自为的。由此他才能够解构着他者的解构，建构着自身的建构。自我在这种既解构又建构的活动中，在看似远离自身的过程中回到了自身。自我以自身为出发点，又以自我为归宿，因而保持着自身的统一。

他者并非都存在于自身之外，自身之内也有内在的他者。这内在的他者便是自我对于自己的无知和不能自控，我不知道我究竟有多大的潜能，能够成就什么，我也经常不能完全地把控自己。我，只是在努力地挖掘着自我内在的未知者，但对于究竟能够挖掘出什么，则几乎一无所知。比如，我想成为诗人，但却写不出诗，不是我不愿意，而是我不能够。就此而言，我同时也是我的他者，自我存在的过程也是发现自我之他者的过程。

自我何以能够保持这种统一性呢？是由于源自内核结构的自我之主体性的存在。虽然不同的自我其主体性的程度有所不同，但总有某种自我决断、自我建构能力，这种能力便使得那些相异者、外来者不能随意进入，而必须在自我建构活动的消解以后才能够进入自我，才能够对自我发生作用。自我内核结构的自组织能力将一切外来之物消融于其中。未经这一建构过程的他者不是真正的他者，而是僵死的外在物，它对于自我不会产生有价值的作用。

他者对于自我的作用不是无条件的，这个条件便是"我"，是我设定、限定了他者存在的条件。并不是任何他者都可以对自我产生作用，只有属于某个特定自我的他者才会进入自我的领域。他者是"我的"他者，而不是任何人的他者，而且对于某个具体的他者而言，也只是此时此地的他者，在彼时此地，这个他者或者会成为"我者"，变成自我的构成部分，或者消失于自我的存在域之外，成为"无"。

这样的他者是自己创造出来、自己召唤而来的。有什么样的自我，就有什么样的他者。曾经是非主体性存在的他者，当其进入自我之精神有机体之内时，便获得了主体性，成为主体性的一个构成部分。他者是主体的非主体性存在，是非主体的主体性存在。

他者的存在，足以使人产生敬畏之心，敬畏每一个尚未进入你存在的陌生的他者。你不知道其中的哪一个会进入你的生活，改变你命运的轨道。他者潜伏在你表面生活的背后，等待着介入的时机，而他者介入的后果是不可预料的。

第五部分

场域与主体性

| 第十三章 |

在场、显现与遮蔽

在场、显现、遮蔽与去蔽、召唤等，是现代哲学中常见的概念，国内哲学界普遍认为这些概念所代表的观点避免了传统哲学的缺陷，如消解了主体性、实体性、克服了主客二分等。在我看来，这些概念在描述方式上给人一种去主体化和实体性的感觉，实质上只是把主体性隐藏了起来。

一、向"谁"在场？

现代哲学致力于消解主客二分，解构主体性，但这不过是一种态度而已，在实际上不可能消解掉主体，因为那个消解者便是一个主体，消解者正在消解自身，那个解构主体的主体在这一解构活动中始终存在着。没有了主体，消解活动就会终止。当然，这种主体性与传统哲学的理解不同，它是一种弱的主体性，即互主体性，而传统哲学所理解的主体性是一种强主体性。

一切概念都是视角或视域，即便是关于客体本身的概念，甚至关于生成的概念也是如此，因而都预设了一个主体的存在。在场、显现和遮蔽等概念无不如此。

第五部分　场域与主体性

当说在场与不在场的时候，已经确认了主体的存在，在场与不在场都是对于一个判断者，也即对于一个意识者而言的，没有意识、没有主体便不存在在场与否。在场，意味着某物对于某一视域而在，那个在场者是为某个人"看"到的，没有"看"者便没有在场者。不在场，意味着向意识而隐藏，是隐藏在意识背后或还没有出现在意识面前。

在场的"在"与不在场的"不在"都是依赖于主体而在的。在场者与不在场者似乎都是自行到来的，但这个自行不是"自在"，自在的存在者永远不会到来，到来者之所以自行到来，是出自主体的牵引。所谓自行到来，只是主体不能预知、不能控制而已。

由于主体是在场与不在场的前提，因而在场与不在场是每个主体的在场与不在场。就如同每个主体有不同的个性一样，不同主体的在场与不在场也与主体的个体性保持一致，有其独特的内容，依赖于其独特视域而在与不在。

显现是向一个能够使其显现者的显现，假如没有这个"能使……显现"，就不可能有可显现之物，而这个使显现显现者便是一个主体；同样，遮蔽也必定是向某个主体的遮蔽，而这种"向……遮蔽"的能力则来自这个主体本身，是因为他具有这样的遮蔽能力。

在海德格尔后期的论述中，似乎更加存在论化，真理被描述为一个去蔽的过程。在这种描述中，真理不是被发现的，它不是现成的存在，而是一个显现的过程，这个显现过程便是去蔽的过程，在去蔽过程中真理现身于澄明之境。既然存在着去蔽的问题，自然也就有遮蔽的问题，在这个意义上真理也可以说是一个遮蔽与去蔽的双重过程，如此等等。

这样的真理观同样不能消除主体性：是谁在去蔽？又是谁在进行遮

蔽？是对谁之澄明？难道不是那个存在者吗？而这个存在者只能是一个有意识的"我"。

海德格尔的这种观点揭示了真理的非理性一面，真理并不是纯粹理性的产物，而是具有自行显现的特征，但它毕竟要"显现"，那就一定存在着一个向其显现的存在者，否则便不存在显现的问题。那个所谓的光亮或澄明只能是意识之光，是意识的光芒照亮了真理呈现之域。使真理显现的是意识，使真理遮蔽的也是意识。场域只能为意识之光所照亮，也只能为意识之光所遮蔽，意识是澄明之境的澄明者。

真理虽然具有非对象化的特征，但这只是事情的一个方面，另一个同样重要的方面是，真理又必须成为对象才能够存在，才能够去蔽。以海德格尔所举的艺术作品生成的例子而论，难道不是只有在这个作品完成以后，真理才能够被揭示出来吗？作品的创造过程也就是其对象化的过程。作品，在进入澄明之前是非对象化的，而在其生成以后则必定是对象化的。这也就意味着它成了一个实体性存在。真理显现的过程是对象化与非对象化相互交织的过程。

那显现者和被遮蔽者，不是任何一般意义上的显现者和被遮蔽者，而是独特的存在者的显现者和被遮蔽者；那被显现之物只向这一个主体显现，被遮蔽者只对这一个主体而遮蔽。甚至还可以说，此时此地的显现者和被遮蔽者，仅仅是此时此地的能使显现者和能被遮蔽者，也即主体此情此景下生成的。

显现与遮蔽不完全是偶然的，在生成与偶然中依然存在着某种确定性因素，这就是每个存在者自身的历史所构成的视域，它制约着偶然性和生成的总方向。每个人的成长史都沉淀于他的精神王国之中，积淀于他的感知系统之中,构成了他的独特视域,这一视域会使他对有些东西视而不见、听而不闻。这一整体视域使能显现者显现,使能遮蔽者遮蔽。

每个存在者背后都隐藏着一个不在场的世界,它指向过去与未来,并向整个宇宙延展着。而显现出来的总是有限之物,是此刻,是刹那。这有限之物是沟通有限与无限的通道,整个宇宙可以借助这个通道走向每一个特殊场域,从而呈现为在场之物。

所谓"去蔽",是"对……去蔽"之意,是对于一个主体而在的去蔽。在去蔽活动中,只有对于某个主体的视域而言才存在着"蔽",也只有这个主体才具有"去"的能力。

在场,不在场,去蔽,遮蔽,显现,这些词汇后边都有一个隐藏的视角,它们均相对于一个视域而在。与传统哲学不同的是,这些词语的使用淡化了主体性,同时显得更加灵动和有生机,具有场域化的特征,但主体性并没有因此被消除。在这种描述策略中,主体藏匿起来,"使"事物或显现、或在场、或遮蔽……这个"使"字足以说明主体在这种场域哲学及其所描述之对象中的地位和作用。

二、"谁"在召唤

海德格尔后期论述中多有"召唤"一说,人应倾听物的召唤、存在召唤我们思等,相关的还有"语言在说"的说法。仅就"召唤"一词而言,也必定存在着一个召唤者。不管那个召唤者是什么,那都不过是主体自身的折射,是主体自身召唤自身。诚然存在着主体之外的东西,有他者,由此主体才能够扩展自身,超出自身;然而假如没有主体或者一个人没有理性和意识,便不可能有什么召唤发生,那个存在便不是存在,物也将不是物，存在和物的召唤功能将会丧失。

"召唤"是向我而在的。"召唤"既不是一般性存在，也不是现成性存在，而是依存于主体的召唤能力而在。召唤并不是自然来到的，能否听到召唤，能够听到什么样的召唤，取决于主体听的能力和指向，来自一颗倾听的灵魂。

至于语言的召唤作用，有两个问题需要分析：

其一，海德格尔所说"语言在说"的那个语言其实已经不是语言，而是存在本身，即所谓本体论意义上的语言。语言的本义就是文字符号和声音符号，而海德格尔非说这不是语言，而是先于这种语言的那种言说才是真正的语言，它对于存在具有召唤作用。这是在混淆语言与其所指的关系。语言之所指确实是根源性的，是语言之根，是语言之前的东西，可以说两者不可分开，却不能说那就是语言。

这种前语言的东西的确具有某种召唤作用，如作诗，诗人仿佛是被诗召唤着去作，诗句好像是从心灵深处自己蹦出来似的。这个作诗的过程恰恰是一个由尚未对象化的东西变为对象化存在的过程，当这个过程结束的时候，便是对象化的存在——以语言形式存在的诗。可见所谓召唤的过程其实是一个从非实体化到实体化、从不可说到可说的过程，同时也是一个由非语言变成语言的过程。海德格尔所说的那个本体论的语言，是非语言性的。作为符号的语言只是本体论语言的外壳，真正具有召唤作用的不是外壳。

其二，在这个所谓的召唤过程中，固然有自我自身未有之物，但那依然是以自我的存在为前提的，没有自我，是谁在召唤？被召唤者又是谁？谁又能够被召唤？这个被召唤的自我是唯一的，只有他才能够被这样召唤，只有他能够召唤。是诗人向诗发出召唤，没有这种召唤，诗不会自行到来。是诗人的召唤所形成的心灵引力场使诗"自行到来"。而这个引力场的主人便是一个强大的主体——自我。

在海德格尔这种表述中，具有传统哲学所没有的张力和活力，具有消解和趋向于夷平主客体界限的指向，不过并没有消除掉自我，没有完全克服对象化。其所以如此，是由于凡是正常的人的活动，均以意识和理性的存在为根本前提，其间尽管渗透着无意识和非理性，却不可脱离前者，脱离了前者的无意识不是无意识，也不是非理性，无意识是意识的无意识，非理性是理性的非理性。

凡是人的活动都是一种主体性的活动，对象化不可克服。问题只在于如何对待主体性和主客二分，只在于克服到怎样的程度，而不在于有无。

海德格尔后期论述中还有天地神人这样一个说法，这种说法是相当机械和生硬的。在这个结构中，"人"显然是根源性的存在，没有人便不可能有天地神，人是这四极中的轴心，他已经给天地划界，天一定在人的头顶之上，而地位于脚下，神则是对于人来说才是"神"，对于其他存在物来说则无所谓神与不神。

还有所谓回到事情本身的说法，得到很多人的赞赏，据说是彻底回到存在层面的一种观点。这里存在的一个明显问题是：是谁在"回到"事情本身？必有一个"回到者"，有这个回到者在便不可能真正回到，这个回到只能是回到者的回到，而不是事情自身的回到。"事情本身"这个说法已经表明那不是事情本身，那只是你认为的事情本身而已，凡是我们知道的，就已经不是事情本身。

那个事情是在你的视域中显现的事情。回到事情本身这个说法表明那个回到者是一个独立的主体，他具有"回到"的能力，而他是否回到了事情本身，也是由他自己来确定，而不是由所谓事情本身来确定的。这个回到事情本身者，必定具有认识能力、意识能力，否则怎么"回到"，依靠什么"回到"？

　　传统哲学与现代哲学对于主体性、实体性、主客二分等的看法，仅是态度的不同，而非实际如此。传统哲学对它们持肯定的态度，而现代哲学持否定的态度，然而现代哲学并没有也不可能彻底消除之，而只能消除到一定程度。关于消除主体性的一切描述都是以主体的存在为前提的，这是其根本性的悖论。要彻底消除主体性，就必须消除掉他自身的主体性，然而假如消除掉了自身的主体性，就不存在消除主体性这样的活动了。

| 第十四章 |

真理如何"自行显现"

海德格尔说:"艺术是真理自行设置入作品中。"①也许是受了这句名言以及海德格尔相关思想的影响,在国内学术界流行着这样的看法:真理是自行显现的,由此消解了传统哲学在真理观上的主客二分态度,甚至消解了主体性。这种说法有颇多让人疑惑之处:真理的自行显现是无条件的吗?真理在什么意义上"自行显现"?如果没有主体,真理能否自行显现?向谁显现?如果这些问题不能予以清晰的回答,就不能说它是一个严谨的哲学命题。

一、场域中的真理

对于这一命题,只能从如下意义上理解才是成立的:

真理是一个显现和生成的过程,它不是独立存在的实体,现成地在那里存在着,等待着人们去发掘。这样的真理可以称之为"境域性的真理",

---

① 〔德〕马丁·海德格尔:《林中路》,孙周兴译,上海:上海译文出版社2004年版,第25页。

哲学之思：真理的豪饮

依具体境域而在，因而与传统的永恒真理有着实质的不同。在传统的真理观看来，真理是永恒不变且普遍有效的；而在境域真理观看来，真理依照具体境域而显现、生成。

真理来自整体的召唤。真理并不存在于单独的局部要素之中，它来自整体这个维度，出自整体的召唤。这种整体性产生于对话活动。对话指向未知，推动对话的则是"提问"，"提问"召唤出真理，没有提问就没有召唤。可见整体并非弥散的、完全非中心化的，有中心才能够凝聚成有机整体。不过这个中心不是一个点，而是类似于引力场那样一片区域，而且也是动态的，不断漂移。提问就是这样的一个引力中心。

在对话过程中，各个要素构成一个动态的整体，呈现出真理展现的场域。在这个场域中所显现出来的便是所谓真理，而当该场域中的单个要素或主体独自存在时，这个真理是不会显现的，即使显现也会与之不同。在场域中之所以能够显现出不同于独自存在时的真理，是由于他者的介入，他者提供了不同于独自存在者的信息和视角，从而召唤出新的存在。

这个"他者"可以是这个场域的整体，也可以是场域中的任何一个元素，均具有召唤未知的可能。不过，这不意味着真理已经现成地存在于场域或其中的任何一个元素之中，真理的显现是在整个对话场域的运动中生成的。

对话有多种形式。个体独处时也可以有对话，因而也能够生成真理。比如当我进行写作的时候，从外在的形式来看我是独处的，但是我在写作过程中不断有新的想法出现，从而使得这篇文章不断生长。这是否与上面的场域相悖呢？并不相悖。在这个写作过程中，我实质上也是在进行对话，与我对话者不是一个有形的实体性存在，而是未知；我进行思考和写作之时，我的思维指向了未知之域，从而在我的思维指向与未知之间形成了张力，那未知者犹如一个引力中心，引发出新的思想、新的语句。我与这未知者构成了一个对话的场域。

真理是一个开放的场域，对话的各方向他者开放，向未知开放。这种开放性是整体性的一个根本特征。这种整体性并不仅仅存在于整体层面，而且也存在于每个参与者、每个要素层面，他们一旦处于场域之中，就必须准备向他者开放，否则便没有进入这个整体。场域的开放性意味着随时会有他者的进入。

在这个场域中所显现出来的存在或真理，只能在这个特定的场域中显现或生成。场域中的真理超出于参与者的视域，也超出于它们相加的总和，由此而有可能扩展所有参与者的视域。这样看起来真理好像是自行显现、自行到来的，它并不受制于场域中任何一方。但是，场域所显现出来的真理又只能是这样的真理，而非他样的真理，这又是与每个参与者自身的前见相关联的，前见制约着生成域，决定着所形成的场域也必定是独特的。

在这种生成着且开放着的整体之中，整体与局部之间、局部与局部之间、要素与要素之间相互激发、相互牵引、相互构成。解释学循环原理可以在这里得到延伸：局部因整体而生成和建构着，犹如整体因局部而生成和建构着。

真理的自行显现或生成，表明了真理不是纯粹的理性产物，是主体不能完全控制的，非理性因素参与了真理的创造过程。在真理显现的场域中，所有参与者事先并不知道究竟会有什么样的真理显现，也不知道什么时候会显现。真理的发现有偶然性和不确定性。

场域犹如一个强大的引力场，仿佛具有召唤功能，能够召唤出潜在、未知之物。从实体性角度说,这样的潜在者对于场域中的任何一方而言,原先都是不存在的,是场域的引力使之从虚无中涌现。它们是在不同视域相互碰撞的刹那间激发出的火光,照亮了场域这个林间空地。

这样看起来真理是不属于任何人的,不属于场域中的任何参与者,而只属于生成它的那个场域,好像是它自己到来的,是为"真理的自行显现"。

他者虽然对于真理具有召唤作用,但这不意味着真理存在于他者之中,他者对于真理的召唤往往是不自知的。某个人无意中说的一句话、所提的某个问题,对于在场的另一个人或许就有一种开启作用。而这被召唤出来的真理,那个召唤者可能根本不知道也不能理解。可见他者对于真理的召唤并非有意识的产物,而且起召唤作用者未必就比被召唤者具有更深广的视域;是否具有召唤作用,是否能够召唤出真理,召唤出什么样的真理,还取决于甚至决定于被召唤者。因此被召唤者才是真正意义上的召唤者。本书中的许多看法就得益于我与学生一起进行的读书会,而参与的学生则未必会有(至少绝大多数肯定不会有)我这样的想法。学生们的发问常常使我浮想联翩,涌现出许多新的想法。与学生之间的这些讨论促使我真正理解了现代哲学的精神,也促使我最终越出了过去的全息思维范式。这些讨论对于参与的学生们的影响远远不如对于我的影响大。被召唤出的这些观点并非学生教给我的(不存在于学生这些他者那里),它们原来也不存在于我的思维之中,而是在与他们的相互交流、讨论所形成的场域中激发出来的。

二、场域中的主体性

由此是否可以得出自行显现的真理是非主体性的和非理性的结论呢?

是否可以说这样的真理观消除了主客二分、消解了主体性和实体性呢？不能。

真理并不产生于对话的任何一方，而是在双方或多方对话过程中生成的，就此而言，似乎可以得出真理具有非主体性的结论。然而这只是一个一般性的视角，在这个视角之下便是对话者，这些对话者是独立的主体，是有理性的人，具有自我决断的能力；如果没有理性和主体性，便不可能进行对话，真理也就无从生成。这是真理能够生成的前提。

在真理显现的场域中，所有参与者都在谛听着真理的召唤，并积极参与和分享这一真理的盛宴，他们都是一个一个的主体，保持着各自的独立性，也保持着与场域的距离；而显现出来的真理则成为这些主体的对象，在这个意义上可以说真理成了一种客体。设若参与者没有主体性，真理向谁生成？正是所有参与者的积极追问才召唤出了真理。追问者是一个自立的主体，是一个能够追问的追问者。

在场域中，个体越是保持自己的独立性，这个场域就越具有活力，就越能够召唤出潜在的真理，所显现出来的真理就越具有深度。这也就意味着，场域中每个个体的主体性越高，场域的张力就越强大，就越能够召唤出真理。如果场域中的参与者丧失了主体性，场域就不可能形成，真理就不可能自行到来。

在场域中的主体虽然具有开放性，不过这种开放性是有限度的，这个限度便是开放者的主体性。开放的目的不是解构主体性，而是主体性的建构，是主体自身的羽翼丰满，这是向他者开放的前提。

开放的程度、深度、广度、趋向，都是受主体性限制的，他的开放是"这一个"主体的开放，而不是任何其他主体的开放，因而每个参与者的开放都具有不同的性质。

场域还受每个主体前见所形成的视域限制。参与者以往的全部存在构成了其前见，由此形成了不同于他人的视域。正如伽达默尔所说的，"一切理解都必然包含某种前见"①，前见制约着他的"视"能力和"视"方向。

其所以是如此这般的真理，在于它是从如此这般的、独特的个体之间的对话中产生的。如果是另一批对话者，所生成的真理便会迥然不同。生成的真理具有对话者独有的特征，而这便是参与者的前见对于生成之真理的约束。这一点也从更高的层次上证明了主体性的存在：真理生成的非理性、非主体性特征，是寄生于主体的前见所形成的视域之内的，真理的波涛汹涌于主体性的堤坝之内。

这是参与者或者场域的构成元素对于场域的总体性制约。要是没有这种制约就应当会出现如下情形：由任何参与者所构成的场域都可以生成任何种类的真理。实则不然，不仅任何人不可能发现任何真理，而且不同的人群或不同的个人所发现的真理也必定不同。从这个意义上说，场域的视域也是有主体性的。

相对于场域中的个体，真理确实具有某种自行显现的特性，然而也还有"向谁"显现的问题。这个"谁"便是一个个能够感知到这种显现活动的人。真理的这种属人的性质，从根本上决定了真理的主体性特征。

彻底的自行显现是不可能的，彻底的生成也是不可能的，因为这意味

---

① 〔德〕汉斯–格奥尔格·伽达默尔：《真理与方法：哲学诠释学的基本特征》，洪汉鼎译，上海：上海译文出版社1999版，第156页。

着真理的显现与主体无关,这种没有主体性的真理是没有所属的真理,是无主物。场域中有多少个主体,就有多少种真理。

场域只是真理得以显现的条件,显现出来的真理必须向个体而在,并存在于个体之中,这就决定了在同一场域中所显现出来的真理必定是多样性的,而非只有一种真理。所谓召唤,是相对于具体主体的召唤,所召唤出来的真理是某个个体的真理。

在同一个对话场域中的不同个体对于场域的作用和其所"看见"的真理不同,有的参与者可能根本没有得到任何真理。在对话中常常会有一两个主导者,他的话语会影响谈话的方向和谈话的内容;在多人构成的会话场域中,有的人可能一句话也不说,因而对于场域的作用微乎其微(尽管他也可能在纯粹的"听"中获得真理)。场域中不同的人得到的真理不仅有程度上的差异,还有性质上的区别,由此场域才是场域,它能够包容相反之物于自身之内。

场域并不能消解其参与者的主体性,每个参与者在构成场域的同时也在构成着主体自身。在真理生成的场域中,主体性与非主体性相互缠绕,相互激发又相互抑制,由此既扩展着主体的疆域,又限制着主体的界限,既对主体有所解构,又有所建构。我们难以在主体性和非主体性、理性与非理性、实体性与非实体性之间划出一个明确的界限。场域在解构着主体的同时也在建构着主体。

无论场域、他者、未知具有怎样的召唤能力,参与者都不会也不应该因此而失去其主体性,主体在向场域敞开中建构自身,因而也可以说敞开的"目的"是封闭。

从每个参与者的角度看,场域是每个自我的场域,他者也是每个自我的他者，因而真理也是这个自我的真理；我向场域、他者、未知敞开着，场域、他者、未知则向我，而不是向任何其他人显现着。参与者虽身处同一场域之中，看到的却是不同的场域，在同一个场域中多重场域并存。有场域的视域，有参与者个体的视域，这些视域之间有差异，又有交错与重合。它们交相互映，互相激荡，演奏出一曲真理的交响乐。

这个场域一方面相统一，把相关的存在者吸引进一个开放着的整体，成为整体的一个元素；另一方面也进行着相反方向的运动，即向着自我一极的运动，这是一种向着局部方向的差异化、碎片化的运动，是与整体化相对的。这两个方向的运动相反而相成。这是一种与解释学循环类似的整体性运动，从个体走向整体，又从整体返回个体。

场域、他者、未知何以具有召唤功能呢？他者的异质性和其视角的陌异性、场域的开放性和整体性、未知的神秘性等因素，与参与者（每个自我）之间形成的张力具有强大的牵引作用，由此形成的场域极力要把自我吸引进去；而参与其中的每个自我也是一个个小的引力场，他在这个场域中竭力进行着相反方向的运动，以免被场域、他者所同化。于是，在这两组相反方向的引力中心之间、多向的个体引力中心之间所产生的牵引力，将那处于"无"之状态的"真理"呼唤出来，成为"有"。

第六部分

语言与存在

| 第十五章 |
语言与存在

哲学自古以来重视语言问题,精确表达是哲学的基本要求。在现代哲学中,语言问题被提升到了前所未有的高度,发生了所谓语言学的转向。数理逻辑、逻辑原子主义、日常语言学派,学派林立;弗雷格、罗素、维特根斯坦、蒯因等如雷贯耳的大哲学家们,终其一生探讨语言哲学问题。即使分析哲学之外的学派也开始重新估价语言的哲学意义。这一趋势最终发展为一种所谓后现代的语言观,存在甚至于被它归结为语言。

问题是永远不可能有穷尽的,任何人的看法都寄生在有限视域之中,均为有限见解。不同,只意味着差异,而未必就是谁是谁非。各种观点之间不应该是取而代之的关系,而应是并存关系,它们都是处于特定视域所见之物。语言与存在的关系这个问题也是一样,不能笼统地以一言而断之,需要从各个角度进行梳理。

一、在存在的意义上语言不存在

凡是涉及语言问题的哲学,全部把语言的存在看作不言而喻的前提,特别是分析哲学,其分析可谓细矣,竟然忽视了一个本源性的视角,即存在。从这个角度可以得出一个初看起来似乎有些荒诞的结论:"语言"是不

第六部分　语言与存在

存在的。

　　所谓语言，是由音符、字符和语法规则构成的系统，它由更多细小的部分、元素组成。根据语言学家、逻辑学家和分析哲学家们的分析，语言复杂得让人望而生畏。不同语言其复杂的程度有较大差异。比如汉语，在动词的变化方面比较简单，动词并无变位，名词没有冠词，极少有单复数形式的变化；而意大利语不然，每个动词有八十多种变位，名词、冠词、形容词有阴性和阳性及单复数变化。西方语言普遍有章可循，而汉语过于灵活多变，西方人学起来相当吃力。

　　不过，不管是哪一种语言，也不管它们多么复杂，人们在使用语言的时候是感受不到其存在的（不言而喻，这里指的是母语环境），说意大利语的人并没有感到他们的语言之复杂。

　　现实的语言活动是生活的组成部分，甚至可以说就是生活本身。读者可以仔细体会和观察，当我们在使用语言与人交流的时候，是否感受到了语言的存在？结论必定是：没有。我们在交谈中、阅读中，没有听到语言，也没有看到语言，我们说的不是词汇和语法，看到的也不是字词和句子，我们脑子里根本就没有音符、字符和句法结构之类，我们与人交流的完全不是"语言"。

　　我们交流的是什么呢？是"意思"。当我们说和听的时候，脑子里出现的仅仅是"意思"，而非各种语言符号、句子成分与结构。这个"意思"包含了无数我们要表达的东西，如观点、欲求、命令、展望、回顾、描述、爱憎、痛苦、欢乐、忧郁、惆怅等。当我们听到"狗""西瓜"时，脑子里出现的不是"狗"和"西瓜"这两个符号和声音，而是狗和西瓜的形象，即存在；当听到"不"的时候，心中出现的也不是"不"这个字及其音符，而是"终止""否定"这个意思。

之所以说在存在的意义上语言不存在，是因为在交流活动中存在本身就是意思，就是存在显现自身的活动，语言只是它的外衣。我们说话，不是为了说出字词和句法，而是为了表达想说的东西，这些东西我们可以称之为"存在"。说话就是传递和交流存在的活动。我虽然在说，但说的不是声音，而是存在；尽管你在听，听到的也不是声音，而是意思。我们说的时候，完全是自由的，并不是先考虑好了语法才去说话，说话只受到存在——意思的内在逻辑约束。这里用"内在"一词，意思是它不是显现在说话者的意识里，而只是自身展开的，说话者不是按照想好了的逻辑来说，而是出自"意思"自身逻辑的自然展现。人们并不是学会了"语言"才会说话的。

在这个意义上，存在先于语言，存在处于优先地位。语言不是本源性的，是次生的。因而同样的存在可以用不同的语言来描述，只要能够更好地展示、显现存在即可。无论哪种语言，也无论它采用了怎样的形式，其功用都在于描述存在及其状态，传递、描述有关存在的信息，表达主体内在的意思。

"语言"只是一种工具，是为存在服务的。当然，这个"工具"也是从旁观者角度分析出来的，我们在实际说话的时候同样是感受不到这个工具存在的，我们只是在搜肠刮肚想表达自己真正的意思而已。

可见语言与存在是两个不同层面的东西。虽然说不存在语言本身这样的东西，但从逻辑上和学理上是可以将它们进行区分的。

一方面，不存在抽象的纯粹的语言符号，凡是语言一定是在表达意思，即使是词典里的语言，也总在述说着什么。无论是专有名词还是抽象名词，都有具体内容。语法就更不用说了,必须有判断的内容才会产生一个句子。在这个意义上,语言与存在完全是一体的,在现实上难以将其分离开。

由于我们在绝大部分情况下和所要表达的绝大多数存在都离不开语言,以至人们觉得语言就是存在。这种语言与存在之不可分离的状况,在一般的意义上是成立的,即在所有情况下,都不存在不包含内容的语言符号。

但另一方面,同指而异名的现象则说明,语言与存在并不是同一种东西或同一个层次。比如汉语中的月亮,英语叫moon,意大利语叫luna,其他每种语言都有不同叫法。既然同一个对象可以用不同的语言来描述,就表明语言与存在并非绝对同一——更严格地说,并不与某种语言相同一。存在是一,对存在描述的方式——语言,则是多。

二、语言在非存在的意义上存在

既然说语言不存在,为什么在这里还使用语言这个概念呢?这是因为它在另外的意义或者角度上是存在的。这就是:当人们把它作为一个对象来看待和研究的时候它才存在,用哲学的语言说,在认识论意义上"语言"是存在的。

语言作为对象而在,是指两种情况。一是作为对象来研究的时候才存在的语言,如语言学、逻辑学和分析哲学,它们以语言为研究对象,这时才有所谓"语言"。它们研究语音、语法现象和规律,分析判断之真假、逻辑是否自洽等,这些都是在存在层面不存在的东西。上面提到的这几个领域对于语言的研究角度并不相同,各有侧重:语言学的对象是语言本身,关注的是语言的纯粹形式;逻辑学则是研究语言内部的逻辑关系;分析哲学似乎兼而有之，它研究语言的目的是理解语义，进而解决哲学上的问题。不管怎样，在它们的视野里语言都存在着，在这里看到的是字词、句法、逻辑和意义。

二是指遇到外语的时候，人们就会切身感受到语言的存在。说母语时感觉不到有语言，一旦遇到外语立刻就会发现"语言"。当有人以你不懂的语言交谈时，你明明知道那里边有"存在"，却没有任何缝隙可以窥见，那里的存在完全是不透明的、实心的、坚硬的，那些声音听起来就是噪音，而其文字近乎乱码。当你学会了这种语言时，其中的存在就显现出来，这种语言就变成了透明而柔软的。从陌生到熟悉一种语言的过程，类似于穿过一个黑暗的山洞，走出山洞时一切都光亮起来，万物呈现于眼前，这时你就走进了另一种语言所描述的世界。

要掌握一门外语，首先需要把握它的字词和语法，如此才有可能与操这种语言的人进行交流。当我们听和说这种语言时，听到的先是语言（音符、字符），然后才能够理解对方话语的含义。这时听到的意思总是模糊的，像是隔着一层幕布似的，这层幕布就是语言。这道幕布的存在使得听者要经过一个翻译过程，才能明白对方的意思。大多数情况下，只有与说此母语的人一起生活很长时间，所学习的外语才有可能接近或达到母语的水平，这时才可以忘掉语言，直达存在层面。这个过程与说母语的过程正相反，母语是由存在抵达语言，非母语则反之。

尽管"buongiorno"是我说得熟练得不能再熟练的一个意大利语词语（汉语中"你好"的意思），但当我说这个词语时仍然没有说"你好"时的那种明晰性和质感，脑子里出现的首先还是符号，而不是意思。"你好"这个意思是我强加给"buongiorno"的。

第六部分 语言与存在

以上两种情况的共同之处在于,都是在把语言作为对象来认识和把握之时才显示出语言;不同之处仅在于,一个是研究的对象,一个是学习的对象。前者意味着在言说之外才能看到语言,后者则表明在一种语言之外可以遇到语言。

通常所说的语言就是上述意义上的语言,而非存在层面上的言说。

以上论述应当可以回应戴维森的一些说法。他说:"这么一来,我们不仅抛弃了一般的语言概念,同时也泯除了'知道一个语言'和'知道如何处身于这整个世界'之间的界线。因为如何达到可行的暂定理论,根本没有一定的规则可循……对于这个过程,我们不可能加以规律化或传授他人……根本没有'一个语言'这种东西。所以,根本没有这种必须被学习或熟练的东西。我们必须避免把语言看作语言使用者所熟练并加以应用的一个界定清晰的、共享的结构。……要解开如何沟通之谜,我们应该放弃求诸'约定俗成'的企图。"①

戴维森的这种说法,只适用于前述第一种意义上的语言概念,即在存在的意义上不存在的那种语言,只在母语语境中才可以说不存在的"语言"。在这个语境中,说话者意识里一般不存在语言与世界的界限这个问题。

在其他情况下戴维森的这种说法是不成立的。前面的讨论表明,对于研究者和学习外语者来说,语言是存在的,如果没有这样一个对象,他们怎么可能去研究和学习?面对某种外语时,可以明确感受到那里存在着"一个"独立于我的外在的语言,它是一个需要学习和加以熟练掌握的对

---

① 〔美〕理查德·罗蒂:《偶然、反讽与团结》,徐文瑞译,北京:商务印书馆2003年版,第26页。

象。在研究和学习的语境中，语言的对象性和存在是毫无疑问的。

当婴儿学习语言或学习某种外语的时候，这种语言就是一种共享的、约定俗成的结构。如果不去学习，没有掌握"一个语言"的字词和语法规则，就不可能掌握这种语言中所包含的种种信息，无法与说这种语言的人进行交流。婴儿若是没有分享这种结构，则成年后就难以与人进行有效而精确的沟通，天生的聋哑人就是如此。从语言学的角度看，教授婴儿学习语言的过程，就是一个分享语言结构的过程，不知道哲学家们为何对此视而不见。一方面，可以说儿童学的不是语言，而是生活；另一方面，当我们把它作为研究对象的时候，则可以把它当作语言结构的分享活动来看待。

三、语言有无普遍性

现代哲学特别是后现代哲学普遍地否定普遍性，主张一切存在都是个别而特殊的，并且时时处于生成的过程之中。在这个前提下，他们进而否定语言具有普遍性和中立性，得出了戴维森所说的不存在"一个语言"这样的结论。

在本体论上他们坚持唯名论，认为不存在普遍的东西，现实存在的都是个别事物，而所谓的普遍性只是人的一种认识或概括，甚至只是语言现象。如塞拉斯说："对各种类、相似性、事实的一切认识，简言之，对抽象实体的一切认识（甚至连关于个别事物的一切认识），是一种语言现象。"[①]

[①] 〔美〕理查德·罗蒂：《哲学和自然之镜》，李幼蒸译，北京：商务印书馆2012年版，第197页。

第六部分 语言与存在

的确，就我们不能离开语言去描述存在而言，一切都是语言现象，历史、社会、他人、宇宙……都不过是语言。没有语言，我们就没有办法去描述相似性等存在的性质；没有人的描述，甚至连存在这个问题都不存在，何谈相似性！

可是，我们的语言难道没有所指吗？当我们说到狗的时候，不是指某一类存在物吗？尽管现实中不存在独立于个别的狗之外的类——抽象的狗，却存在着无数个别的狗，它们都可以被概括到"狗"这个字的名下。之所以将其概括为一类，是因为所有的狗，不管其如何不同，都有类似的结构和习性，这是我们可以观察到的。这种类似和习性不依赖于语言而存在，而语言只是对这一观察结果的描述。因此我们的认识就不纯粹是一种语言现象了，如同前文所表明的，所谓语言首先不是语言现象，而是存在。

现实中并不存在离开独特的个人话语的普遍语言，一切语言一定是某个人的语言，离开了语境，语言便无藏身之处；但是语言与这些个别的人之间和具体语境之间并非绝对同一关系，它是可以超越具体语境和个体而存在的，这就是语言的普遍性。不具有这种超越性的语言无法存在，甚至可以说，语言就意味着普遍性。

语言的本质是沟通，是人与人之间交流的媒介和工具，因而必定是社会性的，具有主体间性的特点，仅能存在于主体之间。若世间仅有一人，便无须语言。从"语言"这个词的本义来说，不存在私人的语言，语言是架设在私人世界之间的桥梁，没有普遍性，语言就不可能架设起这样的桥梁。

这种普遍性不仅超越个体，而且超越广袤的地域和时间，使得不同地区和不同时代的人之间可以沟通和理解。只要你学会了一种语言，便能够理解他们的话语，不管他们在什么地方；学会了一种文字，你就能够读懂前人写的书，不管它们是多么古老。

其所以如此，是由于每个音节、字符的含义是基本稳定的，句法结构也基本相同，所以人们能够相互理解对方的意思。这是语言可以起沟通和交流作用的前提。一种句法可以表达无数不同的内容，它可以超越特定语境，适用于各种情景。除专名外，其他大多数名词都可以用来指称无穷数量的对象。比如"我"，是用来描述独特的作为"这一个"的字，然而正是这个最特殊的"我"却有着最普遍的使用范围：一切古往今来和将要来到这个世界上的人，都可以使用这个字来指称自己。以上种种，都证明了语言的普遍性。

每个人所表达的意思——观念、思想等可以是不同的，所使用的语言及其规则却必须是相同或类似的，否则别人就无法听懂和理解。语言是世间最耐腐蚀之物，虽历经数千年，出入于不计其数的口舌之间，漂游于唾液的海洋，或沾染些许的口臭，或散发莲花之余香，或低吟于青楼之床第，或环绕于庄严之宫阙，其基本意蕴和结构却鲜有变化。语言的生命超越个体，超越时代，甚至超越种族，它并不随着个体的消亡而消亡，而是在一个个新个体的诞生中不断地再生，由此获得了"类"的意义。语言的这种强大生命力及其普遍性是黏合不同个体、种族以至整个人类的纽带。

普遍之所以是普遍，就在于它存在于每一个个别的存在和它们的关系之中，离开个别的普遍自身就变成了个别；普遍之所以是普遍，还在于它包含一切可能的存在，而不仅仅是包含已有的存在。

语言具有超越性，并不是说语言可以脱离语境和个体而存在，语言的生命力恰恰在于它存在于一切语境之中。语言的这种普遍性正是通过具体语境而延续自己的生命，通过特殊而成为普遍，在短暂中获得永恒。语言好比是一棵大树，它的根系伸展于每一个个体生命之中，而且是扎根于最隐秘的语境。它不只是显现于政治家的宏伟设想、哲学家的思辨和诗人的激情之中,更重要的是显现于茶余饭后的闲聊、讨价还价、恋人密语之中。不断开放又凋落的生命之花,犹如腐叶,滋养着语言这棵长青之树。

语言不能遗传,因而看起来是后天习得的,然而要是婴儿没有生来具有学习语言的能力,他是如何学会语言的呢?每个人都必须重新开始建构自己的语言世界,建构这个语言世界的能力却不是重新建构的,而是预先准备好了的。

婴儿可以学会任何一种语言这一神奇的现象表明,他通过遗传获得了内在的识别人类语言的机制,它能够识认任何人类语言,从而表明它是一种普遍性的机制。这种机制不是为哪一种语言准备的,而是为人类的一切语言准备的。它不能独立于语言而存在,只有在学习语言的过程中才可以显现出来,但它在前语言阶段就已经潜在着了。它是一座燃烧着熊熊烈焰的普遍性的熔炉,可以将任何人类语言熔化于其中。

四、语言有无再现功能

由于否定语言具有普遍性,罗蒂等哲学家进而否定语言具有再现功能和媒介作用,把语言与存在视为一体,只承认具体语境中的特殊语言,从而忽视了语言的多样性功能和意义。

罗蒂说:"我们使用的语言不是用来代表现实的……语言起源于不时改变语言以适应社会实践的需要。"[①]罗蒂这里所说的其实是两种不同意义上

---

① 〔美〕理查德·罗蒂:《哲学和自然之镜》,李幼蒸译,北京:商务印书馆2012年版,第3—4页。

的"语言",而且说的是两个不同的问题。前者指的是一般意义上的语言,即作为语言学对象的语言;后者则是更侧重于思想含义的语言,即观念。前者更抽象一些,侧重于形式,注重的是符号和句法;后者则更具体一些,侧重于内容。前一种意义上的语言变化很小,比如古汉语虽然与现代汉语有较大区别,但多数字词的意思变化不大,句法结构也还可以辨认,因而我们能够读懂古代遗留下来的文献。反之,古代文献里所表达的思想和观念,与现代有巨大差异。

人们可以用语言来再现各种情景下的体验、思想、感受。比如罗蒂著作中的语言,就再现了作者的思想。尽管可以说他的思想与语言是一起生长的,但在写作某本著作(比如《哲学和自然之镜》)之前,他必定已经具有了基本的观点,其写作活动可以看作对于这些观点的再现过程。

虽然无法把思想与语言从现实上分开,从逻辑上却可以说思想是在先的,没有思想便不可能有语言。我们常常为了准确表述自己的一个意思而揣摩字词,便是例证。

语言的再现功能在描述外在事物的时候表现得尤为明显。当我们听到"月亮"或"moon"时,脑子里绝不会出现"猪"和"pig"的形象。人们当然可以说每个人理解的月亮不同,却不能否认其再现的是月亮。用语言来传递某种知识时,也能够感受到语言的再现功能,知识可以通过语言传达给另一个人;罗蒂的基本观点,我也可以通过语言传递给另一个人。

翻译活动中的可翻译性也可以证明语言有再现作用。通过翻译,可以将原作中的基本含义转换为另一种语言,这说明语言能够大致再现原作的意思。假如语言不具有再现功能,翻译就是不可能的。没有绝对的翻译,即没有绝对的再现,但不能说绝对不可翻译和再现。

第六部分 语言与存在

以上是标准意义上的翻译，另外一种广泛意义上的翻译，就是生活中普遍存在的解释现象——当张三不懂得某种知识的术语和句法时，懂得这种知识的人用张三能够懂的术语和句法进行解释，使他理解这种知识。这种情形证明一种"语言"大致可以再现另一种"语言"所表达的意思。在同一种语言中，我们能够复述别人的意思于第三个人，而这第三个人也能够明白转述的意思。这种转述固然有所变异，但多数情况下基本的意思是能够得以保持的。

虽然并非所有的语言或语言的所有功能都是再现，却不能否认语言或某些语言具有再现功能。

与反对语言再现现实的说法相一致，戴维森"要我们不再把语言视为一种媒介"。[1]媒介作用与再现作用其实是一体的，只是描述上有所侧重而已。既然语言具有再现功能，自然也就具有媒介作用。比如在外语语境之中，你只要掌握了某种语言一定数量的词汇和语法规则，就能够明白对方说话的意思，这时的语言就是理解的媒介。当我们向另一个人描述自己的所见所闻时，语言就具有这种功能，因为它指向某种存在。懂与不懂某种学科的专业术语，也显现出语言的媒介作用。

罗蒂认同戴维森的看法："戴维森对语言沟通的解释，不把语言视为介于自我与现实之间的第三者，也不把不同的语言视为个人或文化之间的障碍。"[2]在语言活动中，绝大多数情况下我们感受不到语言的存在，这时

---

[1] 〔美〕理查德·罗蒂：《偶然、反讽与团结》，徐文瑞译，北京：商务印书馆2003年版，第31页。

[2] 同上，第25页。

哲学之思：真理的豪饮

语言与存在是同一的，可是，当两者不同一时就显示出语言是处于我与存在之间的东西。比如，我们面对一种不知其名的植物或动物时，虽然直击存在，也能够描述它们的各种性质和情状，却总感觉很模糊，觉得不能把握住它的存在。当你知道了它的名称，这个存在物在你的心中就立刻清亮起来，仿佛从混沌的世界中一跃而出，你会觉得一下子把握住了它。语言的这种作用不妨看作介于观察者与对象之间的第三方。当我们看或听新闻的时候，语言作为第三方——媒介的作用就更加明显了，听、看新闻的人正是通过语言这个媒介知道了发生在其他地方的事情，他不是为了知晓语言，而是为了知晓文字所传达的事件。

上述引文中的第二句话就更难以成立了。语言不仅是不同文化之间的一个障碍，而且还是一个最重要的障碍。如果不懂一种语言，听不懂人家说的是什么意思，看不懂其典籍，又如何理解这种语言所载负的文化？即使在同一种语言环境中，同一个不识字的人谈论哲学或相对论，通常不会产生任何有价值的影响，这难道不是个人之间的障碍吗？

罗蒂进而主张，"反讽主义者同意戴维森的观点，主张我们没有能力走出我们的语言，以便把它和其他东西加以比较；也同意海德格尔的观点，相信我们语言的偶然性和历史性。"[①]所谓不能走出语言之外，只是一个普遍而笼统的说法而已，实际的语言活动要复杂得多。是否能够走出语言之外，要看语境。要证明语言是否能够走出自身，用罗蒂所强调的社会实践活动来验证一下就能够得出结果。以下几种情况便是：

---

① 〔美〕理查德·罗蒂：《偶然、反讽与团结》，徐文瑞译，北京：商务印书馆2003年版，第108—109页。

其一，当遇到不可入者的时候，就走出了语言。如对方不能理解你的语言时就是如此，由此表明他的理解存在于你的语言之外。其二，就语言与其所指而言，我们可以走出语言，语言毕竟具有所指功能，比如我说玫瑰是香的，这句话并不香，但现实的玫瑰却可以打破这个语言的樊笼，让你知道什么是香，这个香就存在于语言之外。作为语言的"玫瑰"这个词与其所指完全是两种不同的东西。其三，要看指的是哪一种意义上的语言。如果是指存在的语言，就肯定走不出；若是指作为符号的语言，则可以走出。

语言的功能和意义具有多样性，可以从多个角度去审视，而罗蒂等人的后现代语言观用一个角度代替了其他角度，把多样性变成了单一性。

五、语言的实体性与整体性

罗蒂等人以整体论和作用论否定语言具有独立性，他们讲的虽然有一定道理，却矫枉过正，走向了另一极端，忽视了语言的多重性质和多样性的意义与作用。

语言的中立性是存在的。音素、文字、词语作为语言的原子单位，有其独立性，虽然其意义要由其他文字来规定，但它们每一个都有自主性的含义，与其他文字和词语之间存在着边界。语素、文字、词语、句法结构等具有超越性，能够为不同的人所使用。假如否定了这种中立性质，而把语言看作纯粹语境性的东西，就无法解释不同语境中的人们之间何以能够沟通。

罗蒂主张这样一种语言整体观："我们不需要认为'个别字词必定有意义……戴维森的新维特根斯坦观是，甚至连'红'和'妈妈'都只在语句的，因而是整个语言的环境内使用。"①

个别字词如果没有意义的话，语句的意义是通过什么方式表达出来的？句子的意义不正是通过一个个字词来表达的吗？个别字词对于系统的影响也是显而易见的，随便变动一个字、一个句子甚至文本都会受到影响，否则，为什么说话和写文章时要字斟句酌呢？

有两个层次不能混淆，这就是字词与语句，它们分别有不同的功用和意义。字词的功用是局部的，语句的功用则是整体的，二者不可相互代替。语句表达的东西，字词未必能够表达；而字词表达的东西，语句也不一定能够表述。还原论无疑是偏颇的，罗蒂等人的这种整体论则是另一种偏颇，用整体代替了局部。在这里他们忘记了解释学的循环，字词的意义要到语句中去寻找，语句的意义又由字词来规定。即便没有语境，我们也不会把"红"与"黑"，"妈妈"与"爸爸"相混淆，怎么能够说个别字词没有意义呢？

最初的语言学习的确是在语言环境中进行的，没有这种环境，母语的学习就是不可能的。婴儿之所以能够知道"红"和"妈妈"，一定是面对红色的东西和妈妈这个人（这里已经有了本体论的指涉）；不用说人类的后代，即便是某些动物，比如狗，都能够懂得其主人经常使用的一些词语，比如"出去""洗澡"等，它都会做出相应的反应。它们之所以明白这些词语的意思，是由于长期在同一情景中使用同一个词语而建立起来的联系，是某种语言环境的产物。

---

① 〔美〕理查德·罗蒂：《哲学和自然之镜》，李幼蒸译，北京：商务印书馆2012年版，第317页。

第六部分　语言与存在

但是，不应该以这种语境的整体性和语言起源上的整体性来否定字词的独立性。当语言产生以后，语言就具有了独立于语境而存在的性质。"红"是一种语境，"妈妈"是另一种语境，它们所需的语境不同；甚至可以说，这种不同的语境是由于这两个不同的词汇才存在的，是从这两个词汇衍生而来。词语一旦形成，就不仅具有脱离语境而独立使用和存在的可能性，还可以创造语境。

在罗蒂看来，杜威、维特根斯坦和海德格尔都"锲而不舍地强调这样一种整体论观点，字词是从其他字词而非借助自身的再现性来取得意义的，由此必然得出，词汇是从使用它的人而非从其对现实的透明性关系取得自己的特殊优越性的"[①]。字词之间的关系的确如此，每一部词典都能够证明这个道理。可是，如果每个字词都没有独立的意义，它们的意义是怎么确定的呢？一个字词的意义的确是由其他字词来规定的，而这同时就意味着其他字词必须是有独立意义的，否则，没有独立意义的其他字词如何来规定也没有独立意义的这个字词的意义呢？字词与语句的关系也是如此，字词必须是有意义的，正如语句也必须有意义一样。

这只是事情的一个方面，与此同时还存在着另一个方面，这就是词语、语句与所表达的意思（或曰"存在"）之间的关系。这是两个不同的维度，两个不同的问题。若是将这两者看作一种否定关系，以前者否定后者，就把语言的作用简单化了。如同前文已指出的那样，词语和语句还具有再现的功用，这是不能否认的。看不出为什么在把词语看作相互规定的同时，就不能

---

① 〔美〕理查德·罗蒂：《哲学和自然之镜》，李幼蒸译，北京：商务印书馆2012年版，第385页。

同时承认它们具有再现功能,这两者并不矛盾,没有必要非去除其一不可。"苹果"这个概念首先是由语言之外的存在——苹果规定的,它是后者的再现,其次才是被其它词语所规定,而这只是对"苹果"的一种解释,这就是知识论层面的事了。这两个方面可以并行不悖。

不能不说罗蒂等人的观点并非彻底的整体观。作为整体论的解释学循环须是居中的,不偏向于任何一方。偏向于局部,会导致还原论;偏向于整体,则会导致架空的整体论,有忽略局部之独立性的危险。前述罗蒂等人的观点就是一种架空的整体论,它用整体代替了部分。按照解释学循环的原则,只有了解了各个部分,才能够了解整体,那么各个部分就一定是有意义、有独立性的,否则便不能称之为"部分",整体的意义就寓于部分之中。不过,这只是解释的一个方向,如果只停留在这个方向上,就是还原论。真正的整体论,必须同时进行另一个相反方向上的循环,即从局部到整体的循环。局部的意义和整体的意义就寓存于从局部到整体又从整体到局部的解释运动之中。这才是彻底的整体论。

罗蒂等人的整体观实质上仍然是一种还原论,与以往还原论不同的是,他们把局部归结为整体,取消了局部相对于整体的独立性和自存性,变成了单向的解释活动,而非双向的解释运动。罗蒂等人所谓的整体论,实质上是倒过来的还原论,把局部还原成了整体。它忘记了整体论是一种解释学的"循环"运动,而停留在了整体这个维度上,从而与还原论殊途同归了。

一切存在都存在着互解关系,我们只能用这种解释学循环的方式去解释各种事物,"循环"无法避免。所谓循环,只是看起来如此,实际上在每一次的循环中,我们都推进或改变了对于存在的理解,进而改变了对于整体与局部两者之间关系的认知。

| 第十六章 |

翻译之可能与不可能

哲学家惯于以耸人听闻的语言来表述自己的想法，以至不顾自相矛盾，甚至罔顾事实。比如，德里达如下的说法就属于此类："你（或他们）永远无法确知，当我使用一个名字时，我是为了说"Socrates"是我，还是'Socrates'有八个字母。这就是为什么翻译是不可能的。"[①]

这里起码有三个问题需要商榷：其一，在具体的语境中，无须解释我们就知道他说的"Socrates"是什么意思，而他所举的这个例子没有语境，当然无法确定其含义。他用来论证具体化和特殊性的例子恰恰是一个抽离了具体语境的普遍化了的东西。其二，"翻译是不可能的"这句话是可翻译的，它已经被翻译成了中文，这一可翻译的事实否定了这个命题。其三，德里达以及对德里达的观点持赞同态度的罗蒂，在生前就授权将自己的著作翻译成多个语种，这又是一种自我否定。既然认为翻译是不可能的，为何还同意将自己的著作翻译成其他语种？

---

① 〔美〕理查德·罗蒂：《偶然、反讽与团结》，徐文瑞译，北京：商务印书馆2003年版，第196页注释36。

后现代哲学家们虽强调存在的具体性、特殊性和生成性，他们却又时常无意识地否定自己的观点。如果将后现代的逻辑贯彻到底，就不应当一般性地断言翻译是否可能，而应当具体讨论什么可翻译，什么不可翻译，或者在何种意义上不可翻译，又在何种意义上可以翻译。

一、在何种意义上翻译不可能

在绝对的意义上才可以说"翻译是不可能的"，无论翻译的水平有多高，也无法将一个文本原封不动地翻译成另一种文字。翻译成另一种语言已经意味着某种程度的创作。这种"创作"主要表现在以下几个方面：一是译者对于文字的理解，译者的外语水平直接影响着文本的质量。译者的外语不管多么好，都与原作者的语言水平有距离。二是译者母语的水平和写作能力会影响到译本的质量。三是译者对于原著思想的理解，与原作者之间有距离。这几个方面使得译作在一定意义上成为译者的作品，因而也可以看作与原作不同的一个新文本，它尽管是对原作的翻译，却掺入了译者自身的诸多因素。

文字具有多层或多重含义，形成一个立体的意义场。文字有本义和衍生义、显义和隐义等；此外，还有微妙的情感色彩。所有这些，在显义周围形成了一个类似于月晕那样的模糊地带。显义是容易翻译的，隐义和衍生的多义却往往难以找到译者母语中对等的词语和表达方式。

一个词语、一句话，当我们去翻译的时候，时常面临着多种语义的选择，这影响着对于原作的表达。于是，一个译本的质量，就受制于译者的翻译水平，而翻译水平则受制于译者的理解能力、思想深度、知识结构、语言修养、文化造诣、作者的观念和观点，甚至于作者当时的心理状态等诸多因素。就此而言，一个翻译作品是当时译者心理结构的某种投射，正如原作是作者当时心理结构的投射一样。

不过,创作并不意味着译者可以超越原作者,实际上经常发生的情况是作品的水准因翻译而降低,因为被翻译的作品大多是经典之作,而译者的创造力通常距离经典水平较远。只有个别情况下,也就是当译者同时也是母语世界中的佼佼者时,才有可能接近原作水准。

翻译是将某种文字嵌入另一种文字的过程,当一个文本翻译成另一种语言时,它就已经因语言的变换而发生了变异。每种文字,包括其中的每个字,都具有漫长的演化史,有自己的语义场,镶嵌于其所发生的文化整体之中,而这个语义场和演化史是无法翻译的。也正是由于这个原因,一种语言中的概念,尤其是那些基本的概念,难以用另一种语言准确表达。例如当我们用"存在"来表示"Being"的时候,即使从字面和字的结构上也已经能够感受到其不同,更不用说字的原始含义了。所以汉语哲学界一直在为"Being"如何翻译而绞尽脑汁,以至于还为此出版了两大卷讨论"Being"的书《BEING与西方哲学传统》[①],但仍未取得一致意见。有的主张翻译成"存在",有的认为应当译为"是",还有的主张译为"有"。无论哪一种翻译,都不能完全表达"Being"的含义。

字或概念如同人一样,是有个性的,每个字都是它自身,不能用别的字来代替,更何况是用另外一种文字了。不用说不同的语言之间难以完全翻译,即使同一种文字的不同概念之间,也不可能绝对可译。各种语言中有所谓"同义词",其实同义词恰恰是不同义的,如果完全同义则无存在之

---

① 宋继杰编:《BEING与西方哲学传统》,保定:河北大学出版社2002年版。

必要。同义词之间存在着细微的差别，或是程度上，或是感情色彩上，或是侧重点不同，或是褒贬有别。中国古代的"道"这个字，用现代汉语难以转述，用任何一个其他词语来描述"道"，都感觉远离了"道"。"道"就是"道"，不是其他词语。

文字对于母语使用者所产生的一些直观感受也无法翻译。比如很多汉字，当我们看到它们时立刻就产生某种感觉，如"丑陋""恶"等字，看一眼就觉得不舒服，而"美丽""善"却令人愉悦。当它们被翻译成其他种语言时，这种感性的东西可能就会消失，外文中的相应字符未必也会导致此种感受。

翻译也是在译者母语中寻找对等表达的过程，可是这个对等恰恰是不对等的，只是大致如此而已。同样的含义，在不同的语言和文化中的说法往往有很大差距，经过翻译过程后甚至会变得面目全非。比如英语里的 to teach a fish how to swim，直译是"教鱼游泳"，汉语里对应的是"班门弄斧"；"一石两鸟"，意大利语中对应的翻译是 si può prendere due piccioni con una fava，直译是"用一个蚕豆可以抓两只鸽子"。它们只是中心含义相近，其意象、直观感受和生活渊源却相去甚远。这种词语如果直译到另一种语言里，人们就不会明白其含义，故而只能在母语中寻找对应的词语替代之。

不只是文字，还有句法结构的问题。不同的语言其句法的构造差异甚大，在相当多的情况下难以通约。有时明明知道原文的意思，但要将其翻译为母语却很困难，难以找到对应的句式。这里就涉及思维方式的问题，句法的构造方式隐含着思维方式的不同。简而言之，每个作者也都有其独特的语句构造方式，由此形成了文字风格。风格有着强烈的个人特点，译作很难传达出来。

翻译，也是将一种文化嵌入另一种文化的过程。因此不可翻译性还表现为文本自身也有一个文化语义场，这个场更是不可能翻译过来的，它镶嵌于其所产生的整个文化机体中，存在于文本之外广阔的精神世界里。美国汉学家安乐哲（Roger T. Ames）曾经在一次小型讨论会上讲过一个不可翻译的例子——"道"。他说，老子的"道"被翻译为"The Way"，是不准确的，因为老子的道没有起点和终点，而西方的道却不然，上帝已经预定了其开始和终结。他认为音译最好，西方语言中找不到相应的词语。文字后面隐藏着的是产生它的那个文化机体，而被翻译的文本便衍生于这个机体。

一个文本的产生还有其具体语境。这个语境虽然在文本中有所展现，却是不完全的。一篇文章或一部著作其所关涉的种种文献、思想不可能都展现于文本之中，还有大量的信息隐藏于其后，比如作者的心理感受、写作历程、写作动机、学术背景等，写出来的通常只是很少的一部分，它犹如大海中的岛屿，岛屿虽小，其在水下的部分却是一座巨大的山梁。

从以上各个方面来看，翻译如同切割，是从一个巨大的文化机体上面将一个微小的器官摘下来，然后移植于一个异质的文化机体之中。译作也可以看作是从原作者广袤的精神机体上切割下来一个片段，将其抛置于异域的陌生土地里。就此而言，也可以将翻译看作一种嫁接活动，是将异质的文化枝芽嫁接于另一种文化之树的活动。那被嫁接过来的枝芽能否开花结果，在这个新的机体上具有何种意义，则取决于它的命运。

在上述意义上才可以说，翻译是不可能的，只要是翻译就意味着变异。

二、翻译在何种意义上可能

在何种意义上又可以说翻译是可能的呢？一般而言，在相对的、有限的意义上翻译是可能的，文本的基本和核心意义是可翻译的。

作为一个文本，必定包含着可翻译的东西，因此才有翻译活动存在。文本所包含的无非是作者的思想、观念，其表达形式则是多样的，如散文（包括论说文体）、小说、诗歌、戏剧等。无论何种形式的文本，总是在言说某种意思，用哲学的语言来说可以称之为"存在"，而这正是翻译的对象。

作者要表达的东西是经过深思熟虑之后而形诸文字的，其所以如此，是为了将自己的思想、感受、意思表达清晰，以便读者理解。文本所包含的基本含义也是清晰的，其核心思想和逻辑是可理解和可把握的，由此决定了翻译之可能。

从这个角度不妨说，翻译具有再现功能，忠实于原著是翻译的基本要求。比如对于德里达和罗蒂著作的翻译，汉语文本基本再现了他们的思想。翻译的这种再现功能显示出语言具有再现存在的作用。翻译活动是一种具有生成性的活动，但其寄生于原著之上，原著才是翻译活动中真正的主体。翻译文本的生成性受到原文视域的限制，因而不可能任意地生成。虽然可以说这种再现是创造性再现，毕竟还是一种再现。如果翻译和文字均不具有再现功能，翻译活动便不可能存在。

原作者独特的风格、思想和视域约束着译者的视域，使得译作也独具特点，大致展现出原作的风貌，从而区别于其他译作。译作无论怎样是一种创作，都只能是对于原作的阐释，是原作继续存在的一种方式。由此，即使从译作中我们也能够感受到原作之间的区别，我们绝不会把荷马和但丁相混同，哪怕是不署作者的名字，即便从中文译本中我们也可以感受到柏拉图与亚里士多德、康德与黑格尔文字风格的巨大差异。

第六部分 语言与存在

德里达和罗蒂之所以主张翻译是不可能的，是因为他们不承认实体性和语言再现功能的存在。对于德里达来说，存在的过程是持续分延或延异的过程，存在不断地变成非其所是，不断地消解着自身，消解着其实体性，并向自身之外溢出。对于罗蒂而言，则由于存在是整体性的，任何存在都向整体之域开放着，因而他者总是形影相随，致使存在过程具有偶然性和不确定性，这种不稳定性也同样解构着存在的实体性。

然而凡是存在一定具有某种程度的实体性，否则便无存在之可能。所谓实体性，就是存在的稳定性，它具有相对确定的结构和属性，因而才可以称之为存在。如果没有这种稳定性，总是处于生成或解构过程之中，存在就不可能形成。现实中的存在没有一个是不具有稳定性的，正是这种稳定性使其成为自身。你可以说实体永远处于生成和解构过程之中，却不能说存在没有实体性。没有实体性的存在我们无法知道它是何物。

文本一旦被创作出来便成为稳固的存在。文本比自然存在物更具有封闭性，它打上了强烈的个人烙印。文本流传于世以后成为一种独立于作者的存在，作者无法再进行更改。它实际上成为一个封闭的实体，既对作者封闭，又对读者封闭。所谓文本的开放性，只是就人们对它的理解而言才存在。对于同一个文本可以有不同的理解，人们能够更改的只是意义。

实体性意味着它是独特的存在，意味着"这一个"，文本尤其具有这样的特性，它是作者的独特创造。承认了文本的实体性，也就是承认了德里达和罗蒂所强调的个体性、独特性、特殊性。

文本的实体性来自文字和语句的实体性。每个字词和语句都表达着什么，这被表达的意思是有确定性的；没有确定性的文字，只能是胡言乱语。罗蒂否认文字具有实体性，否认语言具有再现功能，认为任何文字都必须在语境中才可以确定其意义,然而翻译活动恰恰对他的这些观点进行了否定。翻译的前提难道不是首先得确认每一个字的含义吗?尽管每个人对文字可能会有创造性的理解,但文字的核心含义是稳固的;否则,如果与他人的理解相差十万八千里,你说出的话和写出的文章就没有人能懂。

这种实体性是文本可翻译的前提。假如没有实体性,文本一直处于变动之中,那就没有办法进行翻译,你正在翻译的时候它就已经变成了别的。

三、翻译度

这里应该提出一个"翻译度"的概念,用来表达可翻译性。并非所有的文本都具有同样的可翻译程度,不同种类和风格的文本、不同作者的文本,其可翻译程度有差异。因而就不能简单地说翻译可能或不可能,在承认文本具有可翻译性的前提下,还存在着一个可翻译度的问题。

越是原创性的作品就越难以翻译,因为它们表达了最具个人性的思想和体验,而且是用最具个人化的语言写成;越是那些常识性的作品,就越具有可翻译性,这样的作品缺少独特性和深度。

所使用的概念和语言越是具有普遍性和公共性,越是规范的作品,越容易翻译。比如词典是比较容易翻译的,它们是最规范的语言;还有教科书,特别是集体编写的教科书一般也容易翻译,它们所讲的是最常见的知识,缺少个人风格。自然科学的文本由于其规范性和可量化,具有很高的翻译度。

不同作者因其思想和文字风格的不同,其可翻译度也各有差异。仅以西方哲学而论,康德、黑格尔、胡塞尔、海德格尔的著作是最难翻译的,

第六部分 语言与存在

这既是由于他们思想的深奥,也是由于其语言风格的特异。

在各类文体中,最难翻译的是诗歌,可以说具有最低的翻译度。诗所要表达的意思往往在文字之外,文字仅是一种提示,对诗的理解需要丰富的想象力和敏感的精神器官,以及读者的深度体验,诗的意味更多地依赖于读者自身的再次创造,有赖于读者的文化和文字修养。德里达所说的"翻译是不可能的",如果用到诗的翻译上,则大半是对的。外国的诗翻译为中文而仍具有诗味的微乎其微。就笔者的阅读范围而论,仅冰心等人译的泰戈尔的诗和郭沫若译的古代波斯诗人莪默·伽亚谟的《鲁拜集》,依然保持着浓烈的诗味,其他人的汉译诗大多味同嚼蜡,甚至远不如一般的散文耐读。中国的古诗一旦译为外文,便如白开水一般,韵味荡然无存。

诗具有强烈的个人性,所描述的是个人的深刻体验、感受和震撼其心灵的情感,更接近于存在的感性层面,而其表达方式也同样弥漫着强烈的个体性特征,在不同的诗人那里很难找到共同的语言。这也是诗的可翻译度低的原因。

诗是用语最简练的一种文体,它以最少的文字拓展着最大的想象空间。上乘的诗歌,你无法更改一个字。在诗中,文字本身的视觉效果也是诗的组成部分,而这种效果不可能翻译,至少汉诗是这样。比如屈原的《离骚》,其中使用了大量的花草树木名称,那些名称字字珠玑,带着仙气和灵性,虽然你不知道那究竟是什么样的植物,但一看见那些文字就感觉仿佛置身于一个冰清玉洁的世界。《诗经》里也涉及许多植物和动物,它们都给人一种如闻其声、如见其物的感觉。比如蟋蟀,当你看见这俩字的时候蟋蟀的形象便跃然眼前,其声则萦绕耳畔。文字所引起的这种感觉无法翻译。诗最典型地表达着文化的特质和诗人的异质性,以最个人化的方式与文化最深广的部分相关联。

最不可翻译的东西，是那些不可说之物，是无法用语言描述而难以形诸文字的东西；而那些能够说清楚的东西，虽然也存在着歧义，大致上还是可翻译的。

翻译是否可能的问题，最终也是理解是否可能的问题。如果理解是可能的，翻译也就是可能的；假如人与人之间无法相互理解，则翻译自然也就不可能。既然那些后现代哲学家们（如德里达和罗蒂）把自己的思想付之文字，就表明他们承认人们之间是可以理解的，否则便没有必要写作并公之于众。说同一种文字的人能够理解他们的著作，说另一种文字的人也就同样能够理解，于是翻译便产生了。人们之间的理解与误解是并存的，如果完全可理解，就没有必要写作；如果人们之间完全无法理解，也无须写作。翻译活动作为一种理解活动，也遵循着同样的道理。

第十七章

语言和书写对于存在的召唤

有一种观点认为语言对于表达有某种阻碍作用,语言无法准确表达某些体验和感受,也就是所谓的"言不尽意"。其中以庄子之论为著名:"世之所贵道者,书也。书不过语,语有贵也。语之所贵者,意也,意有所随。意之所随者,不可以言传也,而世因贵言传书。世虽贵之,我犹不足贵也,为其贵非其贵也。故视而可见者,形与色也;以而可闻者,名与声也。悲夫!世人以形色名声为足以得彼之情。夫形色名声,果不足以得彼之情,则知者不言,言者不知,而世岂识之哉。"[①]

这种情况的确是有的,却未必就是因为意之深,有时就是一些浅层的感觉,比如生理上的感觉,也难以用语言描述出来。即使一个感性的存在,要用语言把它传递给另一个人,在他头脑中建构出感性图像,也几乎是不可能的,要形成感性图像必须通过亲知。语言的界限未必就是存在的界限,感性层面的存在大多无须语言。

现代西方哲学家们则指向了与庄子相反的维度。伽达默尔认为"能被

---

① 《庄子·天道》。

理解的存在就是语言"①,强调语言与存在之间的同一性,语词之外无物存在。维特根斯坦也说"凡是能够说的事情,都能够说清楚,而凡是不能说的事情,就应该沉默。"②他把语言的界限看作世界的界限。

语言于感性存在层面所起的作用,只是一个中介、指向、提示和启示,而它所指向的东西之所以能够传达给别人,取决于受众是否具有相关的经验和知识。比如"辣",若一个人从未尝过,则无论怎么向他描述,他都难以知道那是一种怎样的味道。

从以上情形看,语言似乎限制了对于存在的表达,言不尽意论好像很有道理,但这只是语言的功用在某个方面的表现,与此同时,它对于存在还具有揭示、显现、召唤的功能。在这个方向上,言不仅尽意,而且超出了意,将意引向存在的深处,使未知者显现出来。

一、书写是揭示存在的活动

如果说精神世界是一个广袤的宇宙,一篇作品的写作则无异于一个星系的诞生。(刚写完这句话,脑中突然联想到了人的精神结构形成的过程,也是与星系的演化过程相类似的,于是停下来将这个想法写到日记里,准备补充到关于自我精神内在结构形成的有关文字中。)

追溯一篇文章的起源可以发现,它最初往往来自一个简单的想法、观念、感悟、判断、命题。在这个想法产生之前的阅读、思索类似于原始星云阶段,那时没有结构,没有中心,只有无序的粒子运动——星星点点

---

① 伽达默尔:《真理与方法》,洪汉鼎译,上海:上海译文出版社1999年版,第606页。
② 维特根斯坦:《逻辑哲学论》,郭英译,北京:商务印书馆1990年版,第20页。

的、散乱的感想。而基本命题的出现，意味着在这个思想的星云里演化出了一个核。

随着这个核的出现，一个引力场产生。星云被这个核所吸引，开始围绕它旋转，进而形成一个个"旋臂"。当我觉得一个想法比较成熟，决定要写成文章时，就会在脑子里产生更细致一些的想法，通常会把它们写在文章的标题之下，作为即将展开的写作过程的提示、关键词。它们就是从核心命题里衍生出的一条条旋臂，比如本文现在的"旋臂"是如下一些内容：

言语的召唤作用，不如文字的召唤作用

写作是一种召唤活动，是一种追问，追问敲叩着未知之门

涌现

书写的整体性

核心命题或感受，种子

标题的指向作用，引力作用

展现

生长

对未知的召唤

牵引

引力中心

草稿

并非词不达意，相反，是词会生意

语言把存在召唤到光明处

语言的抓握作用

哲学之思：真理的豪饮

预定与不确定

物之不可说

树木

这些旋臂大多有不同的指向，有一些则指向相近的方向，总体上都受制于标题或核心命题的约束，被限制在核心命题所辐射的域中。目前这些旋臂还是无序的，随着演化过程——文章——的展开，它们会逐渐形成有序的结构。在即将定稿的文章中，这些旋臂不一定都会出现，有的旋臂会消失，有的会被融合；在写作过程中有可能衍生出新的旋臂，只是现在我还不知道它们会是什么，也可能根本就没有新的旋臂生成。因此，这篇文章，这个星系，最终究竟是什么样子，目前尚不可知。（写到这里，时间已经到了晚上十点多，该休息了，所以这个指向未知的写作活动暂时结束。这里说的"未知"，是就细节而言的，就整体的方向来说则是已知的，那就是探讨语言对于存在的召唤作用。）

这些旋臂最终会演化成一颗颗行星，围绕着太阳——文章的主题而旋转，那时一篇完整的定稿——星系就诞生了。这个星系是自成体系、自称起结、自我证明的自洽系统。不过这是一个语言与逻辑的星系，文字是它的粒子，逻辑和语法是它运行的规则。

写作过程更可以比喻为一株植物的生长过程。标题或核心命题就是一粒种子——当然是逻辑的种子，而文字的展开则是它发芽、生长的过程，干、枝、叶、花、果依次生成，完成一个整体建构的过程。种子规定了能够生长出什么样的植物，规定了即将生成的植物的质。

标题具有指向作用，它放射出强大的引力，把与主题有关的一切信息和材料源源不断地呼唤出来,将它们全部聚焦在这一个方向上,用以建造即将生成的精神星系。它仿佛从虚无中创造出无数的粒子,用以建造这个新的世界。标题或核心命题牵引着思维的指向,使之不得过于发散,以至因力量分散无法构造出新的星体、星系。由此也限制着作者的视域,使作者只能在这个域中劳作,割舍掉分生出来的枝杈。

标题或核心命题只规定了方向,细节则是在文字的具体生长过程中展开的;标题或核心命题是抽象的,它的展开才是具体的;前者是骨架,后者是血肉。

标题或核心命题也仿佛设定了一种内在的逻辑,写作一经开始,就沿着逻辑的轨道不断生发出新的枝叶,而这些新的枝叶往往是作者事先没有预料到的。写作活动中,思维经常分叉,如同植物生长的过程。

这种内在的逻辑构成了一个引力场域,把潜在于作者精神星空中的能量牵引出来。一开始作者常常觉得没有多少话可说,而当他进入书写状态时,语句就仿佛自动地跳出来一般,如江水奔流,涌现出作者自己都感到意外、惊异的观点、句子。写作活动构成了一个逻辑的引力场,如德里达描述逻辑时所说的那样,这个逻辑引力场仿佛具有生殖功能,从虚无中孕育出存在。

写作是一种召唤活动,将潜在与未知之物召唤于文字之中,显现出来。在非写作状态下,若仅仅是进行脑中的思考,无论对某个核心命题思考多么深入,也都有一种模糊的感觉,唯有书写——把思考变为文字的活动才可以将这个命题细化、展开并使之更加严谨;在纯思维状态下也很少有上述的文如泉涌的状态出现,在脑中涌现出的大多是一些核和点,它们犹如思维海洋里的一个个孤岛,而书写可以使它们连接成大陆。

哲学之思：真理的豪饮

书写活动不断激发出新的思想，在书写的过程中，当正在书写的这个意思浮现于笔端时，后边常常会跟随着许多新的看法，等待着涌现的机会。它们如同在后台的一个个演员，等候着登上表演的舞台，每一个存在都争先恐后地要变身为文字。当然也有停顿和断裂的时候，这时在那里等待着的就是作者了。

不只是文字具有召唤作用，言语同样能够起召唤作用。当你心中有某种想法与别人交流时，将其说出来，你的这个想法不仅会变得更加细密，而且还会衍生出许多新的想法。这些想法往往是你在向别人述说的同时，就在你大脑的后台产生了。

言语的召唤具有灵动、跳跃和更具有活力的特点，它宛如山间小溪跌宕起伏，激起浪花；文字的召唤作用则更加深入、细微、精密和沉稳，它犹如平静的湖水，映现着天空的每一片云朵，显现出思维机体的每一个细节。

写作之所以具有召唤作用，是因为写作实质上是一种追问活动，追问指向未知，开启了未知之门，打开了未知、潜在显现的通道，把它们从幽暗的虚无境域中呼唤出来。

写作活动的召唤作用与它的整体性有关。这个"整体性"的意思，一方面是指，书写的每一个部分的观点都与中心命题以及其他部分保持一致，这是由内在的逻辑自动生发出来的，标题和中心命题也以自己的逻辑力量，将思维约束在已经生成的逻辑轨道内运行。另一方面是指，书写活动是向着未知和不确定开放的，思维的焦点指向未知和不确定的领域，而这正是写作活动能够呼唤出未知和潜在的原因。已知的逻辑片段潜含着尚未显现的逻辑片段，逻辑的链条在思维的燧石对于未知的敲打中向前延展着。这个逻辑引力场的重心位于未知之域,由此牵引着思维之舟前行。

（在写上面这段之前,脑中断断续续出现了以下几个灵感:

无形之物变成有形之物的过程、理性与非理性、虚无。

下面就接着写这些内容。）

写作和言语是一种实践活动,是把无形之物变为有形之物的过程。一个观点只出现于心中时,它是无形的心理存在物,类似于一项工作开始之前的计划、草案,要将这计划、草案变成现实则需要实际的行动,写作和言语就是这样的行动。心中的观念、命题是理论的,写作和言语则是实践的,是将内在之物变为外在之物、心理变为物理的过程。实践活动使原本抽象的理念获得现实的生命,成为丰满而生动的存在。这也是书写和言语活动能够呼唤存在的一个重要因素。

写作活动似乎具有非理性的特征,主体不能完全把握写作的整个过程。将要写出怎样的具体文字、写作过程中还会出现什么样的思想,作者是不能预先知道的,作者也不能完全决定要写出的是怎样的文章,想是一回事,写是另一回事。然而从另一个方面来看,写作活动却始终贯穿了理性:它是有计划的,整个写作过程都在作者头脑清醒的情况下进行,写成的文章也以逻辑为骨架,这些都是理性的表征。一个没有理性的人不可能进行这样的创作。非理性的波浪为理性的堤岸所环绕。

在不确定性中又有着某种确定。这种显现不会是没有限度的,它受到作者前见的约束。那些将要显现的东西,首先受制于作者最近的精神结构和心理状态所构成的视角,这一视角影响着他能够看到什么东西;再远一些,就是一般性的前见,它由作者个人的全部历史构成。

虽然说这个未知之域相对于知的活动来说是虚无,这虚无却不是纯粹的空无，不是什么也没有，而是有，只是我们不知道有什么而已。纯粹的虚无是同质的，所有人都一样，我们这里说的作为未知的虚无却不是，它是异质的，每个人的未知都有其独特规定。哲学家的虚无不同于科学家，也与艺术家相异，从哲学家的虚无之海里溅出的是哲学的浪花。虚无是有规定性的，在每个人的虚无里都潜藏着他自己，所生成的存在都具有属我的性质。

二、语言把存在召唤到光明处

（写到这里，脑中出现了"名词对于存在的显现有抓握作用"的想法。）

语言是存在表演的舞台，唯有登上这个舞台，存在才能够成为世界的一部分。在这个舞台之外的存在，是我们所不能达致的无名之域。舞台是一个光亮的处所，其周围是无边的黑暗；存在犹如飞蛾一般，被光明所吸引，扑向这个能够使自身显现的场域。

没有语言，即使把握到了存在，也无法向别人传达，即便你感受到了存在，它也是模糊幽暗、游移浮动的。没有语言也可以思维，不过这样的语言浅显而不精确，其所显现的存在也就不清晰。天生聋哑人固然也可以进行思维活动，却主要是形象思维，脑中呈现的是一幅幅画面，这样的思维感性倒是感性，却不足以显示存在之复杂。语言看起来是抽象的、普遍的，却能够刻画最精微的存在。

语言仿佛具有俘获的能力，当存在被它捕捉到时，就牢牢固定在世界的某个位置上，成为坚不可摧之物。可以说语言是存在的秩序，当存在进入了这个秩序，就在"世界"中得到安置，在与"世界"中其他存在的相互关联中获得规定，成为确定性的存在。

第六部分 语言与存在

我们经常会遇到一些不知其名的花草树木，它们就活生生地呈现在感官面前，或色彩绚丽，或暗香袭人，有着最直接的存在感。可是，由于不知其名称，就无法用语言去描述它们，因而总感到无法把握。当我们离开直观再去回想的时候，非常模糊，难以复现，它们很容易从我们的记忆世界里滑走。我们对它们进行描述的时候，多是含糊其词，模棱两可。

知道了它们的名称就大为不同了，那个对象会一下子明亮起来，好像从黑夜中升起的朝阳一样，从你思维的海洋里脱颖而出。比如，在意大利我看到一种树，所结的果子与栗子无异，却不能吃，一直不解，这到底是一种什么样的树木呢？在向人描述的时候也只能这样去述说，结果是大家依然不知道那究竟是什么树。直到某一天有人说那是马栗，其果实马可以吃，人不能吃，这种树才在我心中有了确实而可靠的存在，它的性质才明晰起来。

就在此时此刻，我还有很多的植物不认识，它们只能存在于我的世界边缘，在语言的边界处若隐若现，飘忽不定，只在直观时它们才是生动而确实的，转过头去就会消失。这是由于缺少了能够抓住它们的"手"——名称。

名词好像有着特殊的意义。不知其名时，你只能说有一种东西，是什么样的形状、颜色、特性等，由于没有一个名词来抓住它，它就始终是一个不够明澈的东西。这时我们的种种刻画都是碎片式的、零散的、局部的，杂乱地呈现着，不能形成一个整体。当我们知道了这种东西的名字以后，情形就变了：那些碎片就会建构为一个有机整体，各种性质就像找到了自己的主人似的，成为那个名词的构成部分。名词具有凝结、聚合之力，是性质的主体，没有了它各种性质就没有了着落。

从这里又可以看出名词与形容词的区别。名词虽然实质上具有形容词的性质，它们在语言上的功能和对于存在的把握作用却是不同的。名词直指存在，是存在的整体，具有很大的包涵性。名词的实质相当于"有"和"是"，它只是说有物存在，并不指明它的任何性质，它的性质是由形容词给出的。与形容词相比，名词具有一种无限性，它可以包含众多的形容词。在这个意义上，名词是形容词的"家"。

名称本身是无意义的，它只是一个约定俗成的命名。比如山毛榉，对于没有见过且不知道这种树木的人而言，它就是一个字符和音符，不知道"山毛榉"这个名称究竟有什么含义，顶多知道它是一种树；对于一个毫无化学和物理学知识的人来说，"原子"这个概念，跟与他说外语差不太多。名词的意义来自我们对于语言的反复使用和知识，来自形容词对它的界定。当我们向他人解释这些东西或概念时，如果不是先说出名词，而是先说它们的性质，只会使人莫名其妙，不知道你究竟要说什么。解释，就是赋予这个名词以意义。名词是本体，亦即主体，有了名词，动词、形容词等才有意义和归属。

那些尚未登上语言舞台、尚未被语言捕捉住的存在，是生成中的存在，正处于发育途中。存在的发育跟动植物的发育一样，有的可以发育成熟，有的则停滞在某个形态中，有的则如河流中泛起的浪花，一现之后再无踪影。

语言是对于他者的召唤和开启，语言打开了存在的门，将未知、潜在从幽暗处召唤出来，沐浴于意识的光明之中。

第七部分

两个不同的思维指向

| 第十八章 |

哲学与文学的分野

哲学与文学的界限是否可以消除？哲学在什么意义上是一种文学？诗是否可以代替哲学？依照传统的观点，哲学与文学之间界限分明，而按照后现代的观点，它们之间的界限不只是模糊的，而且哲学甚至可以被文学所代替。

一、两个不同的思维指向

德里达、罗蒂等人主张消除哲学与文学的界限，将哲学消融于文学。他们强调，哲学不是再现真理或客观世界的学问，而是一种创作。

他们以创作没有目标为由来解构哲学与文学的区别。罗蒂说："试图捏造诸如'文学'、'艺术'或'写作'等虚构的名目，然后将这些不同的追求放在同一个尺度上衡量，乃是毫无意义的。同理，试图将这些追求加以统合起来，也是毫无意义的。就像没有所谓的'理论的目标'一样，也没有所谓的'写作的目标'。"[①] 每个作家都是独特的，他们之间根本没有共

---

① 〔美〕理查德·罗蒂：《偶然、反讽与团结》，徐文瑞译，北京：商务印书馆2003年版，第206页。

第七部分 两个不同的思维指向

同的目标，因而不应该将他们凑合到一起，将其作品综称为"文学"。根据罗蒂在《偶然、反讽与团结》一书中的逻辑，作家采取怎样的写作方式、写出什么样的东西、有没有目标都是偶然的，在其背后不存在一个共同的文学模式。

问题是，没有写作的目标，作品是怎样写出来的呢？罗蒂写作《哲学和自然之镜》难道不是为了解构传统哲学及其相关的概念和命题吗？这是理论的目标，也是写作的目标。在写作之前，罗蒂的观点不仅是已经确定好了的——至少也应该有一个基本观点，而且各章节的内容也是确定的，如果不是这样，就不可能写出一本著作。即便是文学作品，也是将人物性格、情节大致设计好了，才进行写作。

作家写作文学作品，也是在表达自己的观点、感受，只是表达的方式比较间接和含蓄罢了。比如《西游记》《三国演义》《红楼梦》，作者所表达的观点大多数是清楚的，能够看出他在赞赏什么，讽刺什么，褒贬什么。即使后现代的作品，也在表达着某种看法。既然如此，那就是有目标的。

这里需要区分清楚两个方面——作者的目标与目标是否达到。作者的设想可以很完美，写出来的作品却未必，也可能距离当初的设想有很大差距，也可能相反，超出了最初的设想。写作过程中存在着的这种偶然性，与写作是否有目标是两个不同的概念。

至于作品是否实现了作者所期望的价值（也就是所谓的理论目标或写作目标），则不完全决定于作者，还决定于读者。读者是有理解力的，不会被动地接受作者的观点，因而对于同一部作品，不同的读者会有截然不同的评价。从这个角度说，无论是理论作品还是文学作品都难以达到目标。

不是理论和写作没有目标，而是它们不一定能够达到自己的目标。

从本体论的角度看，作者之所以进行写作，无疑是为了表达内心的所思、所感，表达他对于世界、人生的理解，创作的目的在于将这种内在之物显现于外。这个过程实质上是一个自我实现的过程。这是一切创作的根本"目标"。

文学并没有消解掉确定性，一切文学作品都有大致确定的含义，有自己独特的表达，否则我们怎么能够区分出此作品与彼作品？目标的不确定性是以作品的确定性为前提的，有了作品的确定性才会存在作品意义的不确定性。作品是确定的，不确定的是作品的意义。

文学、艺术、写作这些名称并非毫无意义，它们之间虽然没有绝对分明的界限，却有着明确的区别。这些名称的意义，如同康德在谈到关于整体的理念时所说的那样，在于起一种指引作用。它们所表示的是一个整体性方向，是指向不同的思维方式。

按照罗蒂这里的逻辑推论下去，则一切区分都无意义，偶然与必然的区分也应当没有意义，最终就什么也不应该说了。若将偶然论贯彻到底，不同的人所理解的偶然是不同的，罗蒂理解的偶然不等于其他人理解的偶然，因而就不存在共同的"偶然"，把不同人们所理解的偶然概括到"偶然"这个共名之下，就是"虚构"。

虽然无法给文学、艺术和哲学下一个确切的定义或者得到一个公认的定义，但以文学、艺术和哲学之名所命名的那个领域，却有着与其他领域不同的显著特征，当我们去读某部作品时，立刻就知道它是哲学的还是文学的。

哲学未必就是在描述真理或客观世界，哲学也可以看作一种创作，然

第七部分 两个不同的思维指向

而哲学与文学的界限不会因此而消除。文学无不是以形象和具象说话,而哲学则以抽象为其根本特点。它们是人类思维中的两个不同方向,哲学指向抽象和普遍,而文学则相反,指向感性、形象和具象。哲学就是要超越感性,达到抽象而无形的大道,哲学必须超越物,将物冶化于无形;文学则以感性为归宿,必须落实于"物""形",以物传神。

体现在文字和表述方式上,哲学的文本由概念、判断、命题、假设、推论、论证构成;文学则不同,由形象、情节、情景、故事构成。即便是罗蒂所写的主张消除文学与哲学界限的文本,如《偶然、反讽与团结》这本书,读者一看就知道是哲学,而绝不会将其与文学相混淆。其实,这倒是符合罗蒂的另外一个观点,他把创造理解成新语汇的创设,那么标志不同领域的便是一套独特语汇,不同领域的词汇是不能也无法相互取代的。哲学与文学的区别从这个意义上也可以说是不同语汇的区别。既然哲学的语汇与文学的语汇有着天然的不同,怎么可以将其融入文学呢?连主张将哲学融入文学的德里达、罗蒂等人的著作都没有消除哲学与文学的界限,可见文学、哲学等词汇并不是"捏造"的。

罗蒂主张消除哲学与文学界限的另一个理由,是德里达所强调的"重要主题是关于封闭的不可能性。他喜欢表明,不论何时,当一位哲学家苦心完成了巴门尼德式完满的圆形的一个新模型时,永远将会有某种东西伸出或溢出。永远存在有补充、边缘、空间,在其中书写着哲学文本,这个空间构成了哲学可理解性和可能性的条件"[①]。在我看来,思想、文本或

---

① 〔美〕理查德·罗蒂:《哲学和自然之镜》,李幼蒸译,北京:生活·读书·新知三联书店1987年版,第384—385页。

学科的这种敞开性，同样不能消除不同领域之间的区别。虽然每个领域都向自身之外延异，向其他领域延伸，向未知溢出，但它自身却不因此被解构，否则它将消失。哲学、文学、艺术以至物理学、化学、生物学等，所表示的是不同的思维范式，这种范式的凝聚点便是这个领域的内核或根茎，而向其他领域的延伸或溢出则是其根须，在根须的尽头，便与其他领域融合为一，在那里彼此难分，界限消失。每个领域或学科都指向某个与其他领域不同的方向，并向着这个方向运动，但又不可能挣脱其他领域的制约和牵引，在这样一种相互的牵引中产生出巨大的张力。如果消除了它们之间的区别，这种张力将会消失，牵引之物不在，牵引力也就无存身之处。

这些不同的名称只意味着一个大致的方向，一个思考的指向，而不意味着它们相互之间存在着截然分明的隔阂。它们可以相互过渡，以至难以做出根本性区分。因此说它们之间没有区别或这种区别没有意义，是难以成立的。当我们说万物一体的时候，恰恰是以万物之间的区别为前提的，没有不同事物之间的差异，也就不存在它们之间的一体。同理，说不同学科是一个整体、相互关联，甚至没有严格的界限，恰是以它们之间的界限为条件的。只有承认它们之间的差别，才可以谈论它们之间的整体性和相互关联。

退一步说，取消了哲学、文学、艺术这些名称或划分以后，我们怎样称呼这些领域及其文本呢？这就如同我们生了很多孩子，而没有起名一样，即使将他们命名为一、二、三，也还是承认了他们之间有界限。

文学不能代替哲学，正如哲学不能代替文学。如果文学可以代替哲学，为什么哲学不可以代替文学呢？哲学家永远不可能像文学家那样思

第七部分 两个不同的思维指向

考，文学家也不会像哲学家那样去构思自己的作品，否则便不是文学，而是哲学了。

罗蒂的思想是相当奇怪的，一方面以偶然性来解构普遍性，认为不存在任何普遍的东西，存在的只是偶然、特殊；另一方面却要消除哲学、文学、艺术等之间的界限，甚至消除一切事物之间的界限。根据前者，应该坚持哲学与文学之间的分别才对；根据后者，则应该承认存在着普遍性的东西。

罗蒂主张："我们大家……都应该通过自觉地模糊文学与哲学的界限和促进一种无缝隙的、未分化的'一般本文'观念，来设法使自己离开我们的行当。……我们需要的唯一一种哲学与文学的区别，是根据熟悉物与非熟悉物之间的（暂时的和相对的）对立，而非根据再现物和非再现物之间或直意表现和隐喻表现之间的更深的和更引人注意的对立来划出的。"[①]"这样一种写作或许就是不再与哲学对立的文学，含有和包括哲学的文学，被立为一种无限的、未分化的本文织体之王的文学。"它"将是这样一种写作，它以自觉的无终结性、自觉的敞开性、自觉的欠缺哲学封闭性为标志"[②]。

是否模糊文学与哲学的界限，是否以文学的态度来写作哲学，是因人而异的，不应当强求一律，否则就是以一种新的武断代替了旧的武断。在这里应当秉持多样性、多元化原则，采取什么样的态度和写作方式，决

[①]〔美〕理查德·罗蒂:《哲学和自然之镜》，李幼蒸译，北京：生活·读书·新知三联书店1987年版，第378页。

[②] 同上，第385页。

定于个人的喜好、习惯；即使是同一个人，也应当不断变换表现的方式，而不应一以贯之，固守着一个模式，否则只能让读者感到单调乏味。要求所有人都模糊文学与哲学的界限，恰恰违背了罗蒂所主张的偶然论和多元论，也与他反对普遍性的主张相悖，这种模糊哲学与文学界限的做法成为一种新的普遍性。

采取怎样的写作方式和态度，应当出乎自然，由自己选择合适的方式。有些人未必适合用文学的方式进行写作，硬性要求模糊哲学与文学的界限，对于这些人来说将是灾难性的，所写出来的东西可能不伦不类，既破坏了文学，又伤害了哲学。

文本的敞开性，则只具有非常狭隘的意义。凡是写作，必定要表达什么，这就注定了其封闭性。只有什么都不说，才是绝对的敞开；然而不说便没有文本，没有文本就不存在敞开性的问题了。无论怎样开放的话语，既然必定有所表达，其敞开性就受到了限制，这敞开的方向和幅度受制于表达中所隐含的视域。敞开并不是随意的，而是受文本作者视域的制约。

文本的无终结性也是有限度的。就形式而言，一个文本总要在某个地方终结，并且要有一个完整的结构和首尾相接，有始有终。即使德里达的文本也是如此，罗蒂本人的著作也同样有着完整的结构。形式上的文本无敞开性可言，文本一旦发布于世就永远定格，不可更改。

所谓本文的敞开性仅在于其意义，是读者打开了本文的意义空间。作者既然在述说着什么、在表达自己的看法，就限制了文本的视域，从而具有了有限性。哪怕是作者可以列举种种不同的以至相互矛盾的观点，不做出结论，而让读者自己思考和判断，也不能使文本绝对地敞开，作者的视域毕竟是有限度的，他所开启的可能性也就不是无穷的，其视域必定会在

第七部分 两个不同的思维指向

某个地方终结。即使文本具有某种无终结性，读者视域的有限性也会将其终结。因此文本的溢出也同样是有限度的，有限度就有封闭性。

为什么要解构掉哲学？为什么不可以建立一种敞开性的哲学呢？罗蒂在《哲学和自然之镜》中所倡导的教化哲学或解释学哲学，就是这样一种哲学。既然他用来解构哲学的不过是另一种哲学，"哲学"就不可能被解构。建构敞开性的哲学不必非将其消解于文学不可。与哲学相比，文学虽然具有较为开放的特征，但它也不是毫无封闭性，完全没有封闭性的文本是不存在的。与哲学不同的是，在文学中这种封闭性比较隐蔽和模糊。其独特之处在于，它是让存在者自行出场，是所描述的人物、情景自身显现，自身展开，而不是由作者跳出来评说和判断，不过，这种所谓的自身显现是有内在逻辑的，这个逻辑就是作者的逻辑。这就显示出文学的封闭性。对话的哲学或者解释学哲学（罗蒂所说的教化哲学）就具有某种与文学类似的特点——在对话的场域中让存在者显现自身。如此则依然可以保持哲学的自立性，而不必使其消解于文学。

一个东西要存在，就必须有一定的封闭性，绝对的敞开意味着自身的解体。因此，如果还承认哲学的存在，就不应该以文学取而代之。罗蒂在某处说过，教化的哲学永远不会使哲学终结（然而矛盾的是，他却又主张将哲学终结于文学）；既然如此，哲学就具有自存性。即便是文学，它要存在也必须具有一定的封闭性。这样，将哲学消解于文学就失去了根据，因为那只是将一种具有封闭性的东西溶解于另一种也具有封闭性的东西，所不同的是封闭性程度。文学也可以以自己的封闭性来拒斥哲学。

即便像罗蒂说的那样，也不会因此就将学科间的界限消除："哲学学科的、或某个天才哲学家的谈话兴趣在改变着，并将继续以由于偶然事件而无法预测的方式改变。这些偶然事件将涉及从物理学现象到政治学现象等各个方面。学科间的界限将趋于模糊和改观，新的学科将产生。"[1]模糊不等于相同，新学科难道不是以与旧学科有界限、区别的方式产生的吗？没有界限的话如何叫作新学科？各个学科之间模糊的前提是各个学科的存在，而它们的存在就意味着它们的区别。已经模糊了的不同学科间的界限，只是过去所认为的界限。

罗蒂主张不存在"所谓'哲学方法''哲学技术'或'哲学观点'的东西"。[2]从某种意义上可以说没有，不存在普遍的哲学方法、哲学观点，但哲学的视角却是存在的。哲学是一种思维方式和说话方式，正如科学、艺术、文学是另外的思维方式和说话方式一样。对于一个没有经过哲学学习、训练的人来讲，要理解哲学著作是困难的，而理解文学作品却要容易得多，这足以表明哲学的存在以及哲学与文学之间的差异。

按照罗蒂不存在哲学方法、哲学技术和哲学观点的说法，同样可以得出如下判断：不存在文学方法、文学技术和文学观点，在这一点上它与哲学相同，那么为什么要把哲学消解于文学呢？前面的引文表明，罗蒂甚至认为"文学"是一种捏造，这就是说不存在"文学"这个东西，那么又怎么能够把哲学化归于文学——一种没有的东西呢？

德里达是罗蒂心目中一位解构了哲学的典型人物，认为他做的事"就

---

[1] 〔美〕理查德·罗蒂：《哲学和自然之镜》，李幼蒸译，北京：商务印书馆2012年版，第406页。

[2] 同上，第407页。

第七部分 两个不同的思维指向

是非哲学式地写哲学,从外边达到哲学,作一名后哲学的思想家"[①]。不幸的是,德里达根本没有达成目标,他的写作依然是哲学的,而且是相当专业的哲学,与诗更是毫不相干。只要读一读他的《书写与差异》[②]《多重立场》[③]就可以做出上述判断,这些文本无论如何都不能算是文学,拿什么样的标准去衡量也都是哲学。这再次表明了哲学的独立自存性,哲学确实有自己的问题和风格,它不可能被融入其他领域。

原来,罗蒂所理解的(严格说,是在某个地方所理解的,因为他在不同的地方常常有不同的说法)诗和文学不是诗和文学:"这种划分对立面的方式,可使我们把某种'文学的'或'诗的'时刻看作周期性地出现于很多不同的文化领域中,如科学、哲学、绘画和政治,以及抒情诗和戏剧。"[④]即指推陈出新的时刻,旧的事物已经使年轻人不满意,被当作墨守成规,出现了反常事例,新的开端势在必行。不能不说这是滥用了"诗"与"文学"两个概念,因为这只能算作一种广义的诗和文学,与说哲学与诗的区别时的"诗"完全不是同一个概念。这里所谓的"诗的"或"文学的",指的应当是那种创造性的东西,它在任何领域都有。这种创造性的东西具有诗的特质,它朝气勃发,富有强大的生命力,具有一种舍我其谁的

[①] 〔美〕理查德·罗蒂:《哲学和自然之镜》,李幼蒸译,北京:生活·读书·新知三联书店1987年版,第387页。

[②] 〔法〕雅克·德里达:《书写与差异》,张宁译,北京:生活·读书·新知三联书店2001年版。

[③] 〔法〕雅克·德里达:《多重立场》,余碧平译,北京:生活·读书·新知三联书店2004年版。

[④] 〔美〕理查德·罗蒂:《哲学和自然之镜》,李幼蒸译,北京:生活·读书·新知三联书店1987年版,第379—380页。

哲学之思：真理的豪饮

气概和青春的美感，处于这种状态的人都可以说是一个"诗人"。

在这个意义上来理解的诗存在于一切领域，也就同样存在于哲学领域，哲学因此也就获得了合法性，哲学中的诗性有自己存在的独特价值。哲学的创造如果可以称之为"诗"的话，只能是概念的诗，而非感性的诗。哲学自身就是具有诗性的，而且因其独特性而不能被融于文学性的诗中，于是将哲学消解于文学的问题也就不存在了。在这个意义上可以说，自古以来的哲学家没有不是诗人的，他们无不天性纯真而富有想象力。用其他的诗性来代替哲学的诗性，是非法的。

即便新的哲学只是新语汇的更替，也不能消除哲学与其他领域的区别。"重要的、革命的物理学和形而上学永远是'文学的'，其意思是，它面对着引入新术语和排挤当前流行的语言游戏。"[①]哲学的语汇与诗的、科学的、艺术的、政治的都不相同，它们各有其特征，怎么可能消除其界限？如果说这里的"文学的"只是一个比喻，那就意味着哲学依然是哲学，其所更替的新语汇仍旧是哲学的语汇，而非文学的语汇。

所谓"文学的"并不意味着"排挤"，而是"积累"。排挤，是一种独断论的态度。文学和哲学的历史表明，它们的发展过程不是简单的否定，而是并存。古代的文学不因其久远而褪色，那些真正独创的作品反而日久而弥新，例如"荷马史诗"、《诗经》《离骚》，根本不是新的语汇能够排挤得了的。在哲学方面何尝不是如此呢？柏拉图的《巴门尼德篇》不会因为有了黑格尔的《逻辑学》而丧失光彩，康德的《纯粹理性批判》也不会由

---

① 〔美〕理查德·罗蒂：《哲学和自然之镜》，李幼蒸译，北京：生活·读书·新知三联书店1987年版，第393页。

于海德格尔的《存在与时间》而丧失魅力。后来者可以不同意前人的观点，可以批判以往的哲学，前人所著文本的价值却不会有丝毫减损。

可见所谓的新语汇与旧语汇之间并不构成单纯的否定关系，而是并列关系，唯其如此才会形成多元并立的格局，才符合后现代的多元性主张；若是一种否定和替代关系，多元性就难以产生。

罗蒂心目中的诗性哲学家是海德格尔和德里达，肯定还有他自己，但他们的著作根本谈不上是文学的，距离诗就更远了。如果说他们的著作有什么诗性或诗化，也只是一种态度上的变化，即不把哲学看作普遍的真理，不认为有永恒的基础和本质，一切都处于流变和生成之中；同时，在哲学的语汇上也产生了相应改变，力图破除概念化、逻辑化、命题化和体系化。但作为哲学的一个文本来看，他们的著作却难以划入文学范畴。特别是海德格尔，为了使自己的哲学与传统哲学有彻底的区别，又制造了无数的新概念，那样生僻的概念和佶屈聱牙的文字，怎么能够叫作诗呢？那只是哲学的一种写作方式。

所谓哲学的文学化或诗化，不应当理解为将哲学归于文学或哲学的消失，而应当理解为哲学实质上也具有文学的性质，如同文学一样，哲学也是一种虚构，建筑在哲学家对于他所理解的世界想象之上。如果哲学也是虚构，在虚构这一点上它与文学就是相同的，因而也就不存在将哲学融入文学的问题，罗蒂关于消除哲学与文学界限的问题也就被消除了。

在上述意义上也可以把哲学当作文学来读。哲学所说的种种，并不是在宣布真理，而是在讲述一种故事，关于存在的故事。哲学是一种创作，出自诗性的冲动，讲的是哲学家的体验、感受、理解，只是采取了与文学不同的形式——概念、命题、论证而已。

不过这也只是一种比喻，此故事非彼故事，此文学非彼文学，喜欢文学的人永远不会喜欢哲学故事，因为哲学的故事并不好玩儿，那只是些概念的故事。真正的故事——文学，是以形象、情景、感性为根本特征的，以形和情来表达和表现；而哲学，只是道理，无形，甚至无情感，形与情隐于其后。

文学的态度也可以理解为游戏的态度，即不必那么认真，不必那么计较谁对谁错。由此，可以把哲学看作一种概念和命题的游戏，是不同语境中哲学家们的个人创造。这样的哲学与传统的哲学有根本性的不同，它意味着必然性、确定性、永恒性、普遍性、绝对性以及与之并列的基础、本质等概念的失落，传统哲学所轻视甚至逃避的偶然性、不确定性、暂时性、相对性、特殊性等，则为这种新的哲学观念所肯定，历史主义成为这种哲学的精神指向。

与之相关地，哲学的形式也发生了根本性变化，不再注重体系性，而是碎片化的，注重问题的描述，而不看重体系的建构。现代的哲学著作，可以看作问题丛、个人感受、理解的汇集。如此来看，哲学才可以被称为一种"文学"；不过必须记住，这个"文学"并非狭义的文学。

二、诗性与哲学

按照罗蒂们的主张，之所以要用文学或诗取代哲学，或者将哲学消解于文学，在于解构传统哲学所坚持的种种观念，如基础、本质、绝对、永恒、普遍、必然、确定性、理性等，而强调与这些范畴相对的概念，如现象、相对、短暂、特殊、偶然、不确定性、想象力、激情等。现在我们就从这些方面看看哲学与文学之间是一种什么样的关系，哲学是否可以从这

第七部分　两个不同的思维指向

些方面予以解构。

文学具有较多的现象学意味。在文学作品中，从形式上说，其所使用的不是判断，而是描述；其所要描述的东西就在文字之中，而不是在文字之后，文字之后并无本质。文字所描述之物是自行展现的。虽然文学作品也有始有终，有完整的故事、情节、情景，但总体来说是片段式的，是从生活世界中截取的一个部分，而不是对于整个世界的概括。很难在文学作品中找到一个基础性的东西，文学作品所展示的存在一直在展开的过程中。文学是具象的，在细节的展开中表达存在，因而更加接近于感性存在这个层面。

与文学相比，哲学具有明显的独断论特征。作者直接宣布其所发现为真理，所进行的论证也都是单线、单向度的，论证总是沿着固有的一条线索进行。其所进行的判断指向文字之外的世界，因而存在着真假的问题（文学在一定意义上不涉及真假的判断）。对于传统哲学来说，其存在形式多是一个完整的体系，与完整的世界相对应，这也表示其所揭示的是一个确定而完全的世界。现代哲学摒弃了传统哲学所坚持的理念，却在很多方面依然保持了哲学的特征，比如单线性。连主张多元论的后现代哲学，也依旧保持着单线思维或独断论，以自己之是攻他人之非。

虽然哲学与文学之间存在着这样一些区别，它们之间却不是截然对立的。文学作品与哲学一样，也是由固定的文字和语句构成，这些文字和语句的含义是确定的，由它们所描述出来的人物、形象、情节、情景等也是确定的。与哲学的文本相比，文学文本的不确定性要大一些，可解释域要宽泛一些，但上述的确定性规定了大的方向，制约着读者理解的视域。文学文本的这种实体性是不能被解构的。

哲学之思：真理的豪饮

罗蒂之所以主张消除哲学与文学的界限，甚至用文学来解构哲学，在于文学的本性是诗性的，而这个诗性是反基础主义和本质主义的。诗只是当下的创作，只描述而不追问；诗性指向创造，而创造意味着独特性，在诗性里很难找到普遍之物。因此罗蒂所倡导的诗化文化不承认现象背后有一个本质或基础，所谓本质，是由文化建构起来的。"所谓诗化的文化，就是不再坚持要我们在描画的墙背后再寻找真实的墙，在纯粹由文化建构出来的试金石之外再寻找真理的真正试金石。正由于诗化的文化肯定所有的试金石都是文化的建构，所以它会把它的目标放在创造更多不同的、多彩多姿的文化建构上。"①

既然"诗化的文化肯定所有的试金石都是文化的建构"，传统的本质主义也是文化建构的一种，它也应当是一种试金石，为什么它就不是其中的一元了呢？彻底的特殊主义原则，最终必得承认自己所反对的东西，对于后现代哲学来说就是要承认普遍主义也有自己存在的一席之地。这样，当我们把哲学或传统哲学看作文化之一种，看成一种创作的时候，它也就具有了存在的价值。

沿着诗性指向特殊、创造、变化这个维度推论下去，诗性会走向自我解构，而哲学独立于文学而存在则会获得充足理由。没有任何一个诗人的诗与其他人相同，也没有任何两首诗相同，它们均是由特殊的人在特殊的情景下所进行的特殊创作，所表达的均是当下的独特感受。"诗"这个概念因此就难以成立了，不存在一般的诗，而只有特殊的诗。诗性也是如此，

---

① 〔美〕理查德·罗蒂：《偶然、反讽与团结》，徐文瑞译，北京：商务印书馆2003年版，第80页。

第七部分 两个不同的思维指向

没有一个一般的诗性存在着，任何诗性都是在具体境域中出现的，为某个人物在某个时刻所拥有。政治家的诗性、诗人的诗性、哲学家的诗性、科学家的诗性都不相同，怎么可以用一个普遍的"诗性"概念来称谓呢？如此说来，罗蒂有关诗性、文学等说法也就不再成立，当他将它说出来，描述为诗性时，就成为普遍的了。

既然不存在基础、本质这样的东西，也不存在由此衍生出的普遍性，那么把哲学消解于文学就没有理由了；相反，恰恰应当突出并保留哲学的独立性，如此才可与诗性的逻辑相一致。把哲学消解于文学或模糊两者的界限，就把哲学归结到了诗性这个普遍项之下，诗性或文学就成为高于哲学的普遍之物，而这是与诗性的逻辑相矛盾的。解决这个矛盾的办法，就是把哲学看作一种创作，一种不同于文学的创作，这样就既不会将哲学消解于文学，也能够解构传统的本质主义。

没有标准的文学，文学并不探讨永恒，文学中只有具象的事物，没有普遍的事物，不存在何谓"人类"这样的问题，可以说文学是一种纯粹个人化的创作，而非普遍性问题的探讨；但以此为据说文学没有普遍特征则讲不通，我们之所以使用"文学"这个概念，是由于存在着"文学"这样一个类，而这个类中的具体作品具有某些共同的区别于其他领域的特征。当我们把它作为一个对象来看或者与其他领域相比较时，文学的普遍性特征就得以显示。

不仅没有标准的文学，也没有标准的哲学，每一种哲学创作都是独特的。与文学不同的是，大多数的哲学问题是通过研究以往哲学家们的思想而得到或提出来的，很少是独自发现的。答案当然可以自己创造，问题却往往来自前人。就连罗蒂所提出的那些问题，大多也是来自前人和其他人的思想。文学创作也需要阅读前人的作品，却无须回答前人的问题。前人的作品虽然也有影响，但文学创作主要植根于作者的现实生活和内在体验与想象，植根于生命本身，它指向形而下；哲学虽然也源自生命本身和内在体验，方向却指向普遍和抽象，向着形而上的维度展开。

三、哲学与非哲学

如此处理哲学与文学的关系，就不至于得出哲学终结的结论：在这里终结的，只是某种哲学态度，即传统哲学的本质主义、普遍主义等，而不是哲学本身。哲学于是可以继续合法地存在下去。后现代哲学与传统哲学之间也就不再是一种取舍关系，它们只是对于存在的不同刻画方式，是对于世界图景的不同构思，因而就不可能终结。

谈到哲学与文学的关系，其实也就涉及了哲学与其他学科的关系。我们可以把所有学科看作一个整体，一个精神的有机体，而各个具体学科则是这个精神机体的不同器官。如同我们的身体一样，精神的每个器官也有独特性质、独特官能，一方面它们之间的关系千丝万缕，另一方面又各自具有不可替代的意义。哲学就是其中的一个"器官"，其他如物理学、化学、艺术、数学等，也都是不同的精神器官。各个不同的学科，代表着一个不同的视角、维度、思维方式，它们在精神的世界中各自扮演着不同角色。

每个学科各意味着一个特殊的指向，决定这个指向独特性的是它的内核或范式。由于每个学科的指向都与其他学科不同，就有一种挣脱其他学科的趋向，每个学科都要成为它自己；与此同时，每个学科的根须却又与它的独特指向相反，伸向人类精神的整体。

第七部分 两个不同的思维指向

哲学指向抽象、普遍这一端,哲学的谈论其实是无所指的,因为它指向一切。哲学自身独特的指向使它成为它自身,成为哲学;不过沿着相反的方向走去,则难以找到哲学与非哲学之间的严格界限,在哲学与非哲学之间存在着灰色地带。借用德里达的概念来说,哲学总是向着非哲学溢出或延异。

从概念的角度讲,学科的划分是出于把握存在的方便而设置,学科名称只是一个指示某类存在的概念,而这个概念又是由不同层级的概念组成,一直到具体的存在本身。比如哲学,是这个学科中最抽象的概念,向下则有许多层级:从时间上来划分,有古代哲学、中世纪哲学、近代哲学、现代哲学;从文化上来划分,有西方哲学、中国哲学、印度哲学等。古代哲学里边,又有古希腊哲学、先秦哲学,古希腊哲学里又有柏拉图哲学、亚里士多德哲学、伊壁鸠鲁哲学等,先秦哲学里还有孔子、孟子、老子、庄子哲学。柏拉图哲学又由他的一部部著作及其中的思想构成。横向地划分,则有不同思潮和学派,如存在主义、结构主义、分析哲学等。科学里边又有物理学、化学、生物学、地理学,最后直至每个科学家的研究活动和科学发现。

在这些概念中,那些普遍性的概念并不具有感性的存在,它们不是独立于构成它的现实存在的个别事物而存在的,它表示有那么一类存在,它们具有某种相似性或相近性,可以将其归类于某个较大的概念之下。如"人类"这个概念,不是指在个别的人之外的一个感性存在,从感性角度讲可以说"人类"不是存在。然而当我们使用"人类"这个概念时却可以将其应用于所有的感性个体,无论是古代的、现代的,还是将来的任何一个人,我们都会毫不犹豫地把他归为"人类"。于是,这个不具有感性存在的指向性概念却涵盖了一切活生生的存在,因而它具有了指向存在的无限性。

可见哲学、文学等一切类的概念、普遍性概念的存在是有意义的,没有了这些概念,我们将无法言说。

| 第十九章 |

现代哲学与传统哲学的关系

现代哲学与传统哲学的关系,是一个很大的题目,但我们可以从一些具体的方面入手来讨论这个问题。本章从罗蒂的后现代逻辑出发,考察传统哲学是否如其所言毫无意义。由此也可以看到,现代哲学家们的观点存在着什么问题,是否无懈可击。

我们把与传统哲学相对的哲学统称为"现代哲学",所谓的后现代哲学也包含其中。后现代哲学虽然对于现代性进行了批判,但正如有的学者所指出的那样,"后现代主义是现代性的一副新面孔"[①],尽管新,但仍可划归现代范畴。

一、短暂与特殊

现代哲学扭转了思考的方向,摒弃了传统哲学对于永恒和普遍的执着追求,将其立足点置于短暂与特殊,并以此批判传统哲学。现代哲学反对

---

① 〔美〕马泰·卡林内斯库:《现代性的五副面孔:现代主义、先锋派、颓废、媚俗艺术、后现代主义》,顾爱彬、李瑞华译,北京:商务印书馆2002年版,第285页。

哲学之思：真理的豪饮

普遍主义，认为没有永恒的哲学问题，也没有凌驾于各个学科之上的、作为各个学科基础的哲学这样的学科。这是现代哲学家，尤其是所谓后现代哲学家们共同的主张。

罗蒂说："认为有独立于历史和社会变化的'永恒哲学问题'的观念似乎极其可疑了。"[①]按照康德的哲学史概念，整个西方哲学史，从古代到现代，"专门哲学的思考所关心的都是普遍项与特殊项间的关系。如果没有这样一个统一的主题，我们大概就不能看到一个连续的问题系统，它由古希腊人所发现，并不断使人们困扰，一直到我们的时代；因此大概也绝不会有一种绵延二千五百年之久的'哲学'概念。希腊思想和十七世纪思想可能彼此看来颇不相同，而且都与我们当前的关切不同，正如印度神学与玛雅数术学不同一样。"[②]

说没有永恒的哲学问题，就无法解释一个明显的事实：所有学习哲学的人都必须回到哲学史中去，必须阅读前人的著作，这是进入哲学的必经之途。即便是哲学研究的论著，也不能不顾哲学的历史而自言自语。就连后现代的哲学家们，在写作的时候不也是一再追溯前人，直至古希腊哲学家的论述吗？海德格尔不用说了，罗蒂本人也一再回顾前人的观点，然后才提出自己的看法。与其他学科相比，这一点在哲学中尤为明显，假如说有些学科无须了解以往历史的话，唯独哲学不可。不了解哲学的历史，就难以知晓哲学为何物，也难以知道某个哲学问题的来源和意义。

---

① 〔美〕理查德·罗蒂：《哲学和自然之镜》，李幼蒸译，北京：生活·读书·新知三联书店1987年版，中译本作者序第14页。

② 同上，第127—128页。

第七部分 两个不同的思维指向

这表明哲学问题是有其连续性的,所以有人说整个西方哲学史是对于柏拉图的注脚,虽不免言过其实,却还是说明了哲学问题的永恒性质。

当然,不能说所有的哲学问题都是永恒的,而是有些永恒,有些短暂,有的则有时消失有时又出现。它们是否有意义,取决于不同时代、不同哲学家们的兴趣。每个哲学家的问题或兴趣首先来自哲学家本人的生命体验和感知方式,来自当代,他们会提出新的哲学问题,或者对于以往的哲学问题予以不同的解答。因此就不能简单地说有没有永恒的哲学问题,而应当具体指明哪些问题是永恒的,哪些不是。

罗蒂本人的哲学研究活动实际上否定了他的论断,他一方面批判前人的观点,另一方面又汲取前辈或同时代哲学家的思想,这就表明存在着普遍而永恒的哲学问题,否则他就无法批判和汲取。既然批判以往的哲学,那就表明以往哲学的问题也是他的问题,从而使这些问题具有了连续性、永恒性。

罗蒂认为某种哲学的产生是有社会和历史原因的:"'哲学'不是这样一种学科的名字:它面对着一些永恒的问题,却不幸得不断错误地陈述它们,或依靠笨拙的论证工具批评它们。宁可说它是一种文化样式,一种'人类谈话中的声音'(借用M.奥克绍特的话),它在某一时期专注一个话题而非另一个话题,不是由于论证的需要,而是由于发生于谈话中其他领域的种种事物(新科学,法国大革命,现代小说)的结果,或提出了新事物的个别天才人物……的创造,甚而或许是若干这类力量合成的结果。有趣的哲学变化……之产生,不是当人们发现了一种新方法去处理旧问题之时，而是当一套新问题产生而老问题开始消退之时。"①

用社会需要和历史变化是否能够解释某种哲学问题和观点的产生？不能！在同一个时代、同一种历史境况下，不同哲学家的观点不会相同，甚至截然相反，社会和历史境遇怎样决定了这种不同？用社会需要和历史变化是无法解释的。比如叔本华、费尔巴哈、克尔凯郭尔大致生活在同一个时代，他们的哲学观点之差异却相去千里。只是泛泛地说他们的观点出自社会需要，是历史变化的结果，并没有解决任何问题。

最后只能追溯到个体，这种不同是由个体的独特视角所造成的。这一视角源自个体的历史、境遇、感受、知识结构、价值观念等。然而这也只是一种泛泛的解说，至于个体的这些因素怎样决定了柏拉图与亚里士多德思想上的差异，不可解释。我们不能用普遍的东西来解释特殊的东西，可是沿着独特性、特殊性这个方向所进行的解释，最终结果却是不可解释，连哲学家本人恐怕也找不到他们形成自己独特思想的原因。

"哲学是一种文化样式"这个说法不仅含义不清，而且同样不能解释哲学家们的观点何以不同。如果这个判断意味着一种哲学的出现代表了某种文化样式，那么叔本华、费尔巴哈都生活在同时代的德国，作为思想背景的文化样式是相同的，他们的观点却有着巨大的差异，这种差异来自何处？如果说这个判断的意思是说，哲学家是在创造新的文化样式，那么这种新的样式又是怎样由社会需要决定的？文化样式论也难以给出合理答案。

若说哲学是一种文化样式，那就等于承认了传统哲学的合法性，因为

---

① 〔美〕理查德·罗蒂：《哲学和自然之镜》，李幼蒸译，北京：商务印书馆2012年版，第282页。

第七部分　两个不同的思维指向

传统哲学就是文化样式之一，正如现代哲学是另一种文化样式一样。它是一种认为存在着永恒哲学问题和普遍本质的文化样式。

这种把哲学看作文化样式的观点还会导致两个问题：一是等于承认了存在某种普遍的东西，即文化样式；二是把哲学家个人特殊的哲学归结为某种普遍的东西，即文化样式。这都是与罗蒂所主张的特殊主义、历史主义原则相悖的。

强调哲学是一种文化样式的目的是把哲学问题看作相对的、暂时的，而非永恒的，文化的多样性可资证明哲学的多样性和多元性。但文化样式是一个很大的概念，在其之下还有无数的分支，如文学、艺术、道德、宗教、思维方式等，它们都可以被看成文化样式，于是，把哲学看作文化样式的说法就显得没有意义了，因为这种说法无法将其与同一文化样式中的其他部分区别开来，它用一种普遍性的东西——文化样式削平了哲学与其他领域的差异。因此要真正发现某种哲学及其问题的起源和特质，就只有朝向个体的维度进行追问，但前边已经说过，从这个维度追问的最终结果是：不可追问。

罗蒂又说："人们自然会承认哲学问题和诗的问题一样，都只是短暂的；并不存在任何问题，可以把世世代代结合在一起成为单一的自然类——称之为'人类'。把人类历史视为一个接着一个隐喻的历史，会让我们了解到诗人——广义而言，新字词的创制者，新语言的构成者——乃是人类的前卫先锋。"[①]

---

① 〔美〕理查德·罗蒂：《偶然、反讽与团结》，徐文瑞译，北京：商务印书馆2003年版，第33页。

哲学之思：真理的豪饮

永恒的哲学问题并非某些哲学家刻意制造出来的，而是源自我们每个人所面临的处境，也即罗蒂所说的社会和历史。尽管每个个体都是独特的，但是抽象地看，每个人一生所经历的那些最根本的事情都是一样的或类似的，人生无非就是生老病死、婚丧嫁娶、吃喝拉撒睡这些事。这相似的处境中所遇到的问题也是一样或类似的，如存在的意义、如何存在、存在的归宿等，哲学家们所遇到的问题也大致类似。尽管古往今来的哲学家们各自的兴趣不同，关注点各有侧重，但还是有贯穿其中的共同问题，在哲学发展的间断性中可以发现还有某种连续性。至于哲学家们的具体解答也是一样，有的是暂时的，有的则具有永久意义，越是深刻的思想和问题，就越能够给后人以启迪。那些问题之所以是永恒的，是因为它们是每一代人都会或不得不重新思考的问题；至于如何思考、思考的具体答案，则镶嵌于具体语境之中。

罗蒂把新字词、新语言的创造者看作人类的前卫先锋，不能不说这是一种没有是非的说法。新字词、新语言确实是创造性、独特性的表现，可是它们不一定就是善的，它们可能意味着欺骗、谎言和残暴——而这正是罗蒂所反对的。比如希特勒时期所使用的口号，是前无古人的，它们算不算新字词？按照罗蒂这里的说法，希特勒岂不成了诗人？

问题不在于是否创新、独特，而在于创的是什么样的新？"独"的是哪一种"特"？创造应当是有条件限制的，这就是人道和善。创造本身不是目的，人道和善才是目的。因此哲学的问题是否永恒、普遍，就不重要了，只要它是善的，不管是永恒还是短暂，都是有意义的。

在不承认有永恒和普遍哲学问题的前提下，罗蒂得出了如下结论："我学会了不把哲学史看作对一些相同问题所做的一系列交替出现的回

第七部分 两个不同的思维指向

答,而是看作一套套十分不同的问题。"①看不出这两者有什么矛盾,二者为什么不可以并存?一方面,我们可以看到,罗蒂的许多论述实际上是对于以往哲学问题的不同回答,因而他的研究活动部分地否定了这里的论断;另一方面,如果不同哲学家的观点确实是"一套套十分不同的问题",那么一种哲学就没有资格批判别的哲学,它们的性质根本不同,哲学的这种独特性使得它们之间不可通约,因而所谓批判就是风马牛不相及之事,于是罗蒂对以往哲学的批判也就归于无效。

哲学问题是永恒的还是短暂的,取决于视角。从特殊角度看,不仅不同哲学家的观点相异,连同一个哲学家的观点也不是连续的,他所写的不同论著中的观点会有改变,甚至是巨大的改变,如维特根斯坦前后期的变化即是。其所以如此,是因为哲学家每次写作时的理解、体验以至情绪都是独特的。从这个角度甚至可以说,在同一个哲学家的哲学中也不存在贯彻始终的永恒问题。

然而从宏观上来看,则会得出相反的结论,不仅对于同一个哲学家来说存在着连续的哲学问题,而且也存在着贯彻哲学史始终的永恒问题。比如罗蒂所讨论的偶然性这个问题,自古以来就存在于哲学领域。维特根斯坦前后期虽有观点上的巨变,后期的问题却是从前期演变而来,是对前期问题的不同解答。罗蒂本人的偶然性思想也有着强烈的连续性。

视角影响着人们的视域,角度的不同使得人们看到不同的东西。所以有些看似矛盾的命题实际上可以并存,它们依赖于不同视角而存在。比如

---

① 〔美〕理查德·罗蒂:《哲学和自然之镜》,李幼蒸译,北京:商务印书馆2012年版,原序第15页。

莱布尼茨所说的两个命题——天下没有两片相同的树叶和太阳底下没有新东西——就是如此。前者是从差异性角度得出的结论，后者是从相同性、普遍性角度得出的判断，角度不同，并不构成否定关系。

二、历史主义

历史主义是一个有歧义的概念，既可以理解为任何事物都有其历史，有其产生的历史语境，均非偶然自来之物，因而强调的是事物的"根"性、连续性；也可以理解为事物的变化性、非连续性，指事物存在的暂时性、殊异性、相对性。罗蒂主要是在后一种意义上来使用这个概念的："他们始终保持着历史主义的意识，认为一个世纪的'迷信'，就是前一世纪的理性胜利；并保持着相对主义的意识，认为借取自最新科学成就的最新词语，可能并不表达本质的特有表象，而只是可用于描述世界的潜在上无穷的词汇之一。"①

罗蒂以历史主义来论证传统哲学之非，认为它所追求的永恒、绝对、普遍等都是错误的，赞同维特根斯坦关于传统哲学的命题没有意义的说法。在这里，看不到其"相对主义的意识"。问题在于，从更高角度来看，现代哲学与传统哲学的分歧，不过是思维指向的不同，前者指向特殊、相对、暂时，后者指向普遍、绝对、永恒。以历史主义的观点看，它们是不同的哲学形态，都是暂时性的，因而现代哲学对于传统哲学的指责也是暂时性的。传统哲学由此便获得了其合法性：它曾经是某种历史境遇的产

---

① 〔美〕理查德·罗蒂：《哲学和自然之镜》，李幼蒸译，北京：生活·读书·新知三联书店1987年版，第321页。

第七部分 两个不同的思维指向

物,每个哲学家的思想在当时都曾被认为是新的话语、真理;然而时过境迁,到了现代却被认为是"迷信",而现代哲学的相对主义则成了真理。同理,对于现代哲学而言,它也应当以历史主义来审视自身,应当承认其所认为的真理在将来未必不会成为"迷信"。如此,才是彻底的相对主义与历史主义。

如果哲学的进展是不连续的,只是偶然出现的片段,现代哲学对于传统哲学的批评就不那么合理了。罗蒂这样概括他对于哲学史的看法:"我想我的书和文章大概在说些这样的话:'试把十七世纪中或当前美国哲学系中发生的东西看作一种如实进行的叙事的片段,而不看作由(例如)温德尔班、莱辛巴赫或罗森伯格所提供的叙事中的片段,后一类叙事忽略了我想提醒注意的不连续性。'"① 既然片段之间是不连续的,现代哲学或者罗蒂的哲学也就同样是一个不连续的片段,它怎么能够说以前的片段是错的而自己是对的呢?在不连续的片段之间不应存在逻辑上的必然性关联。

罗蒂他们"倾向于同情黑格尔的如下观点:'哲学即其在思想中延存的一刻';而非同情康德的如下观点:某些哲学问题是——跨越文化地、非历史地——内嵌于人类存在结构之中的。他们曾初步倾向于认同如下的看法:哲学应与宗教、文学连通,而非相当于一系列研究规划"②。

康德所说的这样的哲学问题是依然存在的,如果不存在,罗蒂就无法

---

① 〔美〕理查德·罗蒂:《哲学和自然之镜》,李幼蒸译,北京:生活·读书·新知三联书店1987年版,第361页。
② 〔美〕理查德·罗蒂:《哲学和自然之镜》,李幼蒸译,北京:商务印书馆2012年版,第3页。

哲学之思：真理的豪饮

与康德等哲学家进行对话，更无权批评康德，当他批评康德的时候，就使自己的话语成为非历史的，跨越了与康德不同的历史语境。他之所以能够批评康德，本身就表明康德的观点具有某种非历史的性质，以至可以跨越两百多年，也成为罗蒂的问题。

哲学与文学、宗教连通，不等于它们之间没有区别，如果没有区别，就不存在连通的问题。再者，如果认为与宗教和文学连通的哲学是唯一的哲学方式，后现代哲学就犯了其所批判的错误，回到了独断论。

这种哲学也只是罗蒂所理解的哲学而已，是哲学观点的一种，与此同时还存在着对于哲学的其他各种不同看法，其中就有把哲学看作一种研究规划的观点。这样的观点才符合后现代思想所主张的多元性。

如果将哲学看作"即其在思想中延存的一刻"（在这里罗蒂把他关于哲学源于社会需要和社会实践的论述忘到了脑后），问题就严重了，这将会彻底消灭哲学。"思想中延存的一刻"当然是哲学的源头，它是生命活动本身。可是这一刻别人是看不到的，我们能够看到的都是形之于文字的哲学。如果不形之于文字，我们就没有柏拉图、亚里士多德、康德、黑格尔，只有通过他们的著作我们才知晓其"思想中延存的一刻"。

思想活动是富有生命的，而文字却是死的，可以说文字是思想的化石。当我们阅读哲学著作时，应当看到文字的有限性和局限，将理解的维度指向思想的延存。然而这也只是一个维度而已，要理解一个哲学家的思想，必须借助他留下的文字，我们只能从这思想的沉淀物中去窥视其沉淀之前翻涌的精神波涛。

假如执着于"思想中延存的一刻"，罗蒂就没有办法对前人和其他人的哲学进行批判——他无法观察到前人和其他人的思想活动。他对传统哲学

第七部分 两个不同的思维指向

的批判也将毫无意义,因为他批判的仅仅是文字,而不是思想的延存。而他所写的哲学著作也将毫无价值,那不是他的思想延存,而只是文字和研究。他的研究便是舍本逐末。

罗蒂主张彻底的历史主义,然而彻底的历史主义将会导致自我解构。他说:"我试图提出不根据这类非历史性永恒模型去进行思考的文化前景推测,这种文化应是彻头彻尾历史主义的。"①如果是彻头彻尾的历史主义,不同的哲学之间就没有任何可通约之处,罗蒂对于传统哲学的批判也将无效。他在谈到本体论范畴时,说它们"只是从相当不同的历史根源中提出性质互异的诸概念的方式而已"。②照此,传统哲学乃至每个哲学家的哲学,也都来自不同的历史根源,因而具有不同的性质,视域本来不同,罗蒂的问题只是他自己的问题,不是柏拉图的问题,他将没有资格批判前人。

退一步说,即便我们承认罗蒂的这一主张,以历史主义代替传统哲学的永恒性模型,那也只是以一种普遍性代替另一种普遍性,把历史主义作为唯一正确的,它就变成了以非普遍为普遍的普遍性了,走向了非历史主义——历史主义的非历史主义,于是与传统哲学殊途同归。

从这种历史主义出发来看待传统哲学,则它也有自己的历史根源,只是其历史根源不同于现代哲学而已。传统哲学追求的本质、绝对、永恒、普遍等,出自一种历史根源;现代哲学朝向现象、相对、暂时、特殊,则出自另一种历史根源。既然传统哲学也有着自己独特的历史根源,那么,

---

① 〔美〕理查德·罗蒂:《哲学和自然之镜》,李幼蒸译,北京:商务印书馆2012年版,中译本作者序第11页。

② 同上,第136页。

它的存在也就有了历史依据。

应当承认罗蒂所说的存在的"历史性",却不可"彻底"。不同的哲学家看上去使用着类似或相同的名词,其所表现的内在精神却不相同,它们有个人的、现实的和历史的独特根源;与此同时又必须承认哲学问题有某种连续性,也即永恒性。哲学的问题,如同科学或其他学科的问题一样,有其独立的演进过程。因此,前文所说的历史性的两种含义,应该是历史主义的两个构成部分,二者并不矛盾。

三、相对主义

上述的历史主义其实已经包含着相对主义,相对主义是历史主义的另一个维度。相对主义如同历史主义一样,存在着自我解构的可能性。

罗蒂说:"我本人过去二十年的研究工作一直遵循着今日统称为'后现代相对主义'的观点,这正是20世纪初叶由詹姆士和杜威以'实用主义'名称提出的同一类观点。"[1]既然他遵循相对主义观点,不同的观点因人因时因地而异,皆因相对条件而起,其真理性依存于这些条件,那么罗蒂此时此地的观点,怎么能拿来衡量彼人彼时彼地的观点呢?由于传统哲学产生的条件与罗蒂所处的后现代状况迥然有异,当罗蒂以后现代的真理观来衡量传统哲学时,就否定了他自己所主张的相对主义,而使自己的观点变成绝对的了。

相对主义若要保持逻辑的一致性,必得承认一切与自己不同之观点的

---

[1] 〔美〕理查德·罗蒂:《哲学和自然之镜》,李幼蒸译,北京:商务印书馆2012年版,中译本作者再版序第3页。

正当性，并拒绝对其他观点进行任何评论，对其他观点的任何评判都溢出了其自身真理性的界限，成为非法。

罗蒂在二十多年的研究中一直遵循后现代相对主义，这说明他还不是一个彻底的相对主义者。彻底的相对主义应该以今日之是攻昨日之非，以后日之非攻今日之是，倏忽无常。他思维范式的这种稳定性，恰巧证明了在他脑子里存在着普遍而恒久的东西，这种稳定的相对主义范式便是对于相对主义的一种解构。

在评论海德格尔时罗蒂这样说："当海德格尔宣称他要讨论别人——'欧洲'——的困境时，他所要讨论的其实是他自己，是他自己的困境。"①这话同样适用于罗蒂本人，我们可以说，罗蒂在讨论传统哲学的困境、问题时，其实是在讨论他自己的困境和问题，对于传统哲学自身而言则根本不存在这样的困境，现代哲学所指出的传统哲学的问题其实是对于现代哲学自身才存在的，这是相对主义的必然结论。

可见，从相对主义出发必得承认传统哲学是真理的一种特殊形态，而后现代哲学则不过是另一种形态，各有其存在的根据和理由，谁也不具有绝对的真理性。后现代主义既然自认为是相对主义，也就没有资格评判其他不同的思潮是否具有真理性。

四、真理

后现代主义反对传统哲学关于真理具有客观、永恒、普遍、绝对之特

---

① 〔美〕理查德·罗蒂：《偶然、反讽与团结》，徐文瑞译，北京：商务印书馆2003年版，第160页。

征的观点，认为真理依赖于心灵而存在，根本没有客观的真理。"真理不能存在那里，不能独立于人类心灵而存在，因为语句不能独立于人类心灵而存在，不能存在那里。"①真理不是已经存在着，等待人们去发现，而是心灵制造出来的，其性质依赖于心灵的性质。

其实罗蒂说得还不够彻底。我们不能一般地说真理依赖于人"类"的心灵而存在，从来没有一种真理是以"类"的方式被发现的，而是被一个个独特个体所发现，并且是被个体的心灵所理解并存在于个体心灵之中的。所以严格的说法应当是：真理不能独立于个体的心灵，而且是此时此地的心灵而存在。

既然如此，传统哲学所理解的真理就有根据了，传统哲学的真理依赖于彼时彼地哲学家的心灵。后现代哲学家以此时此地之心灵质疑彼时彼地之真理，是把依赖于自己心灵的真理强加于他人，从而把自己的观点当成普遍有效的了。

同样地，以下说法也不能否定传统哲学所确认的真理："由于真理是语句的一个性质，由于语句的存在依赖于语汇，由于语汇是人类所创造的，所以真理也是人类所造。"②语句是对于说话者而存在的，是判断者的判断，无判断者便无语句的真与假。既然真理是语句的性质，那么传统哲学的真理性就依赖于传统哲学语句的性质，而不是依赖于后现代哲学语句的性质。这样推论下去，传统哲学的语汇便获得了意义，其真理性依赖于创

---

① 〔美〕理查德·罗蒂：《偶然、反讽与团结》，徐文瑞译，北京：商务印书馆2003年版，第13页。

② 同上，第34页。

造它们的哲学家,而不是别人。把后现代哲学语句的性质作为评判传统哲学语句的标准,是违反后现代哲学关于真理是语句的性质之观点的。

五、新语汇

罗蒂把哲学思想的变化乃至人类思想的变化看作语汇的更新,创造意味着新语汇的出现。"差不多在我一开始研究哲学起,我就对哲学问题的出现、消失或改变形态的方式具有强烈的印象——它们都是一些新的假定或新的词语出现的结果。"[①]他这里所强调的是它们并不涉及本体论,并不对外物有所指涉,它们所声称的真理只是这些新语句的性质。

这样看来,所谓哲学的历史也就是新词语、新语句不断更替的历史。罗蒂所批判的传统哲学当初其实也是一种新语汇。在人类的初期并无哲学,而是一种原始形态的思维,哲学在西方是随着泰勒斯"万物的本原是水"的命题才诞生的,而其所代表的是一种新的思维形态。哲学家们之所以在哲学史上留下痕迹,是由于他们提出了不同于以往的新语汇。因此,传统哲学由于在当时提供了新的语汇而有存在的根据和价值。

传统哲学经过现代哲学的批判以后,成为旧的语汇,但它在历史上的价值和意义依然存在,这是每种思想所必经的历史过程。后现代哲学也会经历这样一个成为旧语汇的历程,人类未来的历史还很漫长,必会出现不同于后现代的新语汇,从而排挤掉它现在的位置。

罗蒂的观点来自詹姆士和杜威的实用主义:"一般而言,这两个人对传

[①] 〔美〕理查德·罗蒂:《哲学和自然之镜》,李幼蒸译,北京:生活·读书·新知三联书店1987年版,原序第18页。

统哲学问题所采取的予以消解的态度,可以被概述为主张哲学问题的语汇是被创造出来服务于社会需要的;当这些问题不能再用旧语汇来表达时,就应采取新的语汇,以便更好地服务于社会。"①据此我们可以说,以往的哲学也同样是服务于社会的,是适应当时社会需要而产生的,它与现代哲学的区别只是态度、观点的区别。传统哲学的语汇适用于传统社会,现代哲学服务于现代社会,怎么可以用适用于现代社会的语汇去否定适用于以往社会的旧语汇呢?

况且哲学的问题也非仅仅出自社会的需要。哲学问题首先出自哲学家的兴趣,表达的是他个人的体验、感受和理解;其次是出自哲学的历史,大多是对前人所提出问题的不同解答;最后才有可能与社会需要有关。在所有这些因素中,社会需要是距离最远的。

服务于社会需要,是一个很空洞的说法,怎么能够证明亚里士多德出于何种社会需要写出了《形而上学》?康德的《纯粹理性批判》又来自怎样的社会需要?对此恐怕难以说出所以然来。我们从这些著作里看到的,恰恰不是社会需要,而是哲学家个人的心理需要,出自哲学家本人的困惑。

把哲学看作社会需要的产物并服务于社会需要,这种观点抹杀了哲学家的主体性,好像他们只是社会需要的传声筒。事实正相反,哲学家们大多对社会持有批判态度,他们的观念往往与社会需要背道而驰。大众是社会的主要构成部分,但哲学家们通常瞧不起大众,他们是怎样服务于社会

---

① 〔美〕理查德·罗蒂:《哲学和自然之镜》,李幼蒸译,北京:商务印书馆2012年版,中文本作者再版序第3页。

需要的呢？假如说哲学家们所服务的只是少数精英的需要，那么使用"社会"一词就是不恰当的。

观察所谓的社会需要可以发现，有些社会需要并不来自社会，而是来自哲学家、艺术家、科学家，是他们提出的问题和观点制造了相关的社会需要。比如所谓"后现代"的新语汇就是先出现在艺术家、哲学家的思想中，然后才影响了更多的人，成为知识界甚至社会的一种潮流。

从语言游戏的角度看，传统哲学是一套不同于后现代哲学的语言游戏，在其游戏活动中是合理的；后现代哲学则是另一套不同的语言游戏，与之有不同的游戏规则，它不可以将自己的规则应用于传统哲学，这就如同不能将一种语言的规则应用于另一种语言一样。

罗蒂说："戴维森所做的区别提供给我们一个机会去理解，一种意向性词汇只是谈论世界各个部分的种种词汇中的另一套词汇而已，没有这套词汇世界当然也能够被充分描述。"①既然可以用不同的一套词汇来描述世界，而传统哲学是不同于现代哲学的另一套词汇，它也就同样可以用来描述世界，只是其所描述的世界与后现代不同而已；同样也可以说，没有后现代这套词汇依然能够对这个世界进行充分描述。至于罗蒂说得更好，则只能对于当事人而言才存在：对于罗蒂来说，后现代的语汇是更好的，对于传统哲学家而言，则未必。这本来是实用主义的应有之义。

根据如下的说法，后现代哲学就更不该指责传统哲学："对同一事件的诸多描述可以来个偷天换日，不必追问何者才是正确的——'再描述'

---

① 〔美〕理查德·罗蒂：《哲学和自然之镜》，李幼蒸译，北京：商务印书馆2012年版，第218—219页。

是一种工具，而不宣称发现事物的本质。从而，新的语汇不必再宣称再现实在并以取代所有其他的语汇为鹄的；新的语汇只是另一个语汇，另一个人类的规划，是一个个人选择的隐喻。"①对于传统哲学也应采取同样的态度，不应该追问它的是非对错，它只是可供选择的一种词汇，是另一种谈论方式而已——只有采取如此的态度，后现代哲学才算保持了自己的逻辑一致性，除非它不讲逻辑。

在罗蒂看来，海德格尔的下列主张是十分错误的：可以挑选出一组基本的词汇，它们与所有欧洲人都有关系。然而罗蒂认为："所谓一组基本的词汇，或普遍的连祷文，根本不存在。在海德格尔定义下的基本语词之所以是基本的，实属私人独特之事。""这些都是他私人的东西。"②从这个论断出发同样可以得出如下结论：在传统哲学家看来，绝对、普遍、永恒、必然等才是本质性的东西，而这些也只是他们私人的观点；同理，罗蒂的后现代思想也不过是他的私人之物，并不存在一个后现代的普遍范式或基本的词汇，而只是罗蒂本人认为存在着这样一个范式罢了。这样一来，以所谓后现代的范式对于前现代范式的解构，就自我解构了。

六、实用主义

罗蒂以实用主义的原则来批判传统哲学，但是如果沿着实用主义逻辑推论下去，就应当承认传统哲学的正当性，承认形而上学、必然性的用

---

① 〔美〕理查德·罗蒂：《偶然、反讽与团结》，徐文瑞译，北京：商务印书馆2003年版，第58页。
② 同上，第166页。

处。实用主义强调实际效果和影响,而世界上没有任何一种用处是对所有人都存在的,对于你有用的对他未必有用,此时有用他时未必有用,这也正是偶然性的表现。对于罗蒂们来说没有用的,对于传统哲学家则可能有用。这才是彻底的实用主义。

罗蒂这样说:"如果我们一旦承认牛顿优于亚里士多德不是由于他的语言更符合现实,而只是由于牛顿使我们更能去应付现实,那么使科学区别于宗教或政治就无关宏旨了。在我们和'非理性主义'之间的一切区别似乎只在于那种区分分析与综合、观察事物与理论事物的能力。"[①] 同理,传统哲学之所以出现和存在,是由于这一套话语更能应付当时的现实,而后现代哲学更能应付现在的现实,这样,传统哲学与后现代哲学的分歧也就同样无关宏旨了。按照实用主义原则,不存在普遍起作用的东西,只有针对具体事物而发生的具体作用,因而后现代哲学便不该以传统哲学不能应付现在的现实为理由而指责它。

实用主义把种种理论看作实现目的的工具,这种态度也同样适用于传统哲学。传统哲学不过是当时那个时代的一种工具,它也许不适合现代,却适合古代。于是,后现代哲学家们就不必再操心是可还原还是不可还原、偶然还是必然、普遍还是特殊,它们统统都是工具,传统哲学家使用这种工具比较顺手,因而是有意义的。一个实用主义者是不该把自己认为有用的东西强加于他人的。

实用主义强调社会实践的作用。罗蒂概括塞拉斯的主张说,"证明是一

---

① 〔美〕理查德·罗蒂:《哲学和自然之镜》,李幼蒸译,北京:生活·读书·新知三联书店1987年版,第235页。

个社会实践的问题,而且任何不属于社会实践的东西都无助于对人类知识的证明的理解,不管它可能多么有助于理解知识的获得。"[1]实在看不出,社会实践怎样证明了传统哲学是错误的,我们看到的,只是现代哲学在理论上对于传统哲学的批判,现代哲学对于传统哲学的指责只是理论证明,而非社会实践。

并非所有的理论都能够被社会实践。同时存在的理论有多种,能够被社会实践的理论只是少数。一种理论是否能够被社会付诸实践,取决于罗蒂所说的社会需要和偶然性,社会需要究竟怎样选中了某种理论,无法知晓。

也没有必要将所有的理论都付诸社会实践,因为有些理论无须实践就可以预见其可怕的后果。某些理论经过社会实践以后,造成了巨大的灾难,证明活动确实是完成了,但它给社会造成的损失却无法挽回。这样的证明又有什么必要呢?也可以把哲学思维活动本身理解为一种"实践",这个过程本身就是意义之所在,至于其结果如何,也就不那么重要了。

哲学的问题大多过于抽象,多数无法通过社会实践来证明,而只能通过理论证明,因此不能说无法通过社会实践证明的就是错的。罗蒂提出的种种观点,哪些是经过社会实践证明了的呢?他的著作中充斥着各种推论,而不是描述社会实践怎样证明了传统哲学的错误和他的观点之正确。

---

[1] 〔美〕理查德·罗蒂:《哲学和自然之镜》,李幼蒸译,北京:商务印书馆2012年版,第201页。

不仅"海德格尔对普通大众而言,毫无用途"[①],而且整个哲学对于大众而言也毫无用途,他们根本不知哲学为何物。那么,罗蒂以后现代思想对于这种毫无用途的传统哲学进行的批判,是否有用途呢?罗蒂的哲学也仅仅是罗蒂私人的事情,大众根本不知后现代之究竟,罗蒂所强调的"社会实践"证明,又体现在什么地方呢?按照其实用主义观点,罗蒂的这种批判就是没有意义的。

七、多元性与多样性

后现代思潮主张多元性、多样性,可是在多元性当中何以容不得传统哲学这个维度呢?为了彰显后现代性的特质,诚然可以将传统哲学作为批判的靶子,但在批判之后还应当将其作为多元中的一元保留下来,才是真正的多元性。对于多元性的承认,不应当只局限于对于多元性予以承认的思潮,还应当承认对立一方——一元论——存在的合理性,这样,多元性的理论才是完整的,多元性应当包容一切可能存在的维度。

况且,如前已指出——罗蒂也承认,传统哲学对于大众并无影响,对于社会毫无用途,若真如是,则承认其存在的合理性,于社会亦无妨碍,有什么必要非予以清除不可呢?几乎每一个现代哲学家都在批判传统哲学,从这种批判中才诞生出了他们自己的思想。这本身就证明了传统哲学的价值,它作为一个不同于现代哲学的维度,激发出了现代哲学家们创造的活力。这证明了作为与自己对立的那个"元"所具有的价值,因而在主

---

① 〔美〕理查德·罗蒂:《偶然、反讽与团结》,徐文瑞译,北京:商务印书馆2003年版,第166页。

张多元性的后现代哲学中是应该予以承认的。

罗蒂认为,"我们应当把科学看作适用于某些目的,把政治、诗歌和哲学(不被看作一门超级学科,而是看作根据过去的知识对目前思想倾向的一种明达的批评活动)都看作是各有其目的。我们应当摈弃西方特有的那种将万物万事归结为第一原理或在人类活动中寻求一种自然等级秩序的诱惑。"① 由此推论,应该把传统哲学与后现代哲学看作分别适用于不同目的的哲学,而不应当以后现代哲学代替之。以往哲学亦为创作之一种,创作者是出于某种目的而创造的。历史上的一切学说均有其历史根源,并各有其适用的目的。如果承认空间上的多元性,就应该同时承认时间上的多元性,承认以往的各种理论各有其功用,各有其适用范围和意义。

对于传统哲学无论怎么批判,无论怎样说它无意义,我们在阅读传统哲学家们留下的著作时,都依然获益良多,这难道不就是用处吗?它作为不同于所谓后现代性的思维范式,展示出了人类思维的多样性。丧失了这一维度,则我们不知后现代之所出,后现代岂不成了无源之水?同时也就变成了孤家寡人的一元,与传统哲学不同的仅仅是,它是主张多元性的一元。

八、治疗

西方哲学一贯有批判前人和他人的传统,但像这一百多年来,哲学家

---

① 〔美〕理查德·罗蒂:《哲学和自然之镜》,李幼蒸译,北京:商务印书馆2012年版,第11页。

第七部分 两个不同的思维指向

们都异口同声地批判传统哲学,热衷于对其进行"治疗",如此规模的思想运动在西方哲学史上还是少见的;如果说前有古人的话,大概只有文艺复兴运动对于中世纪思想的反思可比拟。

可是解构和治疗的结果怎样呢?就传统哲学本身而言,似乎并未遭受根本的损害,依然是人们学习的主要对象;至于现代哲学进行批判和治疗的成效,也并非其锋芒所指之处,犹如庖丁解牛,问题迎刃而解。传统哲学在当今哲学界至少还占据着半壁江山。

维特根斯坦是现代哲学的代表人物,他认为传统哲学的命题是对语言的误用,形而上学的命题是伪命题,传统哲学因而也无意义。哲学剩下的使命在于对哲学病进行治疗,即治疗哲学中流行的本质主义等妄念。于是,"哲学处理问题就有如治病一般"。[1]事实上,从黑格尔之后就开始了这一"治疗"过程,到维特根斯坦这里达到了巅峰。问题是这个治疗过程是否有结束之时?传统哲学的毛病可否治愈?若是可以治愈,则会导致哲学的消亡,没有治疗的对象则治疗活动自然消失;若不能治愈,这种治疗活动又有何意义?

哲学研究的活动若仅仅是治疗传统哲学的弊端,这样的哲学研究终将无话可说,因为传统哲学的问题就那么多,说多了只能是重复。致力于治疗传统哲学的创始性的哲学著作,大多有一种天马行空、舍我其谁的气概,罗素、维特根斯坦、德里达的代表作即是,这些著作的独创性令人耳目一新。后来的批判者则逐渐给人一种老调重弹或无话找话的感觉,罗蒂

---

[1] 〔奥〕路德维希·维特根斯坦:《哲学研究》,李步楼译,陈维杭校,北京:商务印书馆2000年版,第137页。

的著作便是如此。对于现代哲学的这种状况，一位哲学领域之外的科学家霍金提出了严厉批评："迄今为止，大部分科学家太忙于发展描述宇宙为何物的理论，以至于没工夫去过问为什么的问题。另一方面，以寻根究底为己任的哲学家跟不上科学理论的进步。在18世纪，哲学家将包括科学在内的整个人类知识当作他们的领域，并讨论诸如宇宙有无初的问题。然而，在19至20世纪，科学变得对哲学家，或除了少数专家以外的任何人而言，过于技术性和数学化了。哲学家如此地缩小他们的质疑范围，以至于连维特根斯坦——这位21世纪最著名的哲学家都说道：'哲学余下的任务仅是语言分析。'这是从亚里士多德到康德以来哲学的伟大传统的何等的堕落！"[①]现代哲学几乎变成了一个自虐的老太婆，以自我解构的语言游戏为乐趣。

不能不说，罗蒂解构哲学的企图是徒劳的，不同的哲学家对于每个哲学问题依然会有不同于罗蒂的看法。哲学的问题没有唯一答案，也不可能被解决，每一个哲学家都会重新提出自己的解决方案，哲学的意义就存在于这个过程之中。那些深刻的哲学问题总是能够开启思考的可能性，那些独创性的哲学著作也不会因时代久远而过时，无论什么时代的人去阅读，它们都是一个对话者，都会给人以启迪。于是哲学便不可能终结。

这里的分析表明，罗蒂所说的那些传统哲学的问题，即使按照他所谓的后现代哲学逻辑，也根本不是问题，问题的病根在他自己的哲学之中，因而他自己的哲学也需要治疗。

---

① 〔英〕史蒂芬·霍金：《时间简史》，许明贤、吴忠超译，长沙：湖南科学技术出版社2002年版，第233页。

九、整体论

整体论，是现代哲学的主要观念之一，从整体论的角度是否能够解构传统哲学呢？

根据罗蒂的理解，整体论的一个含义是指解释学循环："整体论的论证路线认为，我们将永不可能避免'解释学的循环'，这就是，除非我们知道全体事物如何运作，我们就不可能了解一个生疏的文化、实践、理论、语言或其他现象的各部分，而同时我们只有对其各个部分有所了解，才可能理解整体如何运作。"① 由此我们可以得出这样一个结论：事物根本上不可知，因为我们不可能了解事物的整体，正如我们不可能了解事物所有的部分，了解全体事物如何运作就更加困难了。我们了解的所谓全体，实质仍是有限的部分。

既然如此，我们就不可能彻底理解传统哲学，甚至不能理解传统哲学中某个哲学家的思想，因为我们无法了解已经逝去的与传统哲学相关的文化整体，无法了解某个哲学家思维活动的全体。因此，后现代哲学对于传统哲学的批评，其有效性是值得怀疑的：既然它不能了解传统哲学的全部，它凭什么得出对于传统哲学的否定呢？

根据这种整体论，部分的意义要从整体上得到解释，整体的意义则需要从部分出发来理解。传统哲学和现代哲学都是西方哲学的构成部分，现代哲学的意义也就需要通过传统哲学才可以得到解释。传统哲学如果被抛

---

① 〔美〕理查德·罗蒂：《哲学和自然之镜》，李幼蒸译，北京：生活·读书·新知三联书店1987年版，第280页。

弃，现代哲学也将无存身之地。于是作为哲学一部分和现代哲学批判对象的传统哲学，便不可能被解构。

整体论的另一个含义是开放性，这种开放性可以用谈话来描述。罗蒂认为"一旦用谈话取代了对照，作为自然之镜的心的观念就可予以摈弃了……一种彻底的整体论不能容许这样的哲学概念，如'理智的'、'必然真确的'、从知识的其余部分中挑出'基础'的、说明哪些表象是'纯所与的'或'纯概念的'，提出一种'标准的符号系统'而非提出一种经验的发现，或抽离出'通贯构架的启发式范畴'……于是正像奎因详细论证的和塞拉斯顺便说到的那样，整体论产生了一种哲学概念，它与确定性的探求毫无关系"[①]。

即使从这个角度也不能推翻传统哲学。哲学如果只是一种谈话，后现代哲学就不妨把传统哲学看作一个谈话的伙伴，而且是一个特别的伙伴，唯其是一种不同于现代哲学的方式，才具有与之交谈的价值。

这种整体论的哲学若果真与确定性毫无关系，罗蒂就不该对传统哲学进行如此确定的批判。罗蒂在自己的著作中对于传统哲学的定性完全是确定的，对于后现代哲学观点的肯定也是确定的；他对偶然性的探求和确信，是如此坚定，丝毫看不出与不确定性有何关联。对此我们只能做出如下判断：要么罗蒂的哲学不是整体论的，要么它是整体论的，但还是与确定性的探求有关系。

更为严重的是，假如把哲学理解为一种谈话，就没有哲学了。谈话

---

① 〔美〕理查德·罗蒂：《哲学和自然之镜》，李幼蒸译，北京：生活·读书·新知三联书店1987年版，第148页。

是一种正在进行的活动，但至今为止我们看到的哲学全部是用文字写出来的著作，而不是谈话。苏格拉底的谈话是哲学性的，但也是由文字记录下来我们才知道。谈话也好，思想中延存的那一刻也好，一旦用文字记录下来就不是活动，不是话语了。哲学活动或思想一经变成文字就具有了确定性，后现代主义、解构主义也是用文字写下来的，也具有一系列的观点，怎么能够说与确定性毫无关系呢？

即便是正在进行的谈话也是有某种确定性的。如果没有任何确定性，就无话可谈了。谈话者说的每一句话必须有确定含义，有含义就有确定性。不能设想，几个谈话者都说着没有确定含义的话，那样的谈话如何进行？

谈话的所谓整体性和不确定性，只能在如下意义上才是成立的：谈话过程中随时会有偶然的因素加入进来，谈话的具体内容不是按照计划进行的，而是自然展开的；要谈出什么样的东西也难以预料，谈话指向未知。谈话具有自由展现的特点，或者说具有非主体性的特点，不能为参与谈话的主体所完全左右。

即使如此，也还是有确定性的因素存在。谈话者的视域制约着谈话的开放性。一群哲学家参与的谈话，与一群农民参与的谈话，其指向必定不同，后者的谈话无论多么开放，也难以指向哲学。一个不识字的人与一个哲学家之间的谈话，其开放度会很小，只有在双方视域重合的部分对话才可以进行。

所谓谈话的哲学，是一种对待哲学的态度。作为哲学家，应该把自己看作谈话的参与者，与其他参与者具有同等地位，他的哲学不是真理，而是意见。作为读者，在阅读哲学著作时，也不该当作定论，而只是把哲学家看作一个对话者。谈话，意味着向他者、未知和未来开放。所谓谈话的哲学，也只是这样一种态度而已，不可能是真正意义上的谈话。

罗蒂把哲学家分为两种——系统的哲学家和教化的哲学家，前者属于传统哲学；后者属于后现代哲学，也就是谈话的哲学。他把后者看作谈话的伙伴："把教化哲学家看作谈话伙伴，是把他们看作对共同关心的主题持有观点的一种替代性选择。把智慧看成某种东西，对它的爱与对论证的爱不是一回事，智慧的成就也不在于为再现本质找到正确词汇，这种看法就是把它看作参与谈话所必需的实际智慧。把教化哲学看作对智慧的爱的一种方式，就是把它看作防止让谈话蜕化为研究、蜕化为一种观点交换的企图。教化哲学家永远也不能使哲学终结，但他们能有助于防止哲学走上牢靠的科学大道。"[①]他认为胡塞尔和罗素属于前一种哲学家，后期海德格尔、后期维特根斯坦和伽达默尔属于后一种哲学家。

这里的问题在于：其一，既然可以把教化哲学家看作谈话的伙伴，为什么不可以把传统哲学家也看作谈话的伙伴？为何不可以把传统哲学也看作对智慧的爱的一种方式？爱智慧的方式可以有多种。教化的哲学如果否定了传统哲学，那就与独断论无异。唯有把传统哲学看作一个异质的谈话伙伴，才算是超越了传统哲学。

其二，这个说法是非常奇怪的："把教化哲学看作对智慧的爱的一种方式，就是把它看作防止让谈话蜕化为研究、蜕化为一种观点交换的企

---

① 〔美〕理查德·罗蒂：《哲学和自然之镜》，李幼蒸译，北京：生活·读书·新知三联书店1987年版，第324页。

第七部分 两个不同的思维指向

图。"连所谓后现代的哲学家维特根斯坦、海德格尔、伽达默尔和罗蒂本人的哲学都是一种研究,都是通过文字而不是谈话才为人所知。就他们的观点来看,也基本是以自己之是攻他人之非。他们主张多元、相对,但在肯定自己这一点上却又是绝对而一元的,因而在更高的层次上也是独断的。再者,罗蒂写出哲学著作,如果不是为了交流的话,又何必写出来呢?谈话的目的之一不正是了解别人的观点吗?

其三,从哲学家们的研究活动来看,不存在退化的问题,因为在这种研究活动中从来没有过真正的对话。上述几位后现代哲学家,在其写出哲学著作之前什么时候有过哲学的对话?他们的哲学常常是在离群索居的时候创作出来的,是个人独自思考和研究的产物。罗蒂的《哲学和自然之镜》一书,是在普林斯顿大学提供的研究年假期间写成[1],书中也从来没有说过写作之前有过哲学的对话活动。这一事实说明,罗蒂的这本谈话哲学的书是远离社会专门研究出来的,而不是社会实践和对话的结果。这种研究中的确有对于各种不同观点所进行的应答,可是这远远不是对话,而是一种自言自语,那些持有不同观点的人在这里没有答辩的机会。

至今没有看到任何一本哲学著作属于真正的对话,即使那些以对话形式撰写的哲学著作,依然是一种研究。既然如此,也就不存在真正的谈话哲学,如前已指出的,它只是一种对待哲学的态度而已。在这种态度面前,传统哲学与后现代哲学并无实质区别,我们都可以把它们看作谈话

---

[1] 〔美〕理查德·罗蒂:《哲学和自然之镜》,李幼蒸译,北京:生活·读书·新知三联书店1987年版,原序第19页。

伙伴。

传统哲学与现代哲学只是指向的不同,用罗蒂的话来说是兴趣的转移。他主张把哲学一直关心的那些问题"理解作历史事件的偶然结果,理解作谈话所选取的各种方向转换"。"哲学学科的、或某个天才哲学家的谈话兴趣在改变着,并将继续以由于偶然事件而无法预测的方式改变。"[1]既然如此,以往的哲学家谈话的方向和兴趣与现代不同,就是再自然不过的事;而后现代哲学家不能以自己的兴趣去评判前人的兴趣,要求前人的兴趣与自己相同——这样做,就不"后现代"了。

可以把它们之间的关系看作正常话语和反常话语的关系。罗蒂在谈到认识论和解释学的关系时说:"如果我们像我所做的那样在认识论和解释学之间划出界线(作为在关于正常话语与关于反常话语之间的对立),那么似乎很明显的是,二者并不彼此对抗,反而相互补益。对于异国文化的解释学研究者来说,最有价值的事情莫过于发现一种在该文化内形成的认识论了。对于确定该文化所有者是否说出了任何有用的真理(按照我们自己时代和地区中正常话语的标准,难道还有别的标准吗?)来说,最有价值的事情莫过于对如何转译它们、又不使它们显得莫名其妙而去进行解释学的发现了。"[2]

既然彼此并不对抗,而是相互补益,为什么还要否定认识论呢?广

---

[1] 〔美〕理查德·罗蒂:《哲学和自然之镜》,李幼蒸译,北京:生活·读书·新知三联书店1987年版,第340页。
[2] 〔美〕理查德·罗蒂:《哲学和自然之镜》,李幼蒸译,北京:商务印书馆2012年版,第363页。

第七部分 两个不同的思维指向

而言之,传统哲学与现代哲学的关系,也不是相互对抗的,同样可以互补,作为正常话语的传统哲学,自然有其价值。它们的关系如同一个人在不同的成长阶段之间的关系,各个阶段有不同特征,但都是同一个人的同一过程,我们不能以后面的阶段否定以往阶段的意义。正如斯特罗指出的:"柏拉图和亚里士多德从未远逝",因为"哲学实质上是一种人文活动"[1]。当今哲学问题的意义,常常需要回到它的童年去寻找。

也可以按照语言游戏原则来处理两者的关系。罗蒂在谈到直观时"采用维特根斯坦的观点,一种直观只不过是对一种语言游戏的熟悉性,因此去发现我们直观的根源,就是去重温我们在从事的哲学语言游戏的历史"[2]。我们同样可以将这种态度应用于传统哲学:传统哲学与现代哲学是两种不同的语言游戏,它们各有不同的语词和规则,熟悉和习惯了传统哲学的语词和游戏规则,便会觉得传统哲学有道理,而现代哲学家们则觉得现代哲学才是真理。

这样就只关乎语词与规则,无关乎是非了,现代哲学也就无权指责传统哲学之非,当它进行指责时,便是以自己的语词和游戏规则代替了传统哲学的语词和游戏规则,因而是一种僭越,从而走向了它自己所主张的游戏说的对面。

以上表明,后现代哲学实质上也是一种思维的"双重游戏"[3],它在

---

[1] 〔美〕阿弗拉姆·斯特罗:《二十世纪分析哲学》,张学广译,北京:中国社会科学出版社2014年版,第3页。

[2] 〔美〕理查德·罗蒂:《哲学和自然之镜》,李幼蒸译,北京:商务印书馆2012年版,第48页。

[3] 〔法〕雅克·德里达:《多重立场》,佘碧平译,北京:生活·读书·新知三联书店2004年版,第7页。

解构传统哲学的时候,也在解构着自身,因为任何思维活动都会在自身建构活动中发生"延异",从而溢出自身。

第二十章

传统哲学之维

传统哲学是否像后现代哲学说的那样一无是处呢？我看不然。传统哲学的观点固然有其局限，却不可全部否定，依然具有有限的真理性。作为一种历史现象，传统哲学所寓示的是这样一个过程：人类随着意识的产生，从最初与自然物浑然一体的状态中觉醒，逐渐与自然分离，主体性日益增强和提升，最后不仅要超然于物，而且要主宰物，主宰世界乃至宇宙。这是人类在前现代时期精神发展的基本取向，其指向是普遍、永恒、绝对。现代哲学则是上述过程的逆反，是从高处的下落，是思维方向和视角的转换，指向个体、特殊、短暂、相对，是从形而上向感性世界的回归。

一、本质

传统哲学在本体论上往往被现代哲学称之为"本质主义"或"基础主义"。这种本质主义主张，事物的内在本质是不变的，这个本质决定了事物的性质及其过程。所谓本质，无非是指使事物成为这一事物的东西，它规定着事物的根本性质，从而使此事物区别于其他事物。

现代哲学普遍否认事物有内在的本质，主张事物是由其环境造成的，或者是由于与环境的相互作用而生成。事物的存在方式、性质等也是由此决定的。

对此，恐怕不能笼统地予以判断，不能一般地说事物有没有内在本质或本性，而是需要针对不同的情况进行分析。

罗蒂的看法是现代哲学中比较极端的："只要提到符应，我这种哲学企图摆脱的那个观念便死灰复燃，那观念就是：世界或自我有一个内在的本性。"[1]他甚至还说："反讽主义者是一位唯名论者，也是一位历史主义者。她认为任何东西都没有内在的本性或真实的本质。"[2]罗蒂的这些说法过于绝对了（不能不说，他的相对主义已经成为一种绝对主义），不仅学理上讲不通，而且与大量的经验事实不符。

哲学是一种宏大的视角，其判断过于一般化，即使后现代哲学也不例外。由此便导出了不可胜数的错误判断或似是而非的说法，这是哲学常犯的错误。在这里我赞成后现代的特殊化原则（可惜后现代哲学经常不能贯彻到底），必须针对某个具体问题才可以下判断。

这里的"本性"若是指善或恶，则一切事物自身都不具有这种性质。善和恶这样的判词，是相对于一个判断者才会有的，离开了判断者就无所谓善恶。同一个行为，对于他是善的，对于别人则可能是恶的。

至于自我，也是一样，不能说他生而具有善恶的本性，单独的一个人是无所谓善恶的。善恶是一种社会属性，只有在社会关系中才会存在，是

---

[1]〔美〕理查德·罗蒂：《偶然、反讽与团结》，徐文瑞译，北京：商务印书馆2003年版，第17页。
[2] 同上，第107页。

第七部分 两个不同的思维指向

人们对于他的行为、品性等方面的某种评价。

即使对于某一个人的评价,也难以用善恶来进行一般性描述,我们只能说他的某个行为是善还是恶,而且是对于谁、在什么时候是善的还是恶的。不存在这样的一个人,在他的一生中始终是并且对所有人是善的或恶的。

事物的自然属性不具有善恶之性质。从自然的角度看,一切都是中性的,是各具因果的。生死存亡,弱肉强食,杀人越货,都是自然现象。一切存在都在自然中自生自灭,各因其因而生,各因其因而亡,皆不具有善恶本性。善恶是人的判断,与自然无关。

说世界有个本性,显得荒谬。世界是一个最大层级的概念,囊括万事万物,而这"万事万物"又各不相同,它怎么可能具有一个本性呢?如果有,这个本性又如何表现在千差万别的万物之中,从而保持其同一性?"世界的本性""宇宙的本质"这样的说法都是空泛而无意义的,不可能真正有所指。

可是又不能说世界或宇宙没有内在的本性,没有内在性质的东西怎么能够存在呢?事实上它不仅具有本性,而且具有十分确定和精确的性质。星河运转,万物演化,生老病死,花开花落,分明展现出某种内在的性质。大千世界的种种所展示出来的,是"世界"的固有性质,即本性。这些本性不具善恶,却确然而在,不能罔顾。这些性质独立而存,不因喜而延长,不因悲而缩短。于是才可以看到,大千世界虽纷繁复杂,却井然有序,好像设计好了一般。

事物的自然属性是内在的,这些属性中有一部分可以因环境变化而有一定程度改变,有些则不能。这些性质大多来自内在的规定,因而可以称之为"本质"或"本性"。可以说狗有狗性、马有马性、豆子有豆子性。全世界的狗和马，尽管它们都有自己的个性，有的暴烈有的温和，但它们都有着相同或类似的行为方式；虽然豆子因环境的改变而生长得大些或小些，但豆子的味道却不会因为外部环境的变化而发生根本改变，豆子也不会由于环境特别适于生长而变成西瓜。这都是事物的内在本性使然。

这种内在的本质规定在生物界是由遗传决定的，生物的"种子"已经隐含着未来有机体的全体——不仅是空间上的全体，而且是时间上的全体，种子里隐含了有机体的结构和未来过程。不言而喻，这个过程只是事物自身的展开过程，而不包含它的"命运"——存在的轨迹，事物的"命运"决定于自身的性质、存在方式与外界相关事物之间的关系。

如果没有内在本质，一切事物就都没有差别了。我们面对的将是一个混沌的世界，甚至是"无"的世界。然而事实却并不是这样，我们看到的任何事物都是独特的，连树叶都找不到两片相同的，可见事物之间的差异之大、之细微。即使是同一个树种，也常常会有几百个种类，它们之间的差异表现在树形、叶片、花朵、种子、色泽、纹理、气味等各个方面，而所有这些方面的差异基本来自内在规定。

若事物没有内在本质，则任何事物都可以变成任何其他事物。由于没有内在规定，事物的变化将会失去约束，从而没有存在的方向，可以向任何一个方向变化。若无内在本性，为何不能从石头里孵出小鸡？其所以如此，就是因为石头的内在规定与鸡蛋的内在规定不同，由此决定了它们不同的变化方向。所谓本质，不过是事物存在的内在逻辑，正是这个逻辑约束着事物存在的方向和方式，使之不可能任意地变成其他事物。

这种所谓的内在本质，大致上可以叫作"类的本质规定"：凡是同类事

第七部分 两个不同的思维指向

物,均表现出类似的性质和存在方式。不过也只是大致上而已,如果更加细致地分析起来,则没有任何两个同类的事物完全一样,凡是存在均为殊相。由此似乎又可以说,每个事物也有着自己内在的规定,即本性,以至殊异于他者。

人是否也有内在本质呢?当然有。类的本质规定了人的存在方式与其他动物之不同;在这个前提下,仅就自然属性而言,世界上也没有两个完全相同的人,他还没有出生就已经与他人有差异。这种先天的差异,无疑是其以后人生历程展开的基础。

按照罗蒂等人的看法,事物的性质是环境的产物,来自社会实践,是在存在活动中形成的。可是假如没有本质或本性,事物就没有规定性,社会实践怎样作用于一个没有规定性的东西呢?没有活动项的活动、没有作用者的作用,是无法设想的。那些发生相互作用的事物一定有自身的规定性,而这些规定性或内在本质是在活动之前就已经存在了的。

环境解释不能说明事物何以千差万别。就人来说,没有任何一个人的观念与他人相同,他们的行事方式也相去甚远,人们之间的差异远远大于其环境的差异,那么环境究竟怎样作用于每个人之中,导致了这种差异呢?那比环境多出来的差异来自何处?我们只能猜测,这是由内在的差异导致的。这种内在差异使得任何存在者都有一个与他者不同的独特"视角"。然而是怎样导致的,则不得而知。

我们只能宏观地、大而化之地说,事物的性质、存在的轨迹来自先天与后天、内在与外在诸因素之间的相互作用,至于这先天、内在的因素和后天、外在的因素怎样相互作用,使之成为这个人,而非他者,则不可解释。

哲学之思：真理的豪饮

由上述可见，不可抽象地说事物是否有本质、本性，而是需要就"本质""本性"所指的具体内容来进行判断。

说到这里，不得不提到罗蒂的一个奇怪说法："全心全意的行为主义、自然主义和物理主义（这些是我在前几章中所推荐的）有助于我们避免这样的自欺，即自以为我们禀赋一种深层的、隐蔽的、有形而上学意义的天性，它使我们'不可还原地'区别于墨水瓶或原子。"[①]他说接下来的一节中将论证这个观点，可是一直到《哲学和自然之镜》这本书结束，也没有看到他论证人与墨水瓶或原子如何可还原地没有区别。

罗蒂在别的地方说过，人与神经的区别（心理的与物理的区别）只是对付人与对付神经的语言的不同，而本体论上的存在并无分别，在人与其他事物之间并不存在本体论上的断裂。据此可以推断，上述引文的意思应该是：人与墨水瓶或原子的区别，仅仅是我们处理人与墨水瓶或原子的语言不同，本体论上则不存在这样的分别。

对此我们可以诘问：墨水瓶可以写出《哲学和自然之镜》这本书吗？显然，无论哲学家怎样可还原地与墨水瓶没有区别，它永远不可能写出任何文字，写出文字的是哲学家，而非墨水瓶或原子。

罗蒂之所以得出这样荒唐的结论，在于他极端地坚守着如下观点：真假是语句的性质，语句的意义只在语句之内，而不指涉外物，语言不具有再现功能。

然而本体论指涉是不可避免的。罗蒂所说的语言的这种性质虽然存

---

① 〔美〕理查德·罗蒂：《哲学和自然之镜》，李幼蒸译，北京：生活·读书·新知三联书店1987年版，第325页。

第七部分 两个不同的思维指向

在,却不是语言的全部性质,在此同时语言还有指涉本体的作用。如果非要将这一功能排除掉,就难免得出荒谬的说法。

罗蒂关于人与墨水瓶的说法,只有在如下意义上才有道理,即:我们既可以把人叫作墨水瓶也可以叫作别的什么,反过来也是一样。作为一种语言游戏,我们可以任意地对事物进行命名,它们只是我们创造的一个符号或声音。他这个说法想表达的大概就是其在《偶然、反讽与团结》一书中所说的反讽主义者能够任意使用自己的语言的意思。

但是,第一,这只有在人类最初进行命名活动时才可以如此,一旦这些命名被确认,就不能随意变动了。第二,即便在当初命名的时候可以随意地进行,把人叫作墨水瓶、把墨水瓶叫作人,也还是承认了它们之间的区别,这种区别的根据不是词语,而是本体论上的存在——墨水瓶和人。它们之间如果没有这种区别,就不需要两个名称了。它们在本体论上的区别就来自其内在的规定,这种规定未必是形而上学意义上的,也未必是隐蔽的,仅表面上的区别就已经足够用两个不同的名称来指称。

如果非要给罗蒂的说法找个合理的理由,那就只能从概念的归类方面去寻找了。也就是说,从"人"和"墨水瓶"都是"物质"角度说,它们是可相互还原的。实际上,当我们说某物与某物没有区别时,往往是由于把它们归到了更高、更普遍的类里。像罗蒂说的,这就是一种语言游戏。

不承认事物有隐藏的天性,是莫名其妙的。按照这种所谓的现象学的看法,事物都是展现出来的样子,我们就没有认识事物的必要了。如果把现象学的观点理解为在现象背后没有隐蔽的东西,这种现象学就是肤浅的。尽管我们所能够知道的的确只有现象,我们也不能认识现象背后有什么东西,但现象之后必定有尚未显现之物则是毫无疑问的,这些尚未显现之物对于我们的意识而言是隐蔽着的。比如遗传基因，在我们认识它之前我们不知道，因此未尝不可以说，从前它对于我们的意识是隐藏着的。又比如罗蒂，在我知道他之前，对于我来说他就是潜在着的，而且我对于罗蒂的了解仅限于我所看到的他写的几本书，他还有其他许多信息我一无所知，这些信息对我来说也是隐蔽着的。我不能因为不知道这些信息，就说我眼中的罗蒂就是罗蒂的全部，关于罗蒂再也没有其他隐蔽的存在了。

罗蒂还认为，一个文本也是没有本质的："对我们实用主义者来说，那种认为文本具有某种本质、我们可以用严格的方法将它揭示出来的观念与下面这种亚里士多德式的观念如出一辙、同样糟糕：这种亚里士多德式观念认为，任何事物都具有某种真正的，与表面的、偶然的或外在的东西相对的内在本质。认为批评家可以发现文本的本质——比如，它本质上揭开了某种意识形态结构的神秘性；或者，它本质上是对西方形而上学等级森然的二元对立的'解构'，而不仅仅是为此形而上学目的服务——这种观念对我们实用主义者而言，只不过是改头换面的神秘论而已。它只不过换一种形式声称，可以对符号进行解析并因而发现其神秘的本质——只不过是我在《福柯的钟摆》中所读出的、艾柯试图进行反讽的东西的又一个例证。"[1]

本质肯定有，虽然不是传统意义上的"本质"。比如罗蒂的文本就与其他人的文本有着不同的本质——这个所谓的本质，是由作者的一系列观点构成的。如果不承认这个"本质"区别，就不能在罗蒂的著作与其他人的

---

[1] 〔意〕艾柯等：《诠释与过度诠释》，柯里尼编，王宇根译，北京：生活·读书·新知三联书店1997年版，第126页。

第七部分 两个不同的思维指向

著作之间进行区分了。我们可以将这本质界定为显现于文本之中的，而不是隐藏着的，界定为弱本质，而非强的实体性本质。这种本质性区别存在于不同的人们之间，比如老子和孔子之间，亚里士多德与柏拉图、康德与黑格尔之间，一眼就能够看出他们的不同——无论是从思想上还是从语汇上。越是具有创造性的文本，其本质特性就越是明显；而那些平庸的、言之无物的文本才可以说是没有本质的，它们之间看不出有什么区别，也不包含需要阐释的东西。

所谓文本的本质，是指一个文本基本的意思是确定的，它有自己独特的视域，因而是可理解、可解释的。如果没有这样的所谓本质，它就成为绝对开放之物，不存在可解释的东西。有多少个人就有多少种对于《圣经》的解释，它们都源自《圣经》所确定的视域。对于《圣经》的那些解释（包括那些对它进行批判的文本），离开了《圣经》就无法存在。对于一个文本总是存在着多种解释，不存在唯一正确的解释，却不可以说一个文本没有"意思"，即没有本质，对一个不包含意思或本质的文本怎么可能进行解释呢？《圣经》与佛经有着明显的不同特征——无论是思想还是文字，这就是不同的"本质"。

正是文本的这种本质性规定，使得对于同一文本的无限多种解释保持着某种统一性，文本的视域限制了解释的范围。无论怎样的解释，也难以把老子解释成孔子，把柏拉图解释成亚里士多德。这就是文本的"本质"对于解释的限定作用。

一个有价值的文本，一定是拓展了新的视域，从而打开了理解的可能性空间——这便是文本的神秘性根源，或者说，可以把这种理解的可能性看作某种神秘之物，因为它对于我们来说是未知的，需要进一步探索。

所以，对于文本的所谓神秘性之阐释还是有意义的，这种阐释是文本继续存在的方式，是对文本价值挖掘和发现的过程。文本没有隐秘的本质，却有隐蔽的意义，这些意义被发现之前可以说是隐蔽着的。作者只是将文本写出来，其潜在的意义却不一定意识得到，它在读者那里的意义他也不可能意识到，而这些意义有赖于读者、研究者的阐释。也可以说这些意义是随着读者和研究者的阐释而生成的，但没有文本，这些意义就不可能生成。

如果文本既没有本质，也没有任何所谓的"神秘性"，那就没有需要深化和挖掘的东西，这样的文本要么是些陈词滥调，没有提供可理解的东西，要么就应该毫无争议，一切都明明白白地展现在文字之中。事实却不然，越是具有独创性的文本就越具有"神秘性"，人们就越是认为它隐含着更深刻的意义，因而吸引众多的人来探索。

这里还涉及现象与本质的关系问题。传统哲学认为，本质是现象后面的东西，本质隐藏在现象的深处，与现象不一定一致，因而需要我们去发现。现代哲学反对这种说法，认为现象即本质，没有隐秘的东西。

我们所知道的所谓本质、事物的性质等，都是现象层面的存在，现象之外的存在我们无法知晓。"现象"的意思就是向我们显现或我们能够使之显现的东西。现象是对我而在，因而所谓的真是相对于我的真，而且还是相对于此时此地的我的真。这是相对主义、多元论的本体论根据。

但是，如果把"现象即本质"理解为现象之外无物存在或现象之外没有隐秘的东西，则是错误的。

从本体论角度看，物自身也有隐秘的本性，这些隐秘的性质是未展现的，在其存在的过程中方可展示出来。假定我们从来没有见过某种植物的种子，当第一次看到它时，我们不知道其内部隐含着什么，而只看到种子的外部性质。通过后来的观察我们发现，种子里潜藏着复杂的东西，潜藏着他物，它还可以是根、茎、叶、花、果实。一切存在都隐含着尚未展现的东西，存在的过程就是要展现这些隐秘之物。

从认知角度看，现象或现象界总是有限的，根本上还是我们知的领域，在这个知的领域之外，还有一个广袤深阔的未知之域，远非这个有限的现象界所能比拟的。那么我们凭什么能够说，这个世界不存在隐秘的本质呢？我们的解释能力在这个无限的未知领域面前显得微不足道，因而那个未知之域是神秘的。这个世界，包括我们自身，也都具有这种神秘的性质。不过，这个"神秘"不是"神"之秘，而是对于人而言的神秘，是我们去理解这个世界和事物的时候产生的。这种神秘性也是现象界的一个属性。它位于现象界的边缘，当意识指向那个未知之域的时候就会出现。

二、实体

按照亚里士多德的看法，实体是存在的中心，是一切性质的支撑物，所有性质都是用来描述实体的。比如形状、颜色、变化、状态等，都一定是某个实体的性质。离开了实体，我们就不知道这些性质的归属，不知道是什么东西的颜色、形状、状态，不知道是什么东西在变化。实体只能作为主词来使用，永远不能当作宾词。因此实体就是主体。

这样的事物便是个体，唯有特殊而感性的事物才符合实体的上述规定。一切性质最终都附着于个体之上。实体的种种稳定的特征、性质构成其存在，显示出区别于其他事物的独特规定性。虽然在亚里士多德那里实体具有多种含义，但都包含着第一存在的意义，其他含义均由此衍生而来。后来发展出的种种实体学说，也都含有这个意思。

传统哲学的实体概念，最终发展为包含万物及其全部过程的大全，如斯宾诺莎的一元实体论、莱布尼茨的多元实体论——单子论、黑格尔的绝对理念论等。在这些实体理论中，世界根本上是静止的，在实体里已经包含了一切，包含了未来的全部历程；没有偶然性，一切都是必然地被实体所规定了的。

传统哲学在这个问题上的缺陷在于，在肯定存在的实体性的时候，把存在物的"命运"也包含进了实体之中。任何存在者都是以往的相关存在交互作用所形成的，作为既定的存在者，具有内在的规定、自身的结构和特性，具有独立自存性。这种实体性决定了它具有某种封闭性，并有着自身存在的内在逻辑。不过，作为一个独立的实体，它自身不包含其他事物以及它们之间的全部相互关系，其他事物和这种相互关系只有在它们的交互作用中才会出现。他者的作用使得任何实体都不可能完全按照自己内在的逻辑去存在，他者的作用便带来了偶然性。

后现代哲学在克服传统哲学的错误时，走向了另一个极端，否定实体性的存在，将事物置于彻底的生成过程、纯粹的偶然性之中。

实体性是不能够被消除的，只要承认有物存在，就一定有实体性，就连罗蒂所说的"谈话"也是如此。罗蒂试图用"谈话"来消解实体性，他把后现代哲学归结为谈话活动，这样的哲学叫作"教化哲学"。这种谈话中充满了偶然性，它没有预定的计划和目标，参与者事先不知道将要出现的真理是什么。可是，即便我们承认这些，也依然不能消解谈话者这个实体的存在，参与谈话的人都有某种前见，由此决定了他特定的视域，尽管这个视域有可变性，前见却影响着他谈话的方向和限度，这便是谈话活动中的实体性因素。

正是每个谈话者的实体性指向才使得谈话活动具有活力，由于每个谈话者都试图把谈话的维度拉向自身视域的方向，从而在不同谈话者相异的视域之间产生出相互牵引的力量，激发出谈话者的潜能。若是所有谈话者都取得一致，则谈话就会失去魅力和活力。正是实体性的活动，导致了对于实体性某种程度的消解，使得谈话者能够拓展固有的视域。同时，那解构实体的人又是一个坚硬的实体。

承认存在的实体性就是承认存在的主体性。凡是存在，都因具有内在结构而存在。这个内在结构使得事物具有自存性和自构能力，从而保持自身与他物之间的边界，不至于被他物所解构。不承认这种实体性或主体性，而把存在过程看作纯粹的交互作用（罗蒂所谓的社会实践），则某物就会被他物所吞噬、消解。再者，假如其他事物也是没有实体性或主体性的，它们又怎么能够解构这个存在者呢？事物的实体性是相互作用的逻辑前提。

三、永恒

传统哲学追求永恒不变之物，认为只有这样的东西才是真实的，相应地，真理也必定是永恒的，而这样的存在和真理则是具有必然性的。在时间维度上，传统哲学一直要追溯到一个本原性的东西，这个终极之物决定了万物的本质及其命运。这个东西便是万物的开端，宇宙的终极，到达此处就不能再继续往前追问了。在空间维度上，向外无穷扩展，一直追到无限；微观上，则要找到一个极小，小到不可分的物质，如德谟克里特的原子、莱布尼茨的单子等。

永恒不变的东西是否存在呢？从实际的存在看，没有任何一个东西是不变的，只有变化速度快慢和方式的区别；凡是存在物，无不具有生成的过程，也没有不会消失的。人们没有找到一样东西是从来就有的。我们只能说，唯有永恒的变化才是不变的。就此而言，传统哲学的永恒概念是不成立的，它不过是一种心理产物，出自心理的需求。①

可是能否因此得出这样的结论——永恒是不存在的呢？不能。永恒永远不是什么，却永恒地存在着，这就是它存在的方式。存在是存在的，不可能变成非存在，存在也不可能来自非存在，因为非存在就是无，无不可能变成有，有也不可能变成无，否则它们就是性质相同的东西，无也就是一种有了。存在如果变成了无，就不可能再变回到有，不然，它就不是无，而是另一种形态的有。所以存在必定来自存在，而且永远存在，这或许就是巴门尼德所说的"存在是一"的含义。另外，存在又不是永远以一种形态存在，而是在各种形态中转换着。所谓的消失，也就是形态的转换，是变成了另一种存在，而不是绝对地变成了无。

至于存在为什么存在并一直存在，又为什么不断在各种形态中转换，我们不知其因；但是我们从存在的这种方式中分明感觉到有永恒的东西，这个永恒的东西我们只能笼统地、从总体上叫作存在、万有或者世界、宇宙，其他再也说不出什么了。只要说得稍微具体一点，它就会失去永恒的性质，任何具体事物都不具有永恒性。

---

① 严春友:《哲学的魅力》，北京：中国社会科学出版社2014年版，第十二章。

说存在从来就有，是不可思议的，既然万物都有起源、有消失，为什么存在总体没有起源？怎么可能一直就有？宇宙学上所说的有起点的宇宙，仍旧是有限宇宙，无限的宇宙是不可能有起点的。若说存在有起源，它就有开端，也就是有来自无，从不存在怎么可能产生出存在呢？又是怎样产生出来的？对于这些问题，我们没有能力解答。无论宇宙是有限的还是无限的，都不可思议，都有难以解答的问题。到了这一步，我们就应该老老实实地承认自己的无知和有限性了，在这里，任何解释都显得苍白。

四、普遍

罗蒂可以说是极端排斥普遍性的代表，他在《偶然、反讽与团结》一书中这样说："本书第一篇所提出的立场，是与这种普遍主义态度互不相容的，不论其宗教的或世俗的形式。本书的立场不认为在你与狗之间，或你与机器人之间，那差异所形成的异同光谱中存在着一个'自然的'切断点，标示出理性存在之终和非理性存在之始，或道德义务之终和仁心善意之始。根据我的立场，团结感必然是决定于哪些相似点和差异点对我们而言最为显著，而这种显著性则决定于历史上偶然的终极语汇。"[①]

没有自然的切断点，人们是如何区别事物的？既然反对普遍主义，就应该承认不同事物之间的区别，罗蒂却相反，否定不同事物有本体论上的切断点，按照他的意思，所谓事物间的区别仅仅是个语言问题，是人们在

---

① 〔美〕理查德·罗蒂：《偶然、反讽与团结》，徐文瑞译，北京：商务印书馆2003年版，第272—273页。

语言游戏过程中形成的。我们对于不同事物之性质的判断，自然可以看作一种语言游戏，各种事物的性质可以看作我们在学习和生活中逐渐得到和形成的种种判断，特别是那些价值性的判断，就更是如此。

然而，不同的存在之间具有连续性，但同时也存在着非连续性，存在者各有其特殊结构、功能和特性。存在固然是一个有着内在联系的整体，这个整体却又是由万千不同的事物和部分构成，每个事物自身也是由不同的要素组成。这种"不同"正是各个事物的存在自身，或者说，存在的"目的"就是要成为不同者、特殊者，而不是成为与他者相同者。存在，意味着分化、分叉，存在过程总是指向独特性、特殊性这个维度。成为自身，就要与他者之间建立起切断点。存在的过程犹如树木的生长过程，种子中那些模糊的信息都要表现出来，成为根、茎、枝、叶、花、果。它们当然是连通、相通的，它们之间是连续而统一的过程，不可分割，却不等于没有切断点，根、茎、叶各有差异，我们绝不会将它们混淆。不用说人，就是动物也不会将不同的事物、不同的部分相混同，知道哪里是切断点，它们知道什么是可吃的、哪些是天敌。这便是自然设定的界限，即切断点。

事物的相似点其实就是一种具有普遍性的东西。凡是存在都是特殊的、个别的，那些共同的或普遍的东西都是在一个个独特个体存在的过程中显现出来的，普遍性自身不是实体性的，但我们又不得不承认同类个体之间的共同或普遍的特征。动物，各有各的生存方式，其形其象，其行其为，均有区别，但同类之间却存在着普遍的共性。

无论是黑人、白人还是黄种人，也无论不同的人种又有多少更多的变异从而形成了具有不同特征的族群，我们只要看见他们都会不假思索地知

第七部分 两个不同的思维指向

道他们是人,而不是任何其他动物,绝不会将其混同于猪狗,这是因为他们有着普遍相同的结构和行为方式。所以,我们就可以将同类的事物归结到具有高度普遍性的概念之下,将其称之为"人类"。

作为人,其生理阶段具有普遍相同的特点,从生到死,在某个阶段上必定会表现出某些相同或类似的特征,如幼儿期、少年期、青春期等,而且这些阶段之间的顺序是不会颠倒的。同时,精神世界的发育也是一样,在相应的生理阶段会有相同的或类似的思维特征出现。这都是具有普遍性的。

自然,与此同时我们必须强调,不是先有了那些共同的结构、功能、特征、阶段、模式等普遍的东西,然后才出现了体现这些普遍构架的个体。凡是存在都是特殊的、个别的,没有任何普遍性因素不是作为个体性而存在的,只是我们在比较或进行逻辑分析的时候,才可以说有普遍性这种性质。比如婚丧嫁娶,是一个普遍性的概括,它们在每个人那里的内容则完全是具体的、与众不同的。

正是由于存在自身具有自然的切断点,我们才能够言说一个个体,否则就不可能指涉任何存在物。当我们说到"罗蒂"的时候,绝不会将他与其他哲学家混同,他与其他哲学家之间不仅有生理上的切断点,而且有思想上的切断点。当我们说罗蒂是人的时候,也不会把他看作一个普遍的人,而是一个特殊的个体,他与其他个体之间存在着自然的切断点。

语言本身就是具有普遍性的,这与语言的本性有关。不存在真正意义上的私人语言,语言的本性就是与他者交流,否则就无须语言了。在此意义上,语言是超越于个体之上的,即具有普遍性。不具有普遍性的纯粹私人语言,假如说存在的话,他人也无法理解,因而没有意义。

我们的任何概念都是普遍的，哪怕是看上去最特殊的概念。"我"，是指向独特个体的概念，而且往往是直接的指称，是亲在。可是恰恰是这个概念有着最广泛的普遍性，任何一个人都可以使用它以自称。基于这个原因，稍微离开具体的语境，我们就不知道这个"我"是谁了。每个概念都可以用来描述相关的事物，而无须解释。我们可以将一切形状的狗归于"狗"这个概念之下，即使从来没有见过的狗，我们一看见它也能够立刻将它归于此类动物。可见语言具有无限的囊括性，这是其普遍性的一个表现。

人与人之间能够相互理解，甚至那些具有相反观点的人也能够理解对方，表明有某种超越于个体之上的东西，能够使人们之间沟通。罗蒂对于传统哲学的批判活动本身，就证明他对于传统哲学是理解的，这说明传统哲学的问题具有某种普遍性的价值，是可以跨越哲学家个人视域的；如果不是这样，罗蒂也就没有批判传统哲学的可能性了。

罗蒂用来解构普遍性的一个主要概念是"偶然"，由偶然导致特殊，导致不可预见、不可控制，看起来普遍性也就没有存在之处了。实则不然，普遍性是解构不掉的，用来解构普遍性的工具往往不过是另一种形式的普遍性。罗蒂的"偶然"难道不也是一种普遍的东西吗？因为它包括一切偶然的现象——过去的、现在的和未来的，贯穿于一切事物存在的始终，于是又成为一个超越于特殊境况、特殊事物的普遍概念了。一切概念都具有普遍性，如果将偶然论推论到底，就必须消除掉所有概念，不使用任何语言，消除普遍性的目标方可以达到。

在价值观念和思维方式上也存在着某种程度的普遍性。比如大尺度地看，不同年龄段的人群往往有着不同的观念系统和看待事物的不同方

第七部分 两个不同的思维指向

式,由此产生了代沟。连那些思想界的精英人物也是如此,因而形成了所谓"思潮",如文艺复兴、启蒙运动等。所谓的后现代所表征的观念,则是当代思想界普遍持有的,如偶然、特殊、相对、现象、历史主义等。这出自所谓的社会影响,也即个体之间、族群之间的相互作用。这种相互影响构成了具有不同特征的文化形态或观念形态,它对于个体精神具有某种程度的制约和导向作用,从而使得同一个时代的人们更多地关注某个方面的问题,形成某种带有普遍性的趣味,进而影响着思维的结构和价值取向。比如奥古斯丁(354—430),虽然是一个大思想家,也难以避免时代趣味的浸染,在他的著作里有这样一些今天看来十分荒谬的问题:如果流产也算死亡,那么流产的胎儿是否在复活之列?夭折的婴儿复活时能否拥有成年人的身体?女人的身体在复活时是否仍旧保持原来的性别?[①]这就是所谓的"时代精神"对于人们前见的制约了,它是难以超越的。

不言而喻,这不是说凡是同代人或同一族群都是一样的,若细分下去,他们每个人都是独特的,所谓的文化形态、时代精神,只是作为基底而存在着的一套观念和价值系统。

既然否定普遍性,罗蒂也就自然会否定共同的人性,他赞成如下的观点:"我们每一个人的内在,根本没有共通的人性,没有天生的人类团结性,可以用来作为道德的参考点。人只是社会化的结果,这包括使用语言的能力,以及与他人交换信念和欲望的能力,都不例外。"[②]

[①] 〔古罗马〕奥古斯丁:《上帝之城》,王晓朝译,北京:人民出版社2006年版。
[②] 〔美〕理查德·罗蒂:《偶然、反讽与团结》,徐文瑞译,北京:商务印书馆2003年版,第251页。

这要看怎么理解"人性"这个概念。如果是指人性的善恶，那确实没有，我们不能从总体上判断人性之善恶，总体而言人性无所谓善也无所谓恶。

如果共通的人性是指人们之间通过遗传获得了一种普遍相同或类似的结构和功能，由此导致了人们存在方式的某种共同性，使得人们之间能够相互理解、交流，能够接受后天的文化熏陶，从而成为人，则可以说是有"人性"存在的。这个"人性"不是道德上的概念，而是本体论概念。如果没有这种共通性，人们之间就难以相互理解。人与人之间能够相互理解固然离不开社会环境的作用，但"人"并非全部是社会作用的产物，一个明显的证据是，无论怎样驯化动物，也不能使它达到与人交换观念的程度。这足以说明在人和人之间有某种共通的东西存在着，这种共通的东西不妨称之为"人性"。

"人是社会化的结果"这种论断只能从一般意义上说才是有道理的，不过也只是一个笼统的论断而已，因为至少有两个问题它不能解决：其一，从历史进化的角度讲，人这个种类是经历了怎样的社会化才形成的？它怎样促使某种动物发生了跃迁，从而变成了人？其他动物也有社会生活，促使人类产生的那种社会化与之有何不同？这些问题都远不是一句"人是社会化的结果"能够解决的。其二，作为个体的"人"无疑只能在社会中产生，人的个体性也是社会化的，然而这只能是一个总体性的结论，至于人的独特性，用社会化是难以解释的。社会化是某种普遍性的东西，大家面临的社会环境相差无几，在其中形成的个人，其差别却犹如天壤，这些差别是从哪里来的？无论是从外部的社会因素还是内部的先天因素，都难有令人信服的说明。罗蒂本人恐怕也无法解释，他的独特性来自何处，他经过了怎样的社会化，才变成了这样的一个人。

把一切都归结为社会化，忽视了个体的自我建构能力。自我建构能力或自组织能力是存在者存在的内在依据，是主体性的根源。所谓的社会化，只有经过主体的建构过程才会成为其构成因素。同时，社会化的作用正在于建构起与社会化反向的主体性和个体性。

若实行彻底的特殊主义，我们所有的词语都将无法使用，这样的特殊主义犹如一把锋利的解刨刀，将一切固定性、稳定性解构掉。以"爱情"概念为例：不存在一般的爱情，而只有存在于具体的爱情活动和感受中的爱情，所以当我们说到"爱情"时，必须问，这是谁的爱情？是谁在什么时候和地方对于谁的爱情？进一步还可以说，每个人对于爱情的感受和理解不同。既然如此，怎么可以把它们概括到同一个共同名称——"爱情"之下呢？

这种彻底的特殊主义，只能是哲学的迂腐所致，在现实上，没有人会觉得普遍性概念的使用有何不妥，也没有感受到特殊的实在与普遍概念之间的对立与隔阂，当他们使用"爱情"一词的时候，从来没有怀疑自己的感受是否符合这个概念，也没有因为自己的爱情与他人的爱情之差异而质疑自己的爱情。说到这里，倒是用得着罗蒂的社会实践概念了，哲学上很多所谓的问题，在实践上根本是不存在的，那些问题——包括后现代哲学的一些问题，不过是哲学家的头脑制造出来的。哲学根本上是认识论，其本体论关注的是存在，却永远不是存在，而只是理解。

五、形而上学

从某种意义上可以说，传统哲学就是形而上学，因为传统哲学最根本的部分是形而上学，其他部分如宇宙论、伦理学、美学等，均为形而上学的衍生物。形而上是传统哲学的根本特征，却备受现代哲学诟病。在现代哲学看来，形而上学的根本问题在于其命题不能被证实也不能被证伪，因而是伪命题。

若以是否可以解决论，则没有任何哲学问题是可以解决的；反过来说，要是可以解决的话，就不是哲学问题了。哲学问题的所谓解决，只是哲学家本人的一种理解、解释，是他个人的一个视角。至于他的解决对于别人而言是否有道理，是否有意义，则需要别人独立的判断。即使后现代哲学也是如此，它们所提出的观点也同样需要每个人的重新思考、批判，而不该未经反思地输入到别人头脑中去。哲学的本义就是怀疑、反思和批判，而不是现成的知识；哲学永远不是现成的定论，否则便不是哲学。

哲学的目标不在于给人们提供现成的答案，而在于提供思路、启示和路标。每个哲学家都会提供不同的维度，指向不同的道路，甚至同一个哲学家也会指出不同的路向，从而拓展各种可能性的路径。哲学的意义就存在于这种再思考、质疑、反思和批判活动之中。对于形而上学问题，我们每一次的思考和批判都会产生意义。哲学的问题唯其不能有最终的解决，才具有永久的魅力。形而上学的意义也正在于此。

形而上学指向无形，关注形而上者；而现代哲学指向有形，注重形而下者，它们是两种不同的指向和维度，各有各的价值和意义。现代哲学以现象为本质，停留于现象界；形而上学则主张超越有形之物、超越现象和感性，去捕捉那无形的大道。现代哲学虽停留于现象界，执着于有限之物，但它所讲的那些道理并不现成地显现于现象界，而同样是超越了有形之物，亦具有某种形而上的意味。普遍的道理具有形而上的性质，需要思考才可以得到，用感官是感受不到的。形而上学是一个视角，后现代主义则是另一个视角。视角不同，结论自然有异。

第七部分 两个不同的思维指向

形而上学这一维度，是思维活动的根本指向。这一指向的实质是超越有限、特殊、偶然的限制，达到无限、普遍和必然的自由境界。甚至可以说，人是一种形而上的动物，他总是不满足于狭隘的一隅，而是要穿透一切有限之物，走向整体，趋向无限，亦即趋向自由。

然而思维不可忘身于无形和无限，而必须返回自身，返回现象、有限、特殊、偶然，在这里表现出了传统哲学的缺陷。它把形而上当作存在的家，从而在一定意义上忽视了形而下的意义，忘记了形而下才是存在的家园，一切的意义都出自这有限而感性的王国，即便那形而上的价值，没有这个形而下的家园便没有着落之处。形而下的这个此在，这个存在者，才是无限之根。那伸向形而上世界、伸向整个宇宙的根系，根源于"此在"这个有限之身。

另外，假如像后现代哲学那样，否定了形而上之维的意义，则难免鼠目寸光，陷于苟且之境。后现代哲学固然讲出了一些传统哲学所没有看到的道理，却日益失去了哲学的宏大气象，这不能不说是失去了形而上之维的一个结果。

作为人生的一种指向，形而上学趋向于出世这一端。从形而上的角度看，万物皆为短暂之存在，稍纵即逝，唯有永恒之物长存，那些特殊而短暂的事物似乎毫无价值，它们无论存在多长时间，在无限而永恒的世界里，皆为刹那，皆为虚无。若是执着于这一维度，则有蔑视个体和当下存在之价值的危险。形而下这一维度，则指向入世这一端，从这个角度看，短暂即永恒，有限即无限，唯有此时此地真实存在。立足于这一维度的生活不免缺少深度与广度。在两端之间保持中道，以形而上的态度过形而下的生活，方可以彰显出生命的活力和张力。

参考文献

〔法〕笛卡尔:《谈谈方法》,王太庆译,北京:商务印书馆2000年版。

〔德〕黑格尔:《精神现象学》,贺麟、王玖兴译,北京:商务印书馆1981年版。

〔德〕黑格尔:《自然哲学》,梁志学、薛华等译,北京:商务印书馆1982年版。

〔德〕黑格尔:《小逻辑》,贺麟译,北京:商务印书馆1981年版。

〔德〕谢林:《先验唯心论体系》,梁志学、石泉译,北京:商务印书馆1983年版。

〔德〕尼采:《悲剧的诞生》,周国平译,北京:生活·读书·新知三联书店1986年版。

〔英〕路德维希·维特根斯坦:《逻辑哲学论》,贺绍甲译,北京:商务印书馆1996年版。

〔英〕路德维希·维特根斯坦:《哲学研究》,李步楼译,陈维杭校,北京:商务印书馆2000年版。

〔英〕路德维希·维特根斯坦:《逻辑哲学论》,陈启伟译,涂纪亮主编:《维特根斯坦全集》,第1卷,石家庄:河北教育出版社2003年版。

〔法〕雅克·德里达:《书写与差异》,张宁译,北京:生活·读书·新知三联书店2001年版。

〔法〕雅克·德里达:《多重立场》,佘碧平译,北京:生活·读书·新知三联书店2004年版。

〔美〕理查德·罗蒂:《哲学和自然之镜》,李幼蒸译,北京:生活·读书·新知三联书店1987年版。

〔美〕理查德·罗蒂:《哲学和自然之镜》,李幼蒸译,北京:商务印书馆2012年版。

〔美〕理查德·罗蒂:《偶然、反讽与团结》,徐文瑞译,北京:商务印书馆2005年版。

〔美〕理查德·罗蒂:《哲学、文学和政治》,黄宗英等译,上海:上海译文出版社2009年版。

〔美〕丹尼尔·丹尼特:《意识的解释》,苏德超、李涤非、陈虎平译,北京:北京理工大学出版社2008年版。

刘占峰:《解释与心灵的本质——丹尼特心灵哲学研究》,北京:中国社会科学出版社2011年版。

〔意〕艾柯等:《诠释与过度诠释》,柯里尼编,王宇根译,北京:生活·读书·新知三联书店1997年版。

〔美〕阿弗拉姆·斯特罗:《二十世纪分析哲学》,张学广译,北京:中国社会科学出版社2014年版。

〔美〕马泰·卡林内斯库:《现代性的五副面孔——现代主义、先锋派、颓废、媚俗艺术、后现代主义》,顾爱彬、李瑞华译,北京:商务印书馆2002年版。

庄周:《庄子》。

严春友:《哲学的魅力》,北京:中国社会科学出版社2014年版。

〔美〕纳尔逊·古德曼:《构造世界的多种方式》,姬志闯译,伯泉校,上海:上海译文出版社2008年版。

〔美〕瑞·蒙克:《维特根斯坦传——天才之为责任》,王宇光译,杭州:浙江大学出版社2014年版。

〔英〕史蒂芬·霍金:《时间简史》,许明贤、吴忠超译,长沙:湖南科学技术出版社2002年版。

刘静:《盲人感知经验的美学探析》,北京师范大学硕士论文,2010年。

马智宇:《偶然之维——罗蒂的偶然性思想的美学意蕴》,北京师范大学博士论文,2016年。

〔美〕M. 怀特:《分析的时代》,杜任之译,北京:商务印书馆1986年版。

〔美〕托马斯. L. 贝纳特:《感觉世界:感觉和知觉导论》,旦明译,北京:科学出版社1983年版。

〔古罗马〕奥古斯丁:《忏悔录》,周士良译,北京:商务印书馆1982年版。

〔古罗马〕奥古斯丁:《上帝之城》,王晓朝译,北京:北京出版社2006年版。

〔古罗马〕(伪)狄奥尼修斯:《神秘神学》,包利民译,北京:生活·读书·新知三联书店1998年版。

金吾伦：《生成哲学》，保定：河北大学出版社2000年版。

〔比〕雷蒙·特鲁松：《卢梭传》，李平沤、何三雅译，北京：商务印书馆1998年版。

〔苏〕阿尔森·古留加：《黑格尔小传》，北京：商务印书馆1978年版。

〔苏〕阿尔森·古留加：《谢林传》，贾泽林等译，北京：商务印书馆1990年版。

〔德〕马丁·海德格尔：《林中路》，孙周兴译，上海：上海译文出版社2004年版。

〔德〕汉斯-格奥尔格·伽达默尔：《真理与方法——哲学诠释学的基本特征》，洪汉鼎译，上海：上海译文出版社1999年版。

宋继杰编：《BEING与西方哲学传统》，保定：河北大学出版社2002年版。

编年体目录

编辑这个"编年体目录"的目的，旨在表明思想生成的痕迹和非逻辑性、碎片化和偶然性，从而也表明书中现在的秩序是后来才形成的，是最后梳理的结果，而不是一开始就有一个细密的和完整的写作计划。不同的篇章，只是在一个大致的、总体的方向下，依据当时的兴趣和思考成熟的程度而写成。

2010

（1）第四章 生成论与预定论（2010.01，北京）

（2）第三章 "上帝"是个形容词（2010—2017，北京—马切拉塔）

（3）第八章 作为草稿的心灵（2010.04，北京）

2011

（4）第五章 多草稿与演化（2011.07，北京）

2012

（5）第九章 主体性的诞生（2012.04，马切拉塔）

2013

（6）第十一章 作者的优先性（2014.03，马切拉塔）

2014

（7）第十二章 他者对可能性的开启（2014.04，马切拉塔）

（8）第十三章 在场、显现与遮蔽（2014.06，马切拉塔）

（9）第十四章 真理如何"自行显现"（2014.07，马切拉塔）

2016

（10）第十六章 翻译之可能与不可能（2016.03，马切拉塔）

（11）第十五章 语言与存在（2016.03，马切拉塔）

（12）第七章 心之存在的证明（2016.04，马切拉塔）

（13）第二章 存在的确证（2016.06，马切拉塔）

（14）第十八章 哲学与文学的分野（2016.07，马切拉塔）

（15）第十九章 现代哲学与传统哲学的关系（2016.09，马切拉塔）

（16）第二十章 传统哲学之维（2016.10，马切拉塔）

（17）第六章 偶然、突变与约束（2016.11，马切拉塔）

（18）第十章 自我之解构与建构（2016.12，北京—马切拉塔）

2017

（19）第十七章 语言和书写对于存在的召唤（2017.02，马切拉塔）

2018

（20）第一章 无名之域（2018.01，马切拉塔）

后　记

　　本书只是近年来学习哲学的一些心得，现在呈现出来，作为自己思想历程的一个纪念。

　　从最早的篇章（2010年）算起，这本书断续写了八年多，现在终于定稿。不过，明确地产生写作本书的想法是在2012年12月，当时做了一个讲座，题目是"有如何来自无"，副标题是"存在者如何存在"。那时便有了一个想法，写一本同名的书。那个讲稿中的哲学部分，成为本书的基本视角。产生这个想法也不是无缘无故的，在那之前写的文章有几篇所探讨的问题已经与本书的主题有关系了，这个演讲则起了一种推动作用。

　　我这些年在哲学上的想法，在本书中得到了充分展示，但是最终成型的这本书在形式上却与最初的设想有很大距离。按原来的设想，是要写成独白式的文体，基本不引用他人文字，只阐述自己的想法，是类似于第一章那样的风格。我厌恶流行的所谓"学术文体"：引经据典，辞藻乏味，言之无物，毫无美感，味同嚼蜡，不可卒读。我所进行的所谓哲学研究，关注的重点并非哲学的文献和术语，而是存在本身。我所得出的结论，大多并非来自纯粹逻辑的推论，而来自内在的体验和对于世界的观察，在我看来这才是哲学的根本。对于所谓的哲学的论述，其维度

后记

也应该指向这个"根本",而不是堆砌大量的文献和晦涩的术语。然而写了几篇以后,发现自己缺少这样的能力,而且这样的写法缺少语境,也难以深入,显得单薄。恰在这时看到了罗蒂的书《哲学和自然之镜》,觉得与所要论述的主题正好切合。罗蒂的观点是后现代哲学中比较典型的,与传统哲学构成了两个极端,而我的目标是在现代哲学(含后现代)与传统哲学之间进行调和与折中,罗蒂自然也就成为论述的一个顺手的靶子。

刚读《哲学和自然之镜》时心理上有一种很不舒服的感觉,那种感觉可以叫作"本体论的恶心"。几十年从事哲学研究建立起来的对于哲学的信念,几乎被它全部摧毁,在他的文字面前感到自己一直在从事着毫无意义的工作,由此产生了强烈的虚无感。等读过了三分之一的篇幅,才逐渐从这种感觉中苏醒,仿佛冻僵了的蛇,慢慢恢复了活力。我找到了问题的所在,罗蒂的论述于是成为便于展开我的观点的一个质疑对象。

在这漫长的写作过程中有许多偶然的因素加入进来,罗蒂只是其中最重要的一个因素,在细节上实际还有更多的变化发生着。由此表明本书的写作过程是一个生成的过程;与此同时也有不变之物,这就是既定的目标和基本的观点并无实质变化,这可以看作某种必然性的东西。即便是在确定了要撰写本书的想法以后,也没有形成一个严密的写作计划,而只是大致有一个方向。这个方向的进展和展开,主要是随着阅读,特别是对于罗蒂的阅读进程而进行的,可以看出,本书中大多数问题都与罗蒂有关,是对于他所关心的重要哲学问题的考察与回应。与此同时,也有别的偶然因素加入进来,比如关于多草稿理论的两章，就与刘占峰所著《解释与心灵的本质——丹尼特心灵哲学研究》[①]有关。通过他的这本书我才第一次知道了丹尼特的多草稿理论，而这个理论给我耳目一新的感觉，由此生发出了不少想法。

  时间提醒着变化，甚至就是变化的标志。全书章节的排列顺序是按照逻辑展开的，实际写作顺序则是随机的，与这个所谓的逻辑无关，觉得哪个问题思考成熟了或者当时对哪个论题感兴趣就写哪个。为了展示本书写作的真实过程，在书末设立了一个编年体目录，将各章按照初稿的写作时间顺序进行排列。这些时间符号意在表明，一部著作实际上就是作者思想的演化史。从定稿看，这些文字似乎是一气呵成的，好像是在同一个平面上展开的，实则不然，它由很多层次构成，每个层次是某个阶段精神演化过程的积淀物或累积层，最终的定稿是以最后一次精神活动的标准来确定和剪裁的。这就如同地质演化一样，最后的演化层将此前的所有层次覆盖。而且各个精神地质层之间也不是那么有绝对规律的，有些地质层相互穿插，有的被别的地质层扭曲，以至无法完全辨认它们之间的界限。一本书的意义和价值可以从多个层次和角度探究，从演化的角度可以看作作者的精神地质学。

  写出来的文字看起来天衣无缝，好像是一个有机整体，事实上那不过是人为修改的结果。就思维活动本身而言，每个人的精神世界只是有一些大的框架是稳定的，具体的思维活动则是断裂的，思维活动不过是一片片的浪花在无边的海里涌动着。各个波浪之间的裂痕，是通过一次次的修改来黏合

[①] 刘占峰：《解释与心灵的本质——丹尼特心灵哲学研究》，北京：中国社会科学出版社2011年版。

后记

的，用来黏合的是逻辑和修辞，而且依据的是最后一次修改时的逻辑。

书中的绝大多数篇章都进行过四五次修改，如果把每一次修改的文字都标注出颜色的话，这本书会变成由无数颜色的补丁连缀成的百衲衣。写作过程是一个打补丁的过程，后来的补丁压住前边的，不同时空相叠加，不同思维形态、草稿累积在一起，最终形成定稿。

思维不过是一种碎片化的运动，而不是一个有机的、严密的整体。因此，一个人的思维有相互矛盾之处，有模糊地带，甚至不能自圆其说，也就自然而然了。不过，这些碎片又如同春日里解冻的浮冰，总是漂浮在河岸里，为思维的深层构架所限制；如果不是山洪暴发，这个坚固的堤坝是难以冲决的。当然，这里并没有为自己的思维能力的有限性而辩解的意思，我也许只有在思维的河流里捡拾碎片的能力。

纵观我的文字，可以发现我所感兴趣的方向或领域主要是存在论（旧译本体论）方向的问题，本书亦然，贯穿全篇的是"存在者如何存在"这个问题，而对于它的解答则综合了现代哲学、后现代哲学和传统哲学的不同视域。

在本书出版过程中，得到了很多朋友的帮助：责任编辑郑菲菲女士在出版过程中付出了艰辛的劳动，薛晓源教授、张远航先生对于本书的出版多有关照，赵敦华教授、张曙光教授拨冗推荐，在此对他们表示诚挚的谢意！

2018年6月1—4日初稿于意大利马切拉塔（Macerata）

2019年1月1日修改于马切拉塔

2023年5月11日定稿于珠海